SEXO, DESVIO E DANAÇÃO

As minorias na Idade Média

CB141762

Jeffrey Richards

SEXO, DESVIO E DANAÇÃO

As minorias na Idade Média

Tradução:
MARCO ANTONIO ESTEVES DA ROCHA
e
RENATO AGUIAR

Revisão técnica
FRANCISCO JOSÉ SILVA GOMES
professor de História antiga e medieval, Departamento de História, UFF

ZAHAR

Título original:
Sex, Dissidence and Damnation
(Minority groups in the Middle Ages)

Tradução autorizada da primeira edição inglesa
publicada em 1990 por Routledge, de Londres, Inglaterra.

Copyright © 1990, Jeffrey Richards

Copyright da edição em língua portuguesa © 1993:
Jorge Zahar Editor Ltda.
rua Marquês de S. Vicente 99 – 1º | 22451-041 Rio de Janeiro, RJ
tel (21) 2529-4750 | fax (21) 2529-4787
editora@zahar.com.br | www.zahar.com.br

Todos os direitos reservados.
A reprodução não-autorizada desta publicação, no todo
ou em parte, constitui violação de direitos autorais. (Lei 9.610/98)

Ilustração de capa: *O juízo final*, de Stefan Lochner (c.1430),
reproduzido com a permissão do Museu Walter-Richartz,
Colônia, e do Rheinische Bildarchiv, Colônia.

CIP-Brasil. Catalogação-na-fonte
Sindicato Nacional dos Editores de Livros, RJ.

Richards, Jeffrey
R387s Sexo, desvio e danação: as minorias na Idade Média / Jeffrey Richards; tradução: Marco Antonio Esteves da Rocha e Renato Aguiar. — Rio de Janeiro: Zahar, 1993.

Tradução de: Sex, dissidence and damnation (minority groups in the Middle Ages)
Bibliografia.
Índice
ISBN 978-85-7110-258-3

1. Minorias — Idade Média, 500-1500. 2. Comportamento sexual — Idade Média, 500-1500. I. Título.

CDD: 305.0902
93-0441 CDU: 940"04/14"

SUMÁRIO

Lista das Ilustrações *9*

Prefácio *11*

1 O CONTEXTO MEDIEVAL *13*

2 SEXO NA IDADE MÉDIA *33*

3 HEREGES *53*

4 BRUXOS *82*

5 JUDEUS *95*

6 PROSTITUTAS *121*

7 HOMOSSEXUAIS *136*

8 LEPROSOS *153*

Outras leituras *167*

Índice de nomes e assuntos *173*

LISTA DAS ILUSTRAÇÕES

entre as páginas 32 e 33

1. Juízo Final, de Stefan Lochner, *c.*1430.
2. Representação do Juízo Final e da pesagem das almas, tirada de um saltério do século XIII.
3. Confissão. Xilogravura anônima, 1482.
4. O anjo, tendo nas mãos as chaves do Inferno, acorrenta o diabo, sob a forma de um dragão. Tirada de um comentário sobre o Apocalipse do século XII.
5. Virgindade: santo Aldhelm, um padre saxão, oferece o seu poema *De Virginitate* às freiras de Barking. Inglaterra, século XI.
6. O ataque ao Castelo do Amor, de um romance do século XV chamado *Champion des dames*.
7. Amantes num jardim, de uma gravura popular de Robetta, conhecida como *O Fluxo da Vida*, 1525.
8. O beijo. Frasco de remédio com a inscrição *Aqua capillorum Veneris*. Faenza, 1535.
9. Prazeres eróticos. Uma xilogravura anônima, *c.*1430.
10. Preparação do banquete para um matrimônio. Ilustração do século XII.
11. Cerimônia de casamento realizada por um bispo, século XIV.
12. Hereges representados como demônios atacando a Trindade Cristã, século XIII.
13. Hereges albigenses e suas amantes, século XIII.
14. Hereges prestes a serem queimados na fogueira pela Inquisição em Valladolid, 1559.
15. São Domingos presidindo um auto-de-fé para exterminar a heresia. Pedro Berruguete, *c.*1450-1503.
16. Demônios auxiliam na concepção do Anticristo, 1475.
17. Instrumentos de tortura utilizados para os julgamentos de bruxas em Bamberg, 1508.

entre as páginas 96 e 97

18. Suspeito interrogado sob tortura nos julgamentos de bruxas em Bamberg, 1508.

19. A imersão de Mary Sutton, suspeita de ser bruxa, em 1612. Folha de rosto de um folheto de título *Witches apprehended, examined and executed*, Londres 1613.
20. O enforcamento de três bruxas em Chelmsford, em 1589.
21. A morte na fogueira de uma bruxa em Amsterdam, em 1571.
22. Execução de bruxas inglesas no século XVII.
23. Uma Assembléia de Bruxos, do *Compendium Maleficarum*, de Guazzo, 1608.
24 e 25. Bruxos usando cadáveres humanos para ocasionar a morte de outras pessoas. Do *Compendium Maleficarum*, de Guazzo, 1608.
26. Mesmo no dia de seu casamento, esta noiva judia usava a *rouelle*, a marca da infâmia em forma de roda, *c.*1477.
27. Crucificação de uma criança cristã por judeus de Pontoise. Da *Crônica de Nuremberg*, de Schedel, 1493.
28. Cena de um bordel, século XV.
29. Infidelidade: amantes compartilhando de um banho. Da *Schweizerchronik*, de Johan Stumpf, *c.*1550.
30. Prostituta com um jovem, século XV.
31. Mercúrio tomado como anti-sifilítico.
32. Homossexuais destinados ao Inferno, do *Inferno*, de Dante.
33. Mulher leprosa com um sino, século XIV.
34. Leproso com matraca e terrina, do *Miroir Historial*, de Vincent de Beauvais, século XIII.

Para David King e Michael Mullett

PREFÁCIO

Num tempo em que a sociedade parece estar se tornando cada vez mais intolerante com as minorias, em que todos os dias um tablóide raivoso e sem senso de medida incita ao racismo, sexismo, chauvinismo e à homofobia, talvez seja oportuno examinar as maneiras como as eras passadas encaravam e lidavam com as minorias em seu meio. Não busco fazer comparações diretas e deixarei ao leitor a tarefa de tirar as conclusões que devem ser tiradas sobre como a sociedade moderna difere do seu símile medieval nesta área. O que pode ser aventurado é uma explicação sobre a natureza, raízes, alcance e efeitos do tratamento dispensado pelas sociedades medievais às suas minorias.

Ao tentar realizar isso num trabalho que deseja ser de síntese, busquei subsídios nas pesquisas de muitos intelectuais dedicados. Um livro como este não poderia ser escrito sem o trabalho deles, e estou imensamente grato pelos esforços e *insights* dos medievalistas que exploraram, mapearam e sinalizaram este terreno histórico específico. Aprendi muito com eles no decorrer da pesquisa que resultou neste livro e espero sinceramente que os leitores se sintam incentivados a voltar a esses trabalhos em seguida. A responsabilidade sobre a tese dominante é, entretanto, minha.

Muitas pessoas me ajudaram nestes últimos dois anos. Tenho um débito particular de gratidão para com os meus colegas Dr. David King e Dr. Michael Mullett que zelosamente leram o manuscrito inteiro e fizeram muitos comentários úteis e construtivos. O livro é dedicado a eles com gratidão e respeito. Capítulos isolados foram lidos pelos Dr. Paul Morris, Dr. Richard Taylor e Dr. John Halloran, e suas observações pertinentes e perceptivas me foram benéficas. Sou grato ao Dr. Paul Heelas, Dr. Alexander Grant, Dr. Peter Broks, Dr. Trevor Dean, Professor Lewis Warren, sr. Gordon Inskter, Dr. Luciano Cheles e à sra. Joyce Storer por várias formas de ajuda e aconselhamento. Thelma Goodman e seus colegas no Departamento de Empréstimos Interbibliotecas da Universidade de Lancaster se mostraram corteses e incansáveis como sempre no rastreamento de meus pedidos às vezes obscuros. Também sou grato à equipe da Biblioteca de Londres e da Biblioteca Britânica, e a Kate Bostock por ter realizado a pesquisa pictórica. As seguintes instituições deram gentilmente permissão para a reprodução de ilustrações: a Mary Evans Picture Library, a Mansell Collection, a British Library, a Bodleian Library, o Victoria and Albert Museum, o Wallraf Richartz Museum e o Rheinische Bildarchiv de Colônia, o Museu do Prado de Madri, a Staats-und Universitatsbibliothek de Hamburgo, e a Biblioteca Nazionale de Florença.

1
O CONTEXTO MEDIEVAL

Houve através da história períodos recorrentes de mudança sísmica, durante os quais as normas e os valores aceitos da sociedade foram questionados decisivamente, desencadeando uma explosão de novas idéias, formas, crenças e modelos de comportamento. O século XVI, com o Renascimento e a Reforma; o período do Romantismo e das revoluções no final do século XVIII e começo do século XIX; e a década de 1960, com a ascensão da contracultura, são exemplos disso. Em cada um desses períodos, existia um cenário de prosperidade econômica ascendente, materialismo crescente e aumento do lazer que permitia o luxo do pensamento e da experimentação. Todos envolviam a idéia de rebelião e rejeição à ideologia dominante, e a todos se seguiram períodos de repressão e recuo: ao Renascimento e à Reforma sucederam o absolutismo e a Contra-Reforma; à revolução e ao Romantismo, na Inglaterra, a ascensão do evangelismo e da democracia parlamentar; e à contracultura, o advento do thatcherismo e do reaganismo. Cada um desses períodos centrou-se numa redescoberta da pessoa e da personalidade, da individualidade, do autoconhecimento e da auto-realização. Cada um deles assistiu à afirmação simultânea do ascetismo e do libertinismo como meios de auto-expressão.

O século XII foi outro desses períodos. Assistiu a uma curva ascendente de auto-expressão na religião e na sexualidade, com homens e mulheres buscando explícita ou implicitamente maior acesso a Deus e maior controle de seus corpos. A reação por parte das autoridades foi a exigência de conformidade religiosa e sexual. Seu discurso foi o grito familiar dos intolerantes de sempre — "É ele um de nós?" No século XIII, a Igreja, as municipalidades e as monarquias nacionais emergentes se mobilizaram para restringir a liberdade que havia prevalecido no século XII. A Igreja se preocupava particularmente com a regulamentação da sexualidade (a campanha contra homossexuais, a segregação das prostitutas, a sacralização do casamento) e a regulamentação da espiritualidade (a reafirmação do monopólio clerical sobre o acesso a Deus).

Há temas permanentes e ordenadores na Idade Média: a tensão entre autoridade e dissensão, entre a noção de comunidade e o individualismo, entre materialismo e espiritualidade, entre erotismo e ascetismo: o conflito entre essas forças opostas flui e reflui, cresce e diminui, se inserindo na perpétua oscilação entre extremos que Johan Huizinga viu como a característica fundamental da vida medieval. Era uma sociedade capaz de explosões súbitas e violentas de histeria e paranóia, de violência e entusiasmo, muitas vezes tendo como pano de fundo a crise demográfica ou a mudança social, com freqüência associadas a surtos de fome e doença.

Mas sobretudo dois momentos cruciais delimitam o período: a passagem do milênio e a chegada da Peste Negra. Esperava-se que o mundo fosse acabar mil anos depois da vinda de Cristo. Alguns pensavam que isto aconteceria no ano 1000, mil anos depois do Seu nascimento; era ainda maior o número dos que esperavam que se desse em 1033, mil anos depois de Sua morte. O cronista monástico Raul Glaber captou em sua crônica a maré montante de excitamento e apreensão. Houve tempestades violentas e escassez séria de alimentos em 1033; houve sinais e presságios nos céus. "As pessoas", escreveu, "acreditaram que o padrão normal das estações do ano e dos elementos, que havia reinado desde o começo dos tempos, tinha retornado ao caos de uma vez por todas, e que o fim da humanidade havia chegado." Houve um movimento maciço de peregrinos em direção a Jerusalém, pois as pessoas desejavam estar na mais sagrada das cidades terrenas quando a segunda vinda de Cristo assinalasse o juízo final para todas as almas humanas. "Uma imensa multidão começou a convergir de todos os cantos da Terra para o sepulcro de Jesus em Jerusalém."

Mas o mundo não acabou. A espécie humana pôde respirar novamente. Ninguém podia ter mais certeza absoluta quanto ao momento em que o fim viria. A linha oficial da Igreja sempre foi de dizer que não era dado aos homens sabê-lo. Mas não faltavam os profetas desejosos de fazer previsões. O mais influente foi o abade Joaquim de Fiore, que dividiu a história do mundo em três idades, a segunda das quais terminava, segundo ele, em 1260, em meio a insurreições violentas. Mas houve outros que previram o fim do mundo para datas variadas, como 1186, 1229, 1290, 1300, 1310, 1325, 1335, 1346, 1347, 1348, 1360, 1365, 1375, 1387, 1395, 1396, 1400, 1417, 1429 e 1492-94. Mesmo que as pessoas não concordassem quanto às datas, todos sabiam como reconhecer sua iminência, pois o próprio Cristo, segundo são Mateus (24 vv. 7-8), disse a seus discípulos quais seriam os sinais: "Porquanto se levantará nação contra nação, reino contra reino, e haverá fome e terremotos em vários lugares; porém, tudo isso é o princípio das dores."* Tais condições não eram incomuns na Idade Média.

No centro da visão de mundo apocalíptica da Idade Média estava o conceito de Anticristo, que do século X em diante tornou-se igualmente um tema constante dos teólogos e um elemento básico da cultura popular, figurando em sermões, poemas, histórias e peças. O Anticristo, cuja vida era uma paródia da de Cristo (nascido judeu, o Anticristo faz sua entrada em Jerusalém, reúne discípulos e realiza milagres), era um agente do Diabo, o qual, acreditava-se, desviaria os cristãos do bom caminho, perseguiria os fiéis e governaria como um tirano até que o próprio Cristo viesse em socorro da espécie humana na hora do juízo final. O conceito era atraente para a natureza essencialmente dualista das crenças populares medievais, que encaravam e entendiam a vida como um

* Esta e outras citações posteriores da Bíblia Sagrada no texto tiveram sua tradução apoiada na edição revista e atualizada da Sociedade Bíblica Brasileira, 1969, de João Ferreira de Almeida. (N.T.)

campo de batalha permanente entre o Bem e o Mal, Deus e o Diabo, Cristo e Anticristo, anjos e demônios. Várias figuras em momentos variados foram identificadas com o Anticristo, entre as quais ninguém menos do que os papas Bonifácio VIII e João XXII.

A perspectiva do milênio, o qual podia ocorrer a qualquer momento, deu lugar a duas correntes de pensamento. De um lado, situava-se o milenarismo radical que Norman Cohn analisou tão brilhantemente em *The Pursuit of the Millenium*: a crença, freqüentemente das camadas mais baixas da sociedade, na chegada de uma Idade de Ouro na Terra, que precederia o fim do mundo. Sistemas estabelecidos e autoridades seriam derrubados, introduzindo-se uma era de igualdade, pureza e abundância. O sonho produziu uma série de explosões no decorrer da Idade Média e forneceu amiúde inspiração para os setores militantes dos movimentos heréticos, notadamente os hussitas. Havia um otimismo frenético e ilusório que sustentava aqueles que freqüentemente nada mais tinham do que a expectativa de superar uma longa vida de miséria e uma morte prematura.

Mas havia um apocaliptismo mais generalizado. Encorajadas pelos pregadores itinerantes carismáticos tão característicos da Idade Média, as pessoas eram pessimistas quanto ao futuro da espécie humana em geral, mas se dispunham a levar em consideração suas próprias almas. Se o fim do mundo poderia acontecer a qualquer momento, era vital estar preparado para encontrar o Criador; daí o impulso em direção à penitência, à peregrinação e, em particular, ao ascetismo pessoal. Esta expectativa gerou uma atmosfera de puritanismo e evangelismo, condicionando as reações das pessoas a circunstâncias específicas. Concentrava sua atenção na vitória sobre o pecado e nos princípios da fé, na pureza pessoal e numa rejeição das coisas do mundo. Embora a população não continuasse num estado permanente de entusiamo semimístico, esta disposição de espírito perdurou e vinha freqüentemente à tona em tempos de crise.

Apesar da presença permanente da idéia de apocalipse na *mentalité** do período, depois de 1033, quando esta idéia já não era mais solidamente constatável, há sinais abundantes de que a Europa livrou-se de sua mentalidade defensiva de Idade das Trevas e entrou num período de revitalização, expansão e criatividade. A Escuridão deveria ser dissipada pela Luz, condensada no projeto, planta e construção das catedrais góticas que surgiram em toda a França, simbolizando as aspirações espirituais e o senso de libertação do período e corporificando o princípio de que "Deus é Luz". É claro que a revitalização foi realizada por uma combinação de forças sociais, econômicas e políticas, mas ela floresceu e prosperou nos dois séculos que se seguiram ao milênio.

Pela primeira vez em séculos, havia paz. A ameaça dos árabes, dos vikings e dos magiares, que havia colocado em risco a própria sobrevivência da cristandade, tinha retrocedido. Na esteira da paz veio o crescimento demográfico, a expansão agrícola e a revitalização urbana. As cidades, eclipsadas desde

* Em francês no original. (N.T.)

o apogeu do Império Romano, destruídas ou subjugadas por invasores, abandonadas por suas populações, se iluminaram e ganharam vida e efervescência; sobretudo as situadas na Itália setentrional e nos Países Baixos, enriquecidas e revigoradas pelo crescente comércio e pela indústria florescente. Uma nova classe organizada e letrada, a burguesia, surgiu, formando uma camada intermediária entre a aristocracia e os camponeses. A economia do dinheiro substituiu progressivamente o velho sistema de trocas. A necessidade de alfabetização e de conhecimento de cálculo, o estímulo intelectual das viagens e o intercâmbio de idéias propiciaram um impulso para a educação. A ascensão das cidades foi um dos traços mais importantes do período central da Idade Média.

As conseqüências da revitalização urbana foram enormes, múltiplas e de longo alcance. Como ilhas de liberdade no mundo feudal, as cidades estimularam o desenvolvimento de assembléias representativas e promoveram a idéia de autogestão. Assistiram à emergência de uma nova forma de lei — a lei comercial — e, de modo mais significativo, promoveram a idéia de recorrer aos tribunais em vez de à violência e à vendeta para resolver disputas. Estimularam a arte, a arquitetura e a educação. Foram fontes fecundas de novas idéias sobre religião, moralidade e crenças, assim como sobre economia. Foram veículos poderosos de mobilidade e oportunidade sociais.

A emergência das monarquias nacionais foi o outro grande traço da época. Em teoria, a sociedade cristã era unitária e universal, governada em parceria harmoniosa pelo imperador do Sacro Império Romano e pelo papa. Mas uma sucessão de choques violentos entre o papado e o império iniciada pela Querela das Investiduras, uma acirrada disputa sobre a indicação de clérigos no século XI, tornou este pressuposto sem sentido, e o surgimento de novas monarquias nacionais com identidades específicas (notadamente França e Inglaterra) fez com que o tumulto da realidade desmantelasse a teoria. O soberano do Sacro Império Romano foi efetivamente reduzido à posição de rei da Alemanha e da Itália setentrional. No século XI, os ingredientes necessários para a emergência de nações-Estados já estavam presentes: a estabilização da Europa e a criação de fronteiras e limites mais definidos, a introdução de instituições políticas permanentes particularmente para se ocupar das finanças e da justiça; e, talvez o mais importante, o começo de um deslocamento da lealdade das comunidades locais e das organizações religiosas para a monarquia como símbolo da nação. Na França, um sentido definido de identidade nacional foi engendrado e aguçado pela guerra com a Inglaterra, o conflito com o papado e a promoção de Paris a capital nacional, centro de informação, justiça e administração. Alguma coisa deste processo foi vivida pelo papado, o qual, sem renunciar às suas reivindicações de autoridade supranacional, se desenvolveu nos séculos XIV e XV como um poder monárquico burocrático e legalista, formando um Estado territorial na Itália central e realizando alianças políticas e militares para implementar sua política externa. Todos esses Estados embrionários se beneficiaram do crescimento populacional e da riqueza crescente, que levaram ao fluxo de receitas extras para seus cofres.

Mas, concomitantemente à grande revitalização econômica, veio uma revitalização espiritual e intelectual. O papado estava moralmente falido no século X, o trono de são Pedro era joguete das facções nobres rivais, que para o ocupar elevaram uma série de charlatães escandalosos. Já em 1045 havia três postulantes rivais. O imperador Henrique III interveio para depor todos os três. Acabou por nomear seu primo como papa Leão IX, o primeiro de uma série de pontífices capazes e dedicados que empreendeu reformar tanto o papado quanto o clero e colocar Roma na liderança da revitalização espiritual que tomava alento. A restauração da independência e da autoridade moral e espiritual do papado foi somente uma faceta de uma explosão de sentimento religioso que assumiu muitas e variadas formas. Comunidades existentes foram reformadas e revigoradas, novas ordens e casas monásticas foram fundadas; houve uma proliferação de eremitas virtuosos e o desenvolvimento de novas formas de vida religiosa (cônegos, frades); houve uma onda de peregrinações. A proclamação em meio a cenas de entusiamo selvagem da Primeira Cruzada, a primeira de uma série que perpassou todo o restante da Idade Média, utilizando as forças dos cavaleiros da Europa ocidental para a causa sagrada de libertar a Terra Santa, ajudou a criar o conceito do cavaleiro cristão, com novas ordens de cavalaria semimonásticas, bênçãos de espadas, o culto aos santos guerreiros, a sacralização do processo que confere o grau de cavaleiro e a pregação da "guerra santa". Na Espanha, os reinos cristãos do norte deram início ao esforço para subjugar os estados muçulmanos no centro e no sul do país. Na Europa oriental, missões religiosas, seguidas no devido tempo por expedições militares, buscaram converter os eslavos pagãos. O clima de reforma e revitalização era de tamanho alcance e tinha raízes tão profundas, que a historiadora Branda Bolton o batizou com justiça de "A Reforma Medieval".

A esta "reforma" correspondeu um "renascimento" que deveria abrir a mente dos homens e projetá-la em toda a sorte de direções excitantes. O "renascimento" foi um produto de uma revolução educacional, à medida que surgiram numerosas escolas urbanas para desafiar a supremacia das velhas escolas monásticas. Das novas escolas daquele século emergiram as universidades, onde a especulação e o debate filosóficos, teológicos e intelectuais encontraram um pouso permanente. O "renascimento" engendrou um novo tipo de intelectual, dedicado à argumentação e à lógica, o qual ocupou, pela primeira vez desde a queda do Império Romano, um lugar de destaque no processo intelectual.

Tiveram início empreendimentos intelectuais monumentais, inclusive o de reunir, organizar e harmonizar o legado cristão romano em matéria de escrituras, teologia e jurisprudência. Particularmente significativo, não somente para a vida individual, mas para a vida política, social e econômica, foi a grande revitalização dos estudos das leis. A revitalização, estimulada pela redescoberta dos códigos do imperador romano Justiniano, produziu uma nova casta de profissionais — os legistas. Eles saíam das universidades para entrar nas burocracias das monarquias nacionais emergentes e do papado. Por volta de 1140, o canonista Graciano completou seu *Decretum*, um código sistemático da lei da Igreja que conservou sua autoridade por toda a Idade Média.

Mas, como argumentou Colin Morris de modo persuasivo, um dos mais importantes desenvolvimentos do Renascimento no século XII foi a descoberta do "indivíduo". O início da Idade Média havia propiciado pouco espaço ao individualismo. Sua característica essencial era a noção de comunidade, o que é compreensível numa época em que a motivação primária era a defesa e resistência a ataques vindos de todos os lados. Em termos de organização, este foi o tempo do surgimento dos laços feudais, criando elos que vinculavam os homens no interesse da defesa mútua. Foi o tempo das comunidades monásticas cerradas, reunidas para preservar a fé e os valores civilizados contra a investida dos bárbaros. Foi o tempo no qual a cristandade era predominantemente interpretada como a comunidade dos fiéis, um só corpo unificado no qual o indivíduo sufocava sua especificidade para tornar-se um padrão de identidade do obediente servo de Deus. A literatura dominante desse período era o poema épico, o qual destacava a necessidade de lealdade do indivíduo a unidades mais amplas; o senhor, amigos, a família. Assim, a tônica da Idade das Trevas era a obediência e a fé inquestionável na autoridade. Mas a nova ênfase na argumentação, na razão e na lógica conduziu inevitavelmente a um amplo e disseminado questionamento das visões estabelecidas, o que significou uma nova abertura e uma nova disposição para a aventura intelectual.

Um dos temas centrais do pensamento medieval tornou-se então a procura da satisfação pessoal e individual. "Conhece a ti mesmo", título alternativo da *Ética* de Pedro Abelardo, tornou-se o *motto* da época. O desejo de autoconhecimento subjaz à ascensão da autobiografia, uma forma literária quase desconhecida no mundo antigo, na concentração nos sermões e tratados por intermédio dos quais o indivíduo poderia relacionar-se com Deus e ao grande crescimento da literatura de amor. O elemento comum a todos esses aspectos é o interesse pela auto-análise, a discussão dos sentimentos, a vivência da realização emocional e espiritual em vez de satisfação física e sexual.

Essa busca de autoconhecimento reforçou poderosamente a promoção da confissão penitencial como traço significativo da vida religiosa. Na Igreja nascente, a remissão penitente dos pecados exigia a confissão pública e a exclusão da comunidade até que cumprida a penitência, e a readmissão formal. A penitência pública, formal e essencialmente forense tinha lugar num dos grandes festivais quaresmais da Igreja. Mas durante a Idade das Trevas as coisas começaram a mudar. A confissão privada ganhou gradativamente posição, e a penitência era negociada com o padre e realizada em ambiente privado. Já no século XII, tinha-se tornado corrente que a satisfação externa e formal não substituía o arrependimento íntimo. Esta atitude recebeu ênfase adicional a partir da regulamentação do Concílio Lateranense de 1215, definindo que a confissão anual era um requisito mínimo para todos os membros da Igreja. Num nível, isso foi uma tentativa de introduzir a idéia de auto-exame para toda a sociedade. Esse interesse pelas atitudes íntimas é ilustrado por uma nova ênfase sobre a intenção na avaliação de conduta. Os primeiros penitenciais e códigos penais do Ocidente medieval prescreviam punição antes para a ação do que para a intenção que estava por trás dela. Mas durante o século XII a intenção tornou-se a consideração principal na teologia e na filosofia.

Poucos aspectos da fé permaneceram imunes ao processo de individualização. Enquanto, nos primeiros mil anos da cristandade, o Cristo na cruz havia sido descrito como triunfante e glorioso, redimindo toda a humanidade; de 1050 a 1200, a ênfase nos quadros e retábulos era no sofrimento físico e emocional de Cristo e sobre seu amor individual pela humanidade. Ao mesmo tempo, foi adotada uma nova posição para a oração — de joelhos, com as mãos unidas, posição na qual o vassalo feudal prestava sua homenagem individual a seu senhor. Isso enfatizava a busca individual da salvação e de um relacionamento privado e pessoal com Deus. A Igreja também promoveu o conceito de consentimento individual no casamento, uma idéia nova numa era em que o casamento era universalmente acertado pelas famílias.

O individualismo é uma característica que define a forma artística chave do período central da Idade Média — o romance, que suplantou o épico. O romance de cavalaria envolveu o herói numa procura por sua real identidade e seu destino pessoal, por autoconhecimento e auto-satisfação, baseado no amor em vez de na realização de um objetivo familiar, tribal ou nacional como o herói épico.

A teoria política do princípio da Idade Média era conformista. Tinha que ser para sobreviver. A visão dominante era teocrática, com o poder emanando de Deus através de seus governantes escolhidos para o povo, que obedecia aos que sobre ele estavam investidos de autoridade. Mas a abertura da sociedade levou a um questionamento da ordem estabelecida e da autoridade. Uma forma era a sátira, e o século XII foi a época de ouro da sátira medieval, atacando a corrupção e os abusos. Uma outra forma foi o desenvolvimento do conceito de cidadão, um indivíduo com direitos e deveres, em oposição ao de súdito, que tinha de obedecer mesmo a um superior injusto. Esse conceito evoluiu como conseqüência da redescoberta do pensamento de Aristóteles, com sua ênfase sobre os direitos individuais, e em função das implicações do sistema feudal com seus arranjos contratuais entre senhor e vassalo. Santo Tomás de Aquino (*c*.1225-74) harmonizou com sucesso o novo individualismo com os ensinamentos cristãos tradicionais, enfatizando o papel da consciência individual.

Esse individualismo proeminente e recente alimentou as duas características dominantes que Alexander Murray vê como definidoras dos séculos XII e XIII: avareza, o hábito de desejar mais e mais dinheiro, e ambição, o hábito de desejar mais e mais poder. A avareza, subproduto do retorno a uma economia de dinheiro, se manifestou através de um grande aumento do roubo e da simonia, de uma hostilidade crescente contra os judeus e de uma preocupação tanto dos pregadores quanto dos satiristas com o amor excessivo pelo dinheiro. A ambição foi estimulada pela mobilidade social crescente, mais notadamente pela ascensão de profissionais alfabetizados e especializados em cálculo (advogados, administradores, escreventes). No século XII, ela tornou-se, pela primeira vez, um tema nos sermãos dos pregadores.

Tudo isto não quer dizer que houvesse um individualismo irrestrito e feroz. A sociedade medieval continuou a ser fortemente marcada pelo caráter comunitário — a comunidade monástica, a comunidade de aldeia, a paróquia, confrarias e corporações, ordens de cavalaria, comunas urbanas — mas na maioria destas organizações a condição de membro era obtida através da livre escolha individual, e, pela primeira vez, havia uma ampla variedade de alternativas entre as quais escolher.

Para a Igreja, o subproduto menos bem-vindo desta onda de sentimento religioso e de individualismo foi a heresia. A heresia surgiu em todos os níveis da sociedade e pode ser vista como uma resposta aos principais desenvolvimentos daquela era. O movimento de reforma eclesiástica havia projetado uma luz severa sobre as inadequações do estabelecimento clerical existente, permeado de simonia (venda de serviços religiosos), nicolaísmo* (casamento de clérigos) e investidura leiga (controle secular sobre as nomeações da igreja). O surgimento de uma vida urbana baseada no dinheiro, as desigualdades sociais produzidas por este desenvolvimento e as tensões éticas e morais que estimulou contribuíram para uma crise de materialismo. A reação de setores significativos da população tanto na cidade quanto no campo foi rejeitar o novo mundo da avareza e ambição, buscando praticar uma vida de pobreza e austeridade pessoal, e contornar o estabelecimento clerical existente, entrando num relacionamento direto e pessoal com Deus. A heresia foi uma das respostas às correntes intelectuais, econômicas e sociais do momento, mas a busca da perfeição pessoal ganhou maior urgência devido ao pano de fundo do medo sempre presente do apocalipse.

Também nas universidades, setores da *intelligentsia* voltaram-se para a heresia, utilizando os poderes da razão recentemente emancipada para defender interpretações independentes da Escritura, a pregação e discussão sem licença oficial e a promoção de idéias não-ortodoxas. Ainda que estes desenvolvimentos, influenciados pela redescoberta dos textos gregos e a descoberta dos islâmicos, raramente atingissem a população como um todo, os intelectuais compartilhavam com freqüência as aspirações e princípios que tinham expressão mais populista no seio da sociedade em geral.

No século XIII, as autoridades já tinham decidido que havia chegado o momento de silenciar o tumulto de novas idéias e reintegrar ou eliminar movimentos religiosos dissidentes. A emergência, tanto na Igreja quanto no Estado, de poderes monárquicos centralizados, cujo interesse era manter a unidade e a uniformidade baseadas numa configuração de princípios prescritos — religiosos, políticos e sociais —, fez com que a Europa ocidental passasse a se empenhar numa supressão sistemática da dissensão e da desordem em todas as esferas da vida.

O evento isolado mais significativo desse movimento para limitar as liberdades do século XII foi o Quarto Concílio Lateranense de 1215. Este foi um dos mais importantes concílios ecumênicos da Idade Média, e teve o aval da autoridade e visão do papa Inocêncio III, um papa capaz, vigoroso e jurista de formação, que tinha um grande projeto para a recristianização da sociedade. O concílio deu ênfase à reforma do clero, à eliminação da heresia e à cruzada contra os infiéis. Contribuiu de maneira decisiva para o programa de Inocêncio III, demonstrando como o papa enfrentava, com uma mistura sutil de sofisticação e autoritarismo, os problemas de uma sociedade cada vez mais pluralista.

* De Nícolas, um prosélito menciondo em Atos vi.5. Um dentre certos corruptos nos primórdios da Igreja em Éfeso que foi censurado em Apocalipse ii.6, 15. (N.T.)

O Concílio teve sua relevância aumentada pelo fato de que alguns dos mais importantes governantes seculares da Europa ocidental, o imperador Frederico II, o rei Luís VIII da França e o rei Jaime I de Aragão, incorporaram muitas das medidas contra os hereges a seus próprios códigos legais.

O primeiro conjunto de regras introduzido objetivava o fortalecimento do controle da Igreja sobre a vida e crenças dos leigos. O Concílio ordenou a obrigatoriedade da confissão e da comunhão anuais para todos os cristãos, sob pena de proibição da freqüência à igreja e de negação de sepultamento cristão. Ele introduziu o registro das proclamas de casamento e baniu os casamentos clandestinos, de modo a melhor assegurar o controle do clero sobre esta cerimônia. Proibiu a pregação sem licença papal e episcopal, a fim de manter o controle eclesiástico sobre a disseminação da verdade religiosa. Somente permitia a veneração pública de relíquias recentemente descobertas mediante permissão papal específica, com o intuito de controlar os arroubos espontâneos da piedade popular. Restringiu a concessão de indulgências aos bispos. Assim, casamento, pregação e cultos populares foram colocados sob estrito controle hierárquico; a confissão tinha vocação de ordenar as vidas dos fiéis, e o controle das indulgências devia evitar que escapassem com demasiada facilidade das conseqüências do pecado.

Ao mesmo tempo, o Concílio tomou providências para estabelecer um serviço clerical adequado. Ordenou que os bispos designassem padres em número suficiente para assegurar a pregação e a confissão apropriadas em todas as paróquias. Limitou as vacâncias episcopais para garantir assistência pastoral adequada. Ordenou a realização de sínodos provinciais anuais e capítulos gerais trienais das ordens monásticas para supervisionar o trabalho do clero. Ordenou também que os bispos regulassem o nível educacional e de conduta pessoal dos candidatos ao sacerdócio e lhes fornecessem instrução teológica apropriada. Proibiu o privilégio de múltiplos benefícios, pois esta prática diminuía o zelo pastoral apropriado. O clero foi proibido de caçar, praticar a falcoaria, jogar dados, beber, festejar com excessos e assistir a espetáculos teatrais, práticas que haviam todas contribuído para prejudicar sua reputação. Tudo isso objetivava assegurar que houvesse assistência clerical efetiva, experimentada e apropriada para o povo.

Em terceiro lugar, o Concílio empreendeu o combate à heresia. Publicou uma declaração de fé, execrou todos os hereges e deu instruções detalhadas sobre como lidar com eles. Deveriam ser excomungados e entregues ao poder secular para punição, e suas propriedades deveriam ser confiscadas. Todos os que ocupassem cargos seculares deveriam prestar juramento de exterminar a heresia e, caso se recusassem, deveriam ser excomungados. Visitas episcopais anuais deveriam ser realizadas para notificação sobre atividades heréticas. Uma indulgência de cruzada era concedida a qualquer leigo que pegasse em armas para extirpar hereges. Aqueles que fossem suspeitos de ser, de abrigar, defender ou favorecer hereges deveriam receber duas advertências ou um ano de excomunhão para reconsiderar sua atitude. Houve uma proibição de novas ordens religiosas, de modo a impedir a proliferação que tinha caracterizado a vida religiosa no século XII e que dera lugar, em certos casos, à suspeita de heresia.

Em quarto lugar, o Concílio tratou de outras minorias. Judeus e muçulmanos foram obrigados a usar roupas distintivas, a fim de evitar que se misturassem com cristãos sem ser notados. Os judeus foram proibidos de ocupar cargos públicos e de praticar a usura, e foram submetidos ao toque de recolher na Semana Santa. Em 1179, o Terceiro Concílio Lateranense havia imposto punições aos homossexuais (destituição e aprisionamento penitencial em mosteiros para infratores do clero; excomunhão para os leigos). O Quarto Concílio Lateranense reforçou estas medidas através da decretação de uma observância "efetiva e rigorosa" das punições canônicas relativamente a todos os clérigos incastos, especialmente homossexuais, e decretando a destituição perpétua para qualquer um que ousasse celebrar o ofício divino depois de uma suspensão por pecado. O Concílio de 1179 já havia referendado a segregação dos leprosos. Juntamente com a ação sobre os hereges, isso pressagia claramente uma mentalidade que buscava segregar, isolar e rotular as minorias desviantes ou dissidentes, de modo a prevenir a contaminação dos cristãos.

A regulamentação de um vestuário distintivo levou ao desenvolvimento da assim chamada "marca de infâmia", que era aplicada a todas as minorias expressivas, exceto aos homossexuais. A partir de 1215, judeus, muçulmanos e também prostitutas foram obrigados a vestir trajes distintivos e passaram a usar marcas ou sinais. Os judeus adotaram uma rodela de feltro amarelo conhecido como *rouelle** e as prostitutas um cordão vermelho (a *aiguillette**). Mas havia muitas variações regionais. Os leprosos foram cada vez mais obrigados a usar vestimentas especiais, como, por exemplo, pelo Concílio de Marenac de 1330. Com freqüência os leprosários tinham uniformes para seus internos. Mas era normalmente o guizo ou sino, utilizado para sinalizar sua aproximação, que era a sua marca. Em 1229, o Concílio de Toulouse obrigou os hereges arrependidos a portar duas cruzes amarelas costuradas na parte da frente de seus trajes. A ordem foi renovada por concílios subseqüentes, e o número de cruzes passou para três em 1246. A mesma prática pode ser encontrada na França setentrional e na Alemanha. Os que praticavam feitiços e encantos eram obrigados a usar duas peças de feltro amarelas parecidas com a *rouelle*, e o clero envolvido com feitiços, idolatria e bruxaria devia portar quatro peças de feltro amarelo. A repromulgação sistemática de todas essas normas sugere a existência disseminada de tentativas de burlá-las por parte das minorias e a determinação, por parte das autoridades, de manter a segregação.

Finalmente, o Quarto Concílio Lateranense institucionalizou os processos de inquisição, introduzindo a prática de iniciar procedimentos legais sem acusação privada e ordenando a visita, investigação e ação eclesiásticas. Isso completou o processo histórico iniciado quando o papa Lúcio III decretou, em 1184, que fossem estabelecidos tribunais eclesiásticos de inquisição em toda a cristandade, e prosseguiu em 1199 quando o papa Inocêncio III declarou que os hereges eram traidores de Deus, estigmatizando-os com o pecado fundamental do mundo feudal — infidelidade e traição.

* Em francês no original. (N.T.)

É impossível superestimar a importância da revolução jurídica do século XII e, particularmente, a introdução dos autos judiciais de inquisição na Europa ocidental. A redescoberta e o estudo do direito romano restauraram para o contexto intelectual o modelo romano de código escrito, um sistema formal de tribunais, juízes e julgamentos com as autoridades dando início às acusações e um sistema fixo de punições.

Antes disso, tanto nos tribunais eclesiásticos quanto nos seculares, o sistema tinha sido de acusação privada e comunal diante de um bispo, senhor ou dos anciãos da aldeia. Se não houvesse concordância ou confissão, seguia-se então o julgamento através do ordálio (água ou fogo), combate ou ilibação (juramento formal de inocência de parte do acusado, apoiado por um grupo de testemunhas sob juramento e depoimentos a seu favor). Tratava-se de um sistema de autopoliciamento comunitário baseado no julgamento coletivo e em pagamentos reparatórios à parte prejudicada. No século XII, esses antigos rituais foram substituídos por um novo sistema, *inquisitio*, um processo formal, com a abertura da ação realizada por funcionários agindo sob suspeita, por denúncia ou de sua própria autoridade, e incluindo a coleta de evidências, o depoimento de testemunhas e o julgamento. O novo método foi proclamado já no Concílio de Tours (1163) e se fortaleceu pelos decretos dos papas Lúcio III, Inocêncio III e Gregório IX, e por sua utilização na inquisição de hereges. Já em 1063, o papa Alexandre II tinha proibido que padres fossem submetidos a julgamento por ordálio. Mas, em 1215, o Concílio Lateranense baniu esta prática. As autoridades seculares seguiram a tendência: a Inglaterra em 1218, a Itália meridional em 1231 e a Alemanha em 1298. O combate continuou sendo utilizado no decorrer da Idade Média, mas era uma opção fundamentalmente restrita à aristocracia, encarada como uma marca do seu *status*.

O sistema da inquisição capacitou os bispos a disciplinar seus rebanhos pronta e autoritariamente, e as vantagens do sistema tornaram-se claras para as autoridades seculares na Itália, Espanha e França, onde foi introduzido. Mas ele nunca chegou à Inglaterra, onde prevaleceu o sistema de júri. Todavia, tanto na Inglaterra quanto no continente, a justiça tornou-se a justiça do rei e cessou de ser um assunto de decisão comunitária. Eram enviados juízes, registrados autos e codificadas leis. O rei era cada vez mais visto como aquele que faz as leis e impõe seu cumprimento, pois a adesão a um sistema único de leis tendo a coroa como fonte de justiça era um caminho ideal para unificar reinos e centralizar a autoridade.

O ordálio havia surgido no século VI para tomar o lugar da vendeta. Nas palavras de Peter Brown, era um instrumento para manter o consenso e conter rupturas potenciais, através do emprego de ritual e de um apelo à autoridade sobrenatural. Mas, com o sistema inquisitorial, alterou-se a natureza do crime. Ele não era mais visto como uma ofensa contra um indivíduo, a ser compensada por reparação financeira. Tratava-se de uma ofensa contra a sociedade, definida e defendida pelo rei, e foi imposta uma escala de punições físicas (açoite, marcar a ferro em brasa, mutilação, execução) para incentivar a manutenção da ordem.

O velho sistema tinha de fato uma vantagem específica. Ele sempre produzia, de uma maneira ou de outra, um resultado. O novo sistema não produzia necessariamente o mesmo efeito. No século XIII, um acusado só podia ser condenado com base no depoimento de duas testemunhas oculares ou por confissão. Se a prova fosse circunstancial ou parcial, não havia condenação. Assim, para obter confissão, as autoridades se voltaram para a tortura. O papa Gregório o Grande tinha declarado inválidas as confissões obtidas sob tortura, e tal decisão havia sido devidamente inscrita no *Decretum* de Graciano, mas esta prática passou a fazer parte do processo legal como forma de assegurar o funcionamento efetivo do novo sistema. Da segunda metade do século XIII até o final do século XVIII, a tortura fez parte dos processos criminais ordinários da Igreja e da maioria dos Estados da Europa. Significativamente, ela surge pela primeira vez nas ações das cidades populosas da Itália setentrional e da Flandres, onde urgia elucidar crimes de maneira rápida e decisiva. Não foi introduzida na Inglaterra. A tortura não devia causar morte ou dano permanente, e o clero, os nobres, as crianças e as mulheres grávidas estavam isentos. Inicialmente, não era permitida na Inquisição Papal, mas, em 1252, o papa Inocêncio IV decretou que os hereges eram ladrões e assassinos de almas e deveriam ser tratados da mesma maneira que ladrões e assassinos comuns. Assim, a tortura foi permitida. Do mesmo modo que a confissão tornou-se uma peça central dentre os meios de que dispunha a Igreja para aperfeiçoar o controle sobre a vida espiritual do laicado, ela também se tornou central para os métodos do Estado de imposição da lei e da ordem. O processo como um todo era formulado a favor da acusação em vez do acusado e a favor da autoridade em vez da comunidade. Isso tornou muito mais fácil a perseguição das minorias.

Em seu livro lúcido e ponderado, *The Formation of a Persecuting Society*, R.I. Moore viu a ascensão da sociedade persecutória como um aspecto concomitante e direto da emergência das monarquias centralizadoras. A afirmação da autoridade legal por reis e papas é vista como parte de um processo de remoção da autoridade judicial das mãos da comunidade e do povo para as dos poderes centralizadores. Moore vê isso em paralelismo direto com a ação contra os hereges. A heresia expressava a independência comunal e valores coletivos e tinha que ser suprimida por uma Igreja centralizadora e autoritária. O julgamento por ordálio, primeiro método de policiamento comunitário, foi substituído por um sistema de tribunais de justiça responsável perante as autoridades. Deste modo, Igreja e Estado cooperaram voluntariamente no sentido de estabelecer uma nova ordem na Europa, baseada em nações-Estados, na monarquia papal e nas casas nobiliárias. Os traços fundamentais na criação da nova ordem foram a substituição da prestação em serviço ou em mercadoria pelo pagamento em dinheiro, a substituição do processo oral pelos registros escritos e a destituição dos guerreiros em favor dos clérigos letrados como os principais agentes do governo. Assim, Moore vê a formação da sociedade persecutória como uma função da ascensão dos *literati*, que buscavam impor a razão, a lei e a uniformidade a um povo ignorante e indisciplinado, identificando e eliminando ou neutralizando as minorias pela segregação.

Esta argumentação tem muita força. Mas precisa ser inserida no contexto mental e espiritual mais amplo da época. Há um denominador comum entre todos os grupos sob ameaça, e este é o sexo. Em vez de ver a sociedade persecutória primariamente como resultado da ascensão dos *literati*, estou inclinado a vê-la mais como o produto de uma reforma puritana na virada do milênio. O movimento contínuo da Igreja para aprimorar seu controle sobre o casamento e eliminar as ligações sexuais irregulares, sua propensão a impor o celibato clerical, o desenvolvimento de um corpo detalhado e coerente de leis da igreja sobre assuntos sexuais, definindo e prescrevendo condutas pormenorizadamente, são fatores que testemunham sobre o desejo da Igreja de exercer um controle sobre toda a sexualidade dos fiéis. As normas a respeito das prostitutas e dos homossexuais foram um elemento óbvio desse programa. Os hereges, que tinham com muita freqüência pontos de vista muito diferentes dos da Igreja sobre assuntos sexuais (*status* mais elevado para as mulheres, o desinteresse pelo casamento na igreja, a rejeição da procriação) eram sistematicamente acusados pela Igreja de praticarem orgias e sodomia. A lepra era tida como punição de Deus por pecados sexuais, e os leprosos eram popularmente considerados como lascivos. Dos judeus dizia-se que eram agentes do Diabo, que tinham órgãos sexuais anormalmente grandes e que desejavam com concupiscência as donzelas cristãs. Certamente a Igreja buscava a uniformidade teológica e espiritual, mas também buscava a uniformidade sexual e estava pronta a arregimentar as autoridades seculares para impor tal uniformidade. A reviravolta no século XIII é acentuada. Das idéias dominantes no período inicial da Idade Média, penitência e perdão, julgamento por ordálio e sanções da comunidade, tanto a Igreja quanto o Estado passaram progressivamente para políticas de perseguição e execução, segregação e isolamento. A tolerância é talvez o traço mais importante da sociedade verdadeiramente cristã; tolerância e perdão: ódio ao pecado, mas amor ao pecador. Isolamento, segregação e perseguição são os traços de uma sociedade autoritária, a qual requer de todos que sejam iguais, sob pena de morte. Dois fenômenos chave do período central da Idade Média, as cidades e as monarquias nacionais, compartilharam com um papado cada vez mais autoritário o desejo de lidar com dissidentes e desviantes. O próprio fato da ascensão das cidades chamou a atenção para os problemas de saúde e higiene (leprosos), moralidade pública (prostitutas e homossexuais), competição econômica (os judeus) e uniformidade religiosa (judeus, hereges, bruxos), cada um dos quais significativos quer para as autoridades, quer para o público, ou para ambos.

A difícil situação das minorias foi, na melhor das hipóteses, exacerbada pelo segundo grande aspecto crucial da psicologia da Idade Média, a Peste Negra. A Peste Negra (peste bubônica, pneumônica e septicêmica) devastou a Europa durante o período 1347-9, dizimando, estima-se hoje, cerca de um terço da população. "Tantos morreram", escreveu o cronista sienense Agnolo di Tura de Grasso, "que todos acreditaram tratar-se do fim do mundo." Mas esta não foi uma catástrofe isolada; foi parte de uma pandemia. Em 1361-2, uma segunda peste (*pestis secunda*) atacou; entre 10 e 20% da população pereceram. Ela matou tantos rapazes que ficou conhecida como "a Peste dos Rapazes" (*pestis puerorum*). Em 1369, a terceira peste (*tertia pestis*) eliminou outros 10 ou 15% da população. A peste retornou ciclicamente a cada cinco ou dez anos no decorrer de toda a Idade Média. A população enfraquecida tombou presa da varíola, malária, disenteria e febre entérica, o que resultou no fato de que a população européia, em 1430, era entre 50 e 75% inferior ao que havia sido em 1290. Ela só recobrou seu nível do século XIII em meados do século XVI, depois de um lento crescimento a partir de 1450.

Esta catástrofe demográfica sobreveio em meio a mudanças climáticas importantes. A grande expansão da população, das cidades e do comércio nos séculos XI e XII se havia operado em condições de invernos brandos, verões secos e excedentes de alimentos. Mas, entre 1250 e 1300, o clima mudou, e anunciou-se uma "Pequena Era Glacial", a qual ecoou numa oração do século XIV que continha as agourentas palavras *frigiscente mundo* ("com o mundo ficando frio"). O clima mais frio e úmido que foi uma característica deste período teve um efeito desastroso sobre os suprimentos de alimentos. Quebras sucessivas da safra somadas à exaustão do solo e ao cultivo excessivo tornaram a fome uma realidade da vida. A população era simplesmente excessiva para os suprimentos existentes de comida. Num ano bom, as pessoas conseguiam apenas sobreviver. Mas houve poucos anos bons, e a pestilência espreitava na esteira da fome. Dos anos 1290 até a década de 1340, houve uma sucessão de invernos úmidos, quebras de safras e doenças infecciosas de animais, e de epidemias de tifo, disenteria e difteria.

Houve, por exemplo, uma séria fome coletiva nos anos 1315-17, a qual começou com um chuva torrencial e prolongada que arruinou a colheita em 1315. A fome e doenças graves que se seguiram reduziram as pessoas a comerem cães e gatos, folhas e raízes, e, em alguns lugares, ao canibalismo. À medida que o povo foi levado a atitudes desesperadas para obter comida, houve um onda de crimes. Em seguida, uma desastrosa morrinha dizimou boa parte do rebanho. O padrão se repetiu em 1316 e 1317. A fome e a peste na França, Inglaterra e Alemanha foram piores do que quaisquer outras que as pessoas vivas na época pudessem lembrar. Os populosos Países Baixos sofreram particularmente e, no auge da fome, em Ypres, cerca de 18% da população morreu.

A peste pandêmica multiplicou consideravelmente a miséria, e os séculos posteriores da Idade Média foram inundados pelo pessimismo, pela melancolia e pela desesperança. As reações das pessoas à peste são descritas por Boccaccio em seu *Decameron*. Alguns retiraram-se no isolamento, esperando assim escapar à praga. Outros embarcaram numa vida de devassidão desvairada, segundo o princípio de "comer, beber e divertir-se, pois amanhã estaremos mortos". Houve explosões selvagens à cata de um bode expiatório que culminaram em horríveis massacres de judeus, os quais eram acusados de disseminar a praga.

Quando a pandemia se instalou, a convicção sempre presente do fim iminente do mundo se intensificou. Em face dessa perspectiva, deu-se uma vaga de hedonismo, as taxas de criminalidade cresceram e os contemporâneos perceberam e comentaram um aumento da imoralidade. Mas talvez o mais significativo fosse o surto de atividade religiosa. Na seqüência imediata da peste, procissões de flagelantes tomaram as ruas, purgando a si próprios de maneira selvagem e esperando aplacar a ira evidente de Deus, e houve irrupções de tarantismo, dança frenética e compulsiva, uma grotesca "dança da morte".

Houve uma explosão de peregrinações, e novos santos foram proclamados, como são Roque, um habitante de Montpellier que se dedicou ao cuidado das vítimas da peste. Houve também um notável aumento do número de doações e de fundações de caridade. Em Londres, o montante médio de doações testamentárias de caridade aumentou 40% entre 1350 e 1369. Mas, a longo prazo, houve um poderoso impulso em direção ao ascetismo pessoal e, é claro, um quase inevitável retorno à heresia, a qual, em seu caso mais famoso (hussismo), assumiu dimensão nacional.

A Peste Negra intensificou a preocupação medieval com as "quatro últimas coisas", morte, juízo, paraíso e inferno. Ela teve um efeito marcante sobre a arte e a literatura, que se tornaram saturadas de imagens de dor e de morte. Peças de mistério com temas religiosos tornaram-se comuns e geralmente falavam sobre a decadência humana e os tormentos do inferno. Os funerais tornaram-se grandes acontecimentos, marcados por cerimoniais profusos. De maneira reveladora, enquanto os calendários ilustrados dos séculos XIII e XIV haviam enfatizado a primavera e o verão, no final do século XIV e no século XV eles sublinharam o outono e o inverno. Com a morte e o fim aparentemente mais próximos do que nunca, a salvação tornou-se cada vez mais importante. A Igreja estabelecida não conseguiu enfrentar o desafio. Ela já havia sofrido uma perda de prestígio. O papado tinha perdido credibilidade quando se mudou para Avignon em 1309, e era opinião geral que havia caído sob a tutela do rei francês. Aos olhos de muitos, deixou de ser a liderança moral e espiritual da cristandade e se tornou mais um outro Estado burocrático, preocupado com finanças e leis. Essa percepção foi reforçada pelo Grande Cisma (1378-1415), durante o qual uma sucessão de papas rivais em Roma e Avignon, divididos não por doutrina, mas por questões de poder político, disputou o trono até que um concílio da Igreja em Constança (1414-17) resolveu a contenda, depondo os pretendentes rivais e instalando um novo papa. A organização da Igreja foi seriamente prejudicada pela destruição provocada pela Peste Negra. Muitos de seus melhores intelectuais morreram, e um grande número de párocos fugiu. Nessas circunstâncias, as pessoas buscavam em si mesmas a libertação espiritual.

A ordem social foi seriamente afetada pela peste. Mas os efeitos da pestilência eram agravados pelos efeitos da guerra. A Guerra dos Cem Anos (que, embora intermitentemente, na realidade durou 116 anos) submeteu a França e a Inglaterra a uma sucessão de campanhas militares entre 1337 e 1453, que foram ruinosamente caras em homens e dinheiro. A França, onde se deram os combates, foi devastada por bandos de malfeitores armados e dilacerada pela rivalidade homicida entre facções da aristocracia. A flor da fidalguia francesa foi dizimada nas derrotas sucessivas de Crécy (1346), Poitiers (1356) e Azincourt (1415). Na Inglaterra, mal tinha terminado a Guerra dos Cem Anos, quando a Guerra das Duas Rosas inundou o país com a guerra civil. Assim, somando-se à morte por doença, houve morte em larga escala provocada pela mão do homem.

Entretanto, a morte disseminada deu a novos homens a oportunidade de ascender e fazer fortuna. Os *nouveaux riches*[*], como os de la Pole na Inglaterra e os Médicis florentinos, agarraram a oportunidade para ascender a píncaros inimagináveis de poder e proeminência social. Ao mesmo tempo, uma grave escassez de mão-de-obra implicou o aumento vertiginoso dos custos do trabalho. As sociedades pós-Peste Negra aprovaram uma sucessão de leis suntuárias, regulamentando a indumentária das pessoas, de modo a que não procurassem atingir uma posição superior à que ocupavam, e buscou conter os salários por temer a falência da aristocracia. Mas essas estratégias não funcionaram e, sem dúvida, exacerbaram a situação, a qual em algumas áreas originou o nascimento de idéias revolucionárias milenaristas. Em outras, mudança e crise levaram a revoltas importantes, notadamente dos camponeses na Revolta da Jacquerie, na França em 1358, e na Inglaterra em 1381, e das camadas pobres urbanas como na insurreição dos *ciompi*, os trabalhadores têxteis florentinos, em 1378. Enquanto poucas rebeliões tinham ocorrido até o final do século XIII, muitas viriam a acontecer nos anos que se seguiram à Peste Negra, à medida que se agudizava o conflito de classes. E não somente isto, mas houve uma quebra generalizada da lei e da ordem. Por exemplo, a incidência de homicídios na Inglaterra no período de 1349 a 1369 foi equivalente ao dobro da que havia sido registrada no período entre 1320 e 1340, apesar da perda de um terço da população.

A grande redução na população significou o fim da crise de subsistência. Preços baixos, altos salários e suprimentos suficientes de alimentos criaram condições para o florescimento das ordens inferiores, caso tivessem sobrevivido à peste. Isso teve vários efeitos perturbadores. O sistema senhorial foi minado na Europa ocidental e surgiu um campesinato livre significativo. Pois o despovoamento significou que os camponeses trabalhavam toda a terra que podiam e pagavam a respectiva renda. As prestações em trabalho foram substituídas por remunerações em dinheiro, e outras obrigações foram substituídas por pagamento em dinheiro e arrendamentos a longo prazo. Os senhores, em conseqüência, tornaram-se *rentiers*[**] e senhores de terra absenteístas, buscando suas fortunas nas cortes reais. Na Europa oriental, o inverso aconteceu. Os senhores mantiveram os camponeses sob jugo pela força e impuseram uma servidão ainda mais áspera para assegurar uma próspera produção de grãos. O despovoamento também acelerou a laicização da sociedade, com as escolas seculares dando sua contribuição ao funcionamento da educação, advogados e burocratas estreitando seu controle sobre os governos e teorias da autoridade real que estavam sendo articuladas.

Como qualquer outro aspecto da existência, a vida intelectual sofreu com a devastação da peste. Vinte universidades desapareceram entre 1350 e 1400. Muitas pessoas altamente qualificadas e de alto nível educacional pereceram e não puderam ser substituídas. A crise na atividade intelectual apressou o

* Em francês no original. (N.T.)
** Em francês no original. (N.T.)

crescimento das línguas vernáculas em substituição do latim como a língua de governo e dos negócios oficiais. No reino das idéias, houve um crescimento do conservadorismo e do ceticismo. As idéias claras e dominantes de razão e lógica que preponderaram desde o século XIII foram eclipsadas. O sistema de pensamento de Guilherme de Ockham suplantou o aristotelismo. Rejeitava o processo de raciocínio abstrato e argumentava que o conhecimento só podia ser intuitivo e individual. Ele só via duas alternativas para confrontar os mistérios do universo: a fé inquestionável naquelas verdades que não podiam ser demonstradas, tais como a existência de Deus, ou a dedução lógica aplicada àquilo que podia ser observado no mundo criado. A promoção da fé acima da razão encorajou a busca individual de Deus e diminuiu ainda mais o papel do clero, enquanto a aguda diferenciação estabelecida entre o sagrado e o profano estimulou simultaneamente a secularização da ciência e a promoção do realismo na arte. Este era um universo de pensamento muito diferente daquele de santo Tomás de Aquino e de santo Alberto Magno.

Lynn White Jr. tinha descrito o período de 1300 a 1650 como "o mais perturbado psiquicamente da história européia", um tempo de ansiedade exponenciada devido à rápida mudança cultural e à sucessão de calamidades. Isto é certamente verdade para a última metade da Idade Média. Os séculos XII e XIII, período que tinha assistido à construção das catedrais góticas, à expansão das cidades, à ascensão das universidades, ao desenvolvimento da literatura cortesã de amor e da poesia vernácula, à revitalização do direito romano, à retomada da Terra Santa, à Reforma Medieval e ao Renascimento Medieval, foram substituídos por uma era de dúvida, medo e incerteza, guerra, destruição e despovoamento, doença, decadência e morte.

No contexto de otimismo e expansão do período central da Idade Média, e de recessão e pessimismo do período posterior da Idade Média, qual era a posição das minorias? Elas sofreram em ambas as situações. O desejo da Igreja, do Estado e das municipalidades de promover a unidade, a ordem e a uniformidade, articulado com a ascensão do fundamentalismo cristão e com o entusiasmo religioso do período central da Idade Média, criou uma atmosfera madura para a perseguição das minorias. O clima opressivo da aproximação do apocalipse e a necessidade de bodes expiatórios no período final da Idade Média a mantiveram.

As minorias têm sido notoriamente suscetíveis à estereotipagem. Os estereótipos são um meio de dar sentido a um universo desordenado, impondo ordem, definindo o eu, personalizando os temores. Como escreveu Sander L. Gilman:

> Todos criam estereótipos. Não podemos funcionar num mundo que não disponha deles. Eles nos amortecem contra nossos temores mais urgentes através de sua ampliação, permitindo-nos agir como se sua fonte estivesse além do nosso controle. Estereótipos são um conjunto rudimentar de representações mentais do mundo. Eles perpetuam um sentido necessário de diferença entre "o eu" e "o outro".

Isto era particularmente verdade na Idade Média, que era muito propensa à confecção de listas, criação de hierarquias e à classificação ordenada de coisas. Havia o estereótipo positivo do cavaleiro e do homem virtuoso, modelos de papéis a serem seguidos. Mas havia igualmente os estereótipos negativos. O estereótipo negativo, segundo Gilman, aparece no adulto como uma resposta à ansiedade, "uma ansiedade que tem suas raízes na desintegração potencial das representações mentais que o indivíduo criou e internalizou".

Assim, as ameaças à estrutura social estabelecida ou à estrutura ideológica existente provocaram a criação de estereótipos negativos que corporificavam a ameaça. O estereótipo nasceu especificamente do contexto social, sua forma e conteúdo sendo ditados pela sociedade que o produziu. Ele constituía o que era diferente, e diferença era o que ameaçava a ordem e o controle.

> Esta representação mental de diferença não é nada mais que a projeção da tensão entre o controle e sua perda, presente em cada indivíduo em todos os grupos. Esta tensão produz uma ansiedade à qual o outro dá forma.

Gilman vê os estereótipos do "Outro" como incorporando as categorias básicas através das quais o eu é definido — o sentido de mutabilidade pessoal, o papel central da sexualidade e a relação com os grupos mais amplos: de modo geral, doença, sexualidade e raça. A consciência da fragilidade da organização humana não reside exatamente em sua mortalidade, mas em sua suscetibilidade à doença, corrupção, poluição e alteração. A sexualidade humana quando fora de controle desafia as normas estabelecidas. Em termos raciais, "O Outro" é definido como a antítese física do eu, a ameaça ao grupo. Os três freqüentemente se imbricam, com a diferença racial sendo vista em termos de ameaça sexual, e a diferença sexual percebida em termos de doença.

Isto era particularmente verdadeiro na Idade Média, onde uma minoria racial (os judeus), uma doença (a lepra) e uma minoria sexual (os homossexuais) eram vistos como ameaça para o eu definido como cristão, saudável e heterossexual. Mas, dada a esmagadora importância da religião, havia um outro predominante — o Diabo — presente por trás da consciência da atividade de minorias, inspirando-as na busca da destruição da ordem divina.

Exatamente como nos tempos modernos, havia na percepção popular uma sobreposição dos grupos de minoria na Idade Média. O papa Gregório o Grande e santo Isidoro de Sevilha utilizaram no início da Idade Média o termo "lepra" para descrever a heresia, uma doença que infectava o corpo sadio dos fiéis. A metáfora da doença era regularmente aplicada à heresia, como demonstrou R.I. Moore. Ele descobriu que a palavra *pestis* (peste) era habitual para definir quase todas as ocorrências de heresia no século XII. Eckbert de Schönau, por exemplo, queixou-se que os cátaros

> se multiplicaram em todas as terras, e a igreja está agora em grande perigo, por causa do fétido veneno que se dissemina contra ela de todos os lados. Sua mensagem se espalha como um câncer, dissemina-se veloz e extensamente como uma lepra, infectando os membros de Cristo à medida que progride.

Este era um uso bem-estabelecido, datado já do mundo antigo: Agostinho, Origen, Bede e Rabanaus Maurus, todos dele fizeram uso. No século VI, o bispo Cesário de Arles falou dos judeus que se infectavam com a "lepra do pecado". No século XI, Guilherme o Monge declarou para o heresiarca Henrique de Lausanne:

> Tu também és um leproso, marcado pela heresia, excluído da comunhão pelo julgamento do padre segundo a lei, cabeça raspada, com roupas esfarrapadas, teu corpo está coberto por um traje infecto e torpe; ele te convém para gritar cada vez mais alto que és um leproso, um herege e impuro e tens que viver fora da igreja.

No século XII, segundo Beryl Smalley, os autores teológicos "empregaram a palavra 'lepra' de modo quase intercambiável com a palavra 'pecado'". Mas o aspecto mais interessante da relação é entre heresia-lepra-sexo. Acreditava-se que a lepra era transmitida sexualmente, daí a proibição da entrada dos leprosos nos prostíbulos e os estatutos dos abrigos para leprosos, que buscavam refrear suas naturezas promíscuas. Heresiarcas como Tanquelmo e Henrique de Lausanne foram acusados de comportamento sexual promíscuo.

O Concílio de Ancira, são Pedro Damião e o papa Gregório IX empregavam todos o termo "lepra" para se referir à sodomia. O bispo Jacques de Vitry, de Acre, comparou a prostituição a "uma lepra incurável". Uma descrição do século XIII da lepra incluía uma referência à vítima como tendo "chifres", ligando por conseguinte leprosos a judeus e mágicos, de quem se acreditava terem dotes semelhantes, e de um só golpe ao Diabo chifrudo, seu mestre.

Outras correlações eram feitas. Os termos judaicos "sinagoga" e "sabá" eram aplicados aos encontros de bruxos. Bruxos e hereges eram sistematicamente acusados de organizar orgias homossexuais. As leis inglesas do século XIII amalgamavam judeus, sodomitas, feiticeiros e hereges como merecedores da morte. Leprosos, muçulmanos e judeus foram acusados em 1321 de tentar envenenar os mananciais da França. Os bruxos na Hungria eram sentenciados, em sua primeira infração, a portar um chapéu judeu em público. As prostitutas de uma cidade na França meridional foram confinadas no abrigo para leprosos local durante a semana da Páscoa. O cronista Salimbene chamou os heréticos Irmãos Apostólicos de Gerardo Segarelli de "a sinagoga de Satã". Em Tortosa, em 1346, judeus, sarracenos e prostitutas eram proibidos de usar os banhos públicos, exceto em dias especificados da semana.

Em seu livro *Purity and Danger*, Mary Douglas escreve:

> Todo o universo está atrelado às tentativas do homem de forçar um ao outro à boa cidadania. Assim, nós verificamos que certos valores morais são sustentados e certas regras sociais definidas por crenças em perigoso contágio, como quando o olhar ou toque de um adúltero é tido como portador de doença para seus vizinhos ou seus filhos.

A ameaça de perigo pelo impuro é usada para coagir outros a andar na linha. A sociedade medieval se encaixa exatamente nesse quadro. Havia uma ameaça moral e física de contágio vinda das minorias perigosas, daí a segregação e rotulação com a "marca da infâmia" de judeus, leprosos e prostitutas. A atribuição da lepra ao pecado sexual, a responsabilização da sodomia por calamidades como o Grande Dilúvio e a Peste Negra, a utilização do fogo purificador para destruir os hereges, sodomitas e bruxos reforçam as advertências no sentido de evitar o desvio em relação à norma. Mas, cada vez mais, no período final da Idade Média, o contágio moral passou a ser visto como real, com judeus e/ou prostitutas em Perpignan (1299), Lerida (1350), Cervera (1399) e Solsona (1434) sendo proibidos de tocar nos gêneros alimentícios, a menos que os comprassem.

Os seis grupos que são tema deste estudo se encaixam *grosso modo* nas categorias religiosa (judeus, bruxos, hereges) e sexual (homossexuais, prostitutas e leprosos). Mas um fator comum os une a todos — o sexo. O estereótipo do desviante estreitamente ligado ao Diabo pela luxúria era utilizado para demonizá-los. O Demônio é o "Outro" absoluto, o inspirador do mal, a antítese do Deus cristão, e foi ele que, pela exploração da suscetibilidade dos escravizados ao sexo e pelo envenenamento de suas mentes, foi retratado como o que buscava usá-los para subverter a ordem natural de Deus.

1. Juízo Final, de Stefan Lochner, *c.*1430. (Reproduzido com a amável permissão do Wallraf Richartz Museum e do Rheinische Bildarchiv, Colônia.)

2. Representação do Juízo Final e da pesagem das almas, tirada de um saltério do século XIII. (Reproduzido com a amável permissão da Mary Evans Picture Library.)

3. Confissão: o confessionário tornou-se um traço cada vez mais importante da vida religiosa na Idade Média. Xilogravura anônima, 1482. (Reproduzido com a amável permissão da Mary Evans Picture Library.)

4. O anjo, tendo nas mãos as chaves do Inferno, acorrenta o diabo, sob a forma de um dragão. Tirada de um comentário sobre o Apocalipse do século XII. (Reproduzido com a amável permissão da Mary Evans Picture Library.)

5. Virgindade: santo Aldhelm, um padre saxão, oferece o seu poema *De Virginitate* às freiras de Barking. Inglaterra, século XI. (Reproduzido com a amável permissão da Bodleian Library, MS. Bodley 577, fol. 1v.)

6. O ataque ao Castelo do Amor, de um romance do século XV chamado *Champion des dames*. (Reproduzido com a amável permissão da Mary Evans Picture Library.)

7. Amantes num jardim, 1525. As figuras neste prato de majólica italiano foram tiradas de uma gravura popular feita por Robetta, conhecida como *O fluxo da vida*. (Reproduzido com a amável permissão do Victoria and Albert Museum.)

8. O beijo. Frasco de remédio com a inscrição *Aqua capillorum Veneris*. Faenza, 1535. (Reproduzido com a amável permissão do Victoria and Albert Museum.)

9. Prazeres eróticos. Uma xilogravura anônima, Basiléia *c.*1430. (Reproduzido com a amável permissão da Mary Evans Picture Library.)

10. Preparação do banquete para um matrimônio. Esta ilustração do século XII num manuscrito de santo Albano da *Mulher de Andros*, de Terêncio, deriva de uma versão clássica muito anterior. (Reproduzido com a amável permissão da Bodleian Library, MS. Auct. F.2.13, fol. 4v.)

11. Cerimônia de casamento realizada por um bispo, Inglaterra, século XIV. (Reproduzido com a amável permissão da British Library.)

12. Hereges representados como demônios atacando a Trindade Cristã. De um manuscrito inglês do século XIII. (Reproduzido com a amável permissão da British Library.)

13. Hereges albigenses e suas amantes. O comentário acusava-os de adoração ao diabo e sodomia. De um manuscrito do final do século XIII, França setentrional: coluna da esquerda, segundo medalhão com o comentário que o acompanha. (Reproduzido com a amável permissão da Bodleian Library, MS. Bodley 270b, fol. 123v.)

14. Hereges prestes a serem queimados na fogueira pela Inquisição em Valladolid em 1559. (Reproduzido com a amável permissão da Mary Evans Picture Library.)

15. São Domingos presidindo um auto-de-fé para exterminar a heresia, por Pedro Berruguete, *c.*1450-1503. (Reproduzido com a amável permissão do Museo del Prado, Madri.)

16. Demônios auxiliam na concepção do Anticristo. De um folheto alemão *Der Entchrist*, 1475. (Reproduzido com a amável permissão da Mary Evans Picture Library.)

17. Instrumentos de tortura utilizados para os julgamentos de bruxas em Bamberg, 1508. A tortura era uma prática aceita pela Igreja e pelos tribunais seculares na maior parte da Europa desde o século XIII até o fim do século XVIII. (Reproduzido com a amável permissão da Mansell Collection.)

2
SEXO NA IDADE MÉDIA

Durante séculos, os historiadores têm estudado a guerra e o dinheiro, as leis e a religião, o funcionamento de alguns instintos humanos básicos — mas só recentemente eles se voltaram para o estudo em profundidade do instinto primevo da humanidade, a ânsia de se reproduzir e deste modo perpetuar a espécie através do sexo. O tabu intelectual atesta de modo poderoso o legado do pensamento e dos ensinamentos cristãos na civilização ocidental. No século XIX, passagens que lidassem com questões sexuais em textos antigos eram deixadas na "obscuridade decente de uma linguagem clássica". Essa obscuridade está sendo agora dissipada, à medida que as lanternas de busca da investigação histórica são dirigidas à escuridão, lanternas que até agora têm brilhado de maneira mais intensa nas universidades da França e dos Estados Unidos. Estudos amplos e bem fundamentados saem regularmente dos prelos. Esses trabalhos examinam as fontes em profundidade, colocam-nas em contexto e procuram recriar para nós alguma coisa das sensibilidades e vivências sexuais da Idade Média: *Law, Sex and Christian Society*, de James A. Brundage, *Medieval Prostitution*, de Jacques Rossiaud, *Christianity, Homosexuality and Social Tolerance*, de John Boswell, e *Sex and the Penitentials*, de Pierre Payer, são apenas uns poucos dentre os trabalhos fundamentais nesta área, aos quais se juntou recentemente o fascinante *The Body and Society*, de Peter Brown, que se concentra na Antiguidade, mas destaca temas e preocupações que continuaram a existir durante a Idade Média.

Que evidências existem em relação às atitudes medievais diante do sexo e da sexualidade? Elas surgem sob três categorias principais: teóricas (textos médicos, tratados teológicos, códigos de leis), práticas (registros de tribunais, os manuais de penitência da Igreja) e culturais (poesia, prosa, anedotas, rimas). Foi a Igreja, a força dominante na vida moral e espiritual das pessoas na Idade Média, que tomou a iniciativa de especificar que atos sexuais as pessoas poderiam se permitir e de regulamentar onde, quando e com quem o sexo poderia ter lugar. O grau em que os objetivos dos eclesiásticos foram atingidos provavelmente jamais será conhecido com precisão. Mas, de qualquer modo, estimativas precisas do grau de conformidade das pessoas às normas sociais e sexuais são em qualquer tempo difíceis de obter. Contudo, a partir das ações e reações da Igreja, seus pronunciamentos e preocupações, podemos deduzir alguma coisa quanto às atitudes e práticas que os eclesiásticos estavam procurando combater.

A Igreja fazia prescrições com pleno conhecimento do poder do impulso sexual. Um clérigo eminente escreveu em uma de suas orações:

> Existe um mal, um mal acima de todos os males, que tenho consciência de que está sempre comigo, que dolorosa e penosamente dilacera e aflige minha alma. Esteve comigo desde o berço, cresceu comigo na infância, na adolescência, na minha juventude e sempre permaneceu comigo, e não me abandona mesmo agora que meus membros estão fraquejando por causa da minha velhice. Este mal é o desejo sexual, o deleite carnal, a tempestade de luxúria que esmagou e demoliu minha alma infeliz, sugando dela toda a sua força e deixando-a fraca e vazia.

Era nada mais nada menos do que santo Anselmo, arcebispo de Cantuária (1033-1109).

A atitude em relação ao sexo que ele expressava é típica da Igreja cristã como um todo. Pois a cristandade foi, desde seus primórdios, uma religião negativa quanto ao sexo. Isso significa dizer que os pensadores cristãos encaravam o sexo, na melhor das hipóteses, como uma espécie de mal necessário, lamentavelmente indispensável para a reprodução humana, mas que perturbava a verdadeira vocação de uma pessoa — a busca da perfeição espiritual, que é, por definição, não sexual e transcende a carne. É por isso que os ensinamentos cristãos exaltam o celibato e a virgindade como as mais elevadas formas de vida. O que marcou uma ruptura decisiva com a Antiguidade pagã, que se preocupava com a manutenção da população e com a perpetuação da família; conseqüentemente, dava pouco valor à virgindade perpétua. Cristo não havia dito nada sobre o Pecado Original, mas, no século II, Clemente de Alexandria vinculou-o diretamente à descoberta do sexo por Adão e Eva. Santo Agostinho aperfeiçoa essa idéia, identificando o Pecado Original com o desejo sexual e não simplesmente com o sexo. Mas os pregadores, confessores e padres populares continuaram a fazer a equação simples de que o Pecado Original é igual a sexo. Isso entrou na consciência popular.

A sexualidade, segundo os ensinamentos cristãos, era dada às pessoas exclusivamente para os objetivos de reprodução e por nenhum outro motivo. Cristo havia concebido o casamento como o estado normal das pessoas e declarou-o indissolúvel, exceto em casos de adultério. São Paulo enfatizou que o celibato era o ideal mais elevado, a forma mais desejável de vida, mas que o casamento era uma segunda alternativa inferior aceitável. "É melhor casar do que abrasar", disse. O casamento tornou-se assim o meio cristão básico de regulamentar o desejo sexual, combatendo a fornicação e perpetuando a espécie.

O sexo não deveria ser usado por mero prazer. Segundo esta definição, todo sexo fora do casamento, tanto heterossexual quanto homossexual, era pecado, e, dentro do casamento, só deveria ser usado para fins de procriação. Os teólogos medievais enfatizaram que era um pecado mortal fazer amor com a esposa unicamente por prazer. "Um homem que está ardentemente apaixonado por sua esposa é um adúltero", disse são Jerônimo no século IV, uma opinião freqüentemente reiterada no decorrer da Idade Média. Somente no final do século XVI a idéia de sexo puramente por prazer foi apresentada como uma proposição teórica séria.

O esforço da Igreja para controlar a sexualidade tinha um aspecto positivo e um aspecto negativo. O aspecto positivo era canalizar a atividade sexual para o casamento e estender o controle da Igreja ao casamento, transformando-o de uma instituição em grande parte secular num sacramento. Este processo foi traçado com sensibilidade por Georges Duby.

Foi na França do século IX que a Igreja iniciou o longo processo de sacralização. Este último adquiriu a forma de estabelecer um controle sacerdotal sobre a cerimônia do casamento, que havia sido até então um assunto basicamente secular, uma questão de negociação e contrato entre famílias com o padre envolvido apenas de modo tangencial, geralmente para abençoar o leito matrimonial. A sacralização envolvia também o cumprimento de novas regras elaboradas para aumentar o efeito estabilizador do casamento sobre a sociedade: o cumprimento das determinações de monogamia, indissolubilidade do casamento, a proibição do casamento até o sétimo grau de parentesco consangüíneo, o desincentivo ao segundo casamento e a promoção da idéia de consentimento por parte do casal que se unia. A ênfase no consentimento do casal era um novo desenvolvimento. Nas tradições matrimoniais germânicas e romanas, o consentimento era um conceito muito mais amplo, no qual a ênfase era geralmente colocada na permissão por parte do pai da noiva.

Talvez devêssemos encarar a promoção do consentimento por parte do casal como um aspecto da ascensão do individualismo que caracterizou o século XII. Isto é mais plausível do que a sugestão de Jack Goody de que as regras da Igreja para o casamento eram elaboradas de modo a assegurar que vastas extensões de terra fossem deixadas para a Igreja, uma vez que as restrições garantiam que muitas famílias viessem a desaparecer por falta de herdeiros. A Igreja de fato tomou posse de vastas extensões de terra por herança de casais sem filhos ou de mulheres solteiras, mas elevar esta conseqüência à condição de causa é um exemplo clássico de *post hoc ergo propter hoc*. Parece mais provável que a promoção do consentimento fosse parte do processo de sacralização. Alguém tinha que se certificar que o consentimento fosse dado e aceito livremente, e este alguém era o padre. A nova centralidade do papel do padre na cerimônia do casamento era simbolizada pelo fato de que, em vez de entregar a noiva diretamente ao marido, os pais agora a entregavam ao padre, que a unia a seu marido.

Muitos séculos se passaram até que a interpretação do casamento da Igreja fosse aceita, e houve lutas ferozes e às vezes prolongadas com a aristocracia, a qual, pela motivação de garantir a sucessão e se apossar de sempre mais e mais terra, era favorável à dissolubilidade fácil do casamento e ao segundo casamento habitual. Mas, no século XII, a Igreja já havia efetivamente assumido o controle legal, moral e organizacional do casamento. A cerimônia do casamento havia sido transferida da residência para a igreja (embora ainda no adro), as proclamas haviam sido introduzidas para permitir a realização de objeções canônicas às núpcias, a prática dos registros havia sido iniciada para documentar oficialmente o evento, e haviam sido introduzidos limites mínimos de idade para o casamento (12 para as meninas, 14 para os meninos) e dias específicos da semana para a cerimônia.

Em 1150, o teólogo Pedro Lombardo expressou definitivamente a visão de que o casamento era um sacramento, uma união dual de homem e mulher, uma união física e espiritual. Isto significava a necessidade de ser claro a respeito do papel do sexo. Os teólogos apresentaram a idéia do sexo como uma obrigação, uma idéia que remonta a são Paulo, o qual, usando a linguagem legal do credor e devedor, disse que o marido tinha de dar à esposa o que devia a ela e vice-versa. A esposa não poderia reivindicar seu corpo como de sua propriedade; este pertencia ao marido e vice-versa. Santo Alberto Magno o dominicano, argumentou que, se um marido reconhecesse um desejo sexual da parte de sua parceira, deveria agir para satisfazê-lo, mesmo que isso não lhe tivesse sido pedido. Isto poderia mais uma vez implicar uma igualdade, mas sugere também que o marido tinha de tomar a iniciativa, pressupondo-se que a mulher fosse a parte passiva. Ficava claro também que os corpos das pessoas não lhes pertenciam para que fossem usados com qualquer outra pessoa conforme desejassem, mas que pertenciam a seus parceiros.

Em tudo isso, o papel da mulher permaneceu subordinado. Quando Graciano escreveu "A mulher não tem poder, mas em tudo ela está sujeita ao controle de seu marido", estava meramente expressando uma das crenças universalmente aceitas na Idade Média, a inferioridade inerente e insuperável das mulheres. As teorias sobre o papel da mulher haviam sido desenvolvidas pelos padres da Igreja. A mulher era filha e herdeira de Eva, a fonte do Pecado Original e um instrumento do Diabo. Era a um só tempo inferior (uma vez que fora criada da costela de Adão) e diabólica (uma vez que havia sucumbido à serpente, fazendo com que Adão fosse expulso do Paraíso, além de ter descoberto o deleite carnal e o ter mostrado a Adão). Esta visão da inferioridade da mulher era uniformemente divulgada nos tratados teológicos, médicos e científicos, e ninguém a questionava. Por causa de seu caráter maligno intrínseco, a mulher precisava de ser disciplinada. A lei canônica permitia especificamente o espancamento da esposa, e isto acontecia em todos os níveis da sociedade. Legalmente, uma mulher não podia ter cargo público ou servir como comandante militar, advogado ou juiz. A lei secular justificava tal proibição com base no fato de que as mulheres eram por natureza frívolas, ardilosas, avarentas e de inteligência limitada. A lei eclesiástica justificava isso com base no Pecado Original. A literatura sobre os Estados, que definia o papel dos vários grupos na sociedade, declarava explicitamente: "As mulheres não podem ter acesso a nenhum cargo público. Devem se dedicar às suas ocupações femininas e domésticas." A promoção do culto da Virgem Maria, a partir dos séculos XI e XII, propiciou às mulheres dois modelos de função enobrecedores: a virgindade, através da qual se poderia resistir de modo mais absoluto ao pecado de Eva, e a maternidade, a função perfeita para as mulheres que não se adaptavam à vida de uma religiosa celibatária.

O casamento era, assim, o destino esperado da maioria das mulheres. Mas o amor, que hoje em dia, no mundo ocidental, se pressupõe ser uma condição prévia do casamento, raramente estava envolvido nisso. Em geral, o amor não precedia freqüentemente o casamento, ou mesmo se seguia a ele. Os casamentos eram acertados entre as famílias em todos os níveis sociais, pois quase sempre envolviam propriedade ou, posteriormente, dinheiro que mudava de mãos. O casamento era uma questão comercial ou política, com o amor como um extra opcional. Somente nas camadas mais baixas da sociedade não havia nada em jogo além de sexo e companheirismo, e então as pessoas envolvidas raramente se davam ao trabalho de se casar, contentando-se com um concubinato flutuante e transitório.

O século XII foi notável por sua discussão ampla do amor sob muitos aspectos diferentes. Havia o amor por Deus, o qual em alguns casos se tornava apaixonado e quase erótico; o amor entre homens, de tipo emocional mas não sexual, baseado em afeição e respeito mútuos; o amor cortês, no qual um homem não casado realizava feitos galantes em nome de uma mulher casada, cuja tônica era a ânsia e o sofrimento. Nenhuma destas versões incluía a realização sexual.

Havia uma teoria do amor erótico baseado no prazer sexual, mas ficava claro que isso acontecia estritamente fora do casamento. Era influenciada por autores pagãos, particularmente Ovídio, cuja *Arte de amar* estava em grande voga nos séculos XII e XIII como um manual da sedução, com muitas traduções, adaptações e atualizações para que se aplicasse às maneiras e cenários da época. Como Norman Shapiro deixa claro em sua coletânea de textos eróticos medievais, *The Comedy of Eros*, essas versões são melífluas e cínicas, deixando implícito que todos, tanto casados quanto solteiros, são sexualmente ativos. Esses poemas oferecem conselhos sobre como, onde e quando seduzir mulheres, tratando o sexo como um jogo. O anônimo "Chave para o Amor", por exemplo, não deixa nenhuma dúvida quanto ao objetivo último do macho. Dá conselhos sobre a sua aparência: cabelo cortado e elegante, dentes limpos, hálito doce, sem pintura ou pós, uma expressão lânguida para significar que está morrendo de amor. Aconselha também sobre a arte da redação de cartas, do charme, espírito, lisonja, uma exibição de choro — recomenda-se uma cebola para a obtenção do efeito desejado — e também cita a ajuda da aia da dama para facilitar seus planos. Mas, uma vez que consiga um beijo, ele deve pressionar mais até conseguir o que se conhece na linguagem futebolística como um bom resultado.

É possível que a necessidade de consentimento melhorasse as chances de existência de amor no casamento, mas nem tanto, pois a pressão da família continuava a ser um fator preponderante no acerto de um casamento. Mas, no século XIII, a Igreja de fato desenvolveu um conceito de casamento como uma questão de companheirismo amoroso. Santo Tomás de Aquino argumentava que deveria existir amor entre marido e mulher baseado no companheirismo, no reconhecimento mútuo de virtudes, na criação de uma família e lar, e no ato sexual, o qual poderia dar prazer, mas somente com propósito de procriação. A idéia foi desenvolvida por são Bernardino de Siena (1380-1444), que incitava os maridos a demonstrar grande compaixão e consideração para com suas esposas, a amá-las tanto quanto elas tinham sido amadas por suas famílias. "Entre marido e mulher deve haver a amizade mais singular do mundo", ele disse. A esposa havia sido feita da costela de Adão para ser a companheira amorosa de seu marido. Eles eram iguais em espírito, mas na carne o marido era superior à esposa, e ela deveria obedecê-lo.

Quando, no século XII, Graciano codificou e sistematizou a lei canônica numa coletânea que permaneceu oficial por toda a Idade Média, endossou a posição já então estabelecida na Igreja. O casamento existia para gerar filhos e restringir a tentação sexual. Havia dois estágios necessários para sua validação: consentimento (espiritual) e consumação (física). Se algum destes não estivesse presente, o casamento era inválido. Ele enfatizou a idéia da dívida matrimonial, se opôs ao segundo casamento, considerou o impulso sexual um defeito e condenou o excesso de sexo no casamento.

Ainda assim, o papel do sexo dentro do casamento continuou a ser assunto de debate entre os teólogos. Três pontos de vista distintos surgiram. Havia a posição rigorista, expressa pelo legislador canônico do século XII, o bispo Huguccio, que adotou a visão de que todo ato de relacionamento sexual, mesmo dentro do casamento, envolvia pecado, embora ele encarasse o sexo matrimonial como um pecado venial e não mortal. Jean Gerson (1363-1429), permitindo o sexo matrimonial para a procriação, a fim de pagar a dívida e evitar a fornicação, disse que, se nada além do prazer era procurado, enquanto permanecesse dentro dos limites do matrimônio e não ocorresse em circunstâncias de outra forma proibidas, não era um pecado, ou era apenas um pecado venial. Mas estas duas posições eram minoritárias. A visão mais aceita permanecia sendo a expressa no século XIII por santo Tomás de Aquino e santo Alberto Magno, de que o sexo tinha um papel integral a desempenhar no casamento para os propósitos prescritos, contanto que não fosse "excessivo".

Isto era, então, o lado positivo dos ensinamentos da Igreja quanto ao sexo. O lado negativo era o das proibições da Igreja em relação àquilo que desaprovava. Aqui temos não apenas a visão da Igreja, mas algumas evidências quanto ao que realmente acontecia. Essas evidências estão nos penitenciais, sobre os quais Aron Gurevich escreveu que "permitem ao historiador da cultura de certa forma escutar as conversas particulares das pessoas da Idade Média". A confissão e a penitência eram instituições centrais da Igreja. Garantiam o controle eclesiástico e a disciplina do laicado, mas também propiciavam uma válvula de escape para o sofrimento individual derivado de uma consciência de culpa. Nos primórdios da Igreja, a confissão, a penitência e a reconciliação haviam sido eventos públicos. Mas, entre o final do século VI e o século XIII, isto mudou. A confissão cada vez mais se tornou privada, e a penitência uma questão arbitrária, aplicada segundo o discernimento do padre. Para ajudar os padres a se decidirem sobre a gravidade dos pecados e como lidar com eles, eram preparados livros detalhados de penitência ou penitenciais. Embora variassem quanto aos detalhes, a atitude geral permanecia constante. Eles forneciam, nas palavras de Pierre Payer, "um código de base ampla e relativamente homogêneo do comportamento sexual". O que é também de interesse é que eram produtos da experiência. Listavam as questões que se esperava aparecessem nas confissões, e que os próprios autores haviam encontrado. Santo Alberto Magno justificava que se entrasse em detalhes "pelas coisas monstruosas que são ouvidas nas confissões nestes tempos", embora Roberto de Flamborough e são Raimundo de Penaforte, ambos autores de manuais para confessores, alertassem quanto ao perigo de se entrar em detalhes excessivos, pois isso poderia dar idéias a pessoas que não tivessem anteriormente pensado nelas.

No século IX, os penitenciais eram condenados pelos concílios da Igreja como não tendo nem caráter oficial, nem fundamento escriturístico. Mas eles continuaram em uso até o século XII, quando Graciano elaborou seu *Decretum*, e passou a existir uma abordagem muito mais científica e sofisticada para a confecção das leis da Igreja. Em 1215, o Concílio Lateranense tornou obrigatória a confissão anual para todos os cristãos, e isso, somado ao trabalho extensivo de comentário que vinha das universidades, acarretou numa nova safra de manuais para confessores, as *Summae Confessorum*, que colocavam ao alcance do padre comum, de forma acessível e abrangente, um compêndio enciclopédico de leis e ensinamentos da Igreja sobre todas as questões morais. As *Summae* listavam e discutiam pecados e os métodos de lidar com eles, em seguida especificavam as perguntas a serem feitas, e, portanto, forneciam um código moral coerente e aplicável para a sociedade. Mas eles eram fortemente influenciados pelos penitenciais anteriores, particularmente nas questões sexuais.

Payer assinala que as questões sexuais formavam a maior categoria isolada das ofensas nos penitenciais. As penitências em questão variavam na severidade, mas eram todas baseadas na idéia de um jejum a pão e água, e de abstinência sexual por um determinado número de dias consecutivos em múltiplos de dez. Quando era dada uma penitência por um certo número de anos, isto significava penitência nos três jejuns anuais do Natal, Páscoa e Pentecostes, e também nas quartas, sextas e sábados de todas as semanas. Havia uma escala variável de punição, dependendo do penitente ser velho ou jovem, casado ou solteiro, leigo ou clérigo, e se o pecado era um caso isolado ou habitual. Os velhos eram mais severamente punidos do que os jovens, os casados mais do que os solteiros, e os clérigos mais do que os leigos, devido à responsabilidade, maturidade e à obrigação de dar o exemplo vinculadas a estes grupos. Por exemplo, no que dizia respeito ao adultério, o sexo praticado por um homem casado com a esposa ou filha virgem de outro, com uma freira ou com uma escrava geralmente incorria numa penitência de cerca de cinco anos. Mas um padre recebia dez anos, e um bispo doze anos e deposição do cargo como acréscimo. Por outro lado, a fornicação entre duas pessoas que não fossem casadas, sendo um homem e uma mulher, resultava em apenas de um a dois anos de penitência, o que era reduzido à metade se fosse com uma criada, uma sugestão de que as criadas eram mais ou menos liberadas para a caça. Mas a fornicação era em comparação raramente encoberta e sempre mais minorada do que o adultério.

A Igreja regulamentava a atividade sexual dentro do casamento, proibindo-a em todos os dias de festas religiosas e jejuns (dos quais havia 273 no século VII, embora já estivessem reduzidos para 140 no século XVI), aos domingos e nos períodos em que se considerava que a esposa estivesse impura (durante as regras menstruais, durante a gravidez, durante o aleitamento e por quarenta dias após o parto). De uma maneira geral, isto permitia que os parceiros casados praticassem sexo menos de uma vez por semana. O desrespeito a estas regras implicava uma penitência de quarenta dias.

A Igreja prescrevia a forma apropriada da relação. A única forma permitida era a que se conhece hoje em dia como "a posição do missionário", frente a frente com o homem por cima e a mulher embaixo. Todas as outras variações eram punidas. A relação anal incorria numa penitência de sete anos. Havia uma penitência de três anos para o coito dorsal, com a mulher por cima; isto era considerado como contrário à natureza, a qual determinava que o homem deveria ocupar a posição dominante. O sexo oral também recebia três anos, assim como a relação com a penetração feita por trás, considerada como algo que rebaixava o homem ao nível das bestas, porque cavalos e cães copulam desse modo. O sexo anal e oral também eram provavelmente considerados como contraceptivos, embora isto não seja especificamente mencionado. Os penitenciais incentivavam os casais a praticarem sexo somente à noite e mesmo assim parcialmente vestidos. Fica claro que o sexo era visto como algo essencialmente vergonhoso.

Basta apenas olhar para um penitencial altamente influente do século XI, o *Decretum* de Burchard de Worms (morto em 1025), o qual se apoiou fortemente em penitenciais anteriores, para ver como ele classifica os pecados sexuais em termos de sua gravidade. Burchard tenta se manter tão próximo quanto possível da moralidade comum e assegurar sua conformidade para com os ensinamentos cristãos. Suas perguntas sobre as questões sexuais muitas vezes contêm a expressão "Você fez, como muitos estão acostumados a fazer", sugerindo evidências a partir de confissões.

Dez dias a pão e água era a pena aplicada por Burchard para a masturbação masculina com a mão. Pelo uso de um pedaço perfurado de madeira, recebia-se doze dias (e provavelmente farpas). A pena por fornicar com uma serva ou mulher não-casada era também de dez dias. Na sua opinião, estes são os pecados menos graves, e é claro que ele está refletindo a visão de uma sociedade que encarava os pecados sexuais dos jovens não-casados com grande indulgência. Outros penitenciais puniam a masturbação com a pena de quarenta dias até um ano, dependendo da idade e *status* do réu e da freqüência do hábito.

De modo semelhante, havia uma penitência de dez dias a pão e água por fazer amor com a própria esposa em posição proibida e quando ela estivesse menstruada ou grávida. Quatro dias a pão e água era a penitência por praticar sexo aos domingos, mas chegava a quarenta dias se acontecesse em um dos dias santos, embora pudesse ser reduzida à metade se o marido estivesse bêbado, mais uma vez o reconhecimento de uma circunstância altamente provável.

As penas mais pesadas eram reservadas para incesto, sodomia e bestialidade; quinze anos para infratores habituais. Mas existiam penalidades menores para outros delitos homossexuais, tais como masturbação mútua e sexo interfemural. Em outros penitenciais, o sexo anal incorria numa pena de sete anos; delitos homossexuais menores, dois ou três anos. Meninos eram punidos com penas muito menos pesadas do que os adultos.

Burchard também reconhecia explicitamente a homossexualidade feminina, ao prescrever perguntas para mulheres como se haviam usado afrodisíacos (pena de dois anos), praticado atos lésbicos (cinco anos), copulado com animais (sete anos), se masturbado com objetos que fizessem as vezes de pênis (um ano, acentuadamente mais severa do que a para masturbação masculina), realizado abortos (dez anos), consumido o sêmen de seus maridos, a fim de inflamar seu desejo (sete anos) ou colocado seu sangue menstrual na comida ou bebida de seus maridos, a fim de excitá-los (cinco anos).

Burchard ponderava que qualquer ato que conduzisse à excitação sexual ou ao prazer sexual era pecaminoso e os enumerava, indicando de novo aquilo que era capaz de excitar as pessoas. Os atos provocantes que destacou incluíam contar ou rir de piadas sujas, cantar ou ouvir canções sugestivas, participar ou assistir a diversões lascivas, tomar banho em companhia de várias pessoas e tocar, acariciar ou beijar seios e órgãos genitais.

Burchard, como os demais autores de penitenciais, ordena os pecados segundo uma classificação. Em ordem decrescente de gravidade, havia o incesto, a sodomia e a bestialidade, o adultério, a fornicação e a masturbação. Graciano, em seu *Decretum*, confirmou esta escala, e assim o fizeram também a maioria dos teólogos. Além disso havia os debates e as discussões entre comentaristas e glosadores, mas os princípios básicos permaneceram dentro do mesmo padrão. A escala de pecados foi aceita e continuou a ser julgada segundo o fato do delito ter sido secreto ou notório, contínuo ou intermitente, envolvendo um parceiro ou muitos. O que isso sugere é que, longe de ser monolítica quanto ao assunto dos pecados sexuais, a Igreja adotou um enfoque sofisticado e flexível, afinado com as realidades cotidianas.

Houve dois desenvolvimentos significativos no que diz respeito aos pecados sexuais na Idade Média, e eles se relacionam ao estupro e à masturbação. O estupro não era condenado pelos penitenciais, mas o *raptus* era. No direito romano, *raptus* significava seqüestro e não envolvia necessariamente sexo. O delito era um crime contra a propriedade — roubar uma mulher de sua família ou guardião. Era um crime privado ao invés de público. Os primeiros penitenciais adotaram a mesma visão de *raptus*, e o estupro, como o conhecemos, não aparecia. Mas Graciano, quando codificou a lei da Igreja, teve acesso aos códigos de Justiniano, que havia definido o *raptus* como um crime sexual contra mulheres não-casadas, viúvas e freiras e recomendava a pena de morte. Graciano e seus sucessores redefiniram o crime, tornando-o mais parecido com aquilo que agora consideramos como estupro. Eles o consideravam não como um crime contra a propriedade, mas sim contra a pessoa, e o definiram como tendo quatro elementos constitutivos: seqüestro, violência, relação sexual e a ausência de consentimento. Isto sugere fortemente que deveríamos compreender o desenvolvimento do delito do estupro como um corolário do desenvolvimento, pela Igreja, da idéia de consentimento no casamento. Contraditoriamente, porém, a Igreja defendia que não era possível estuprar uma prostituta, uma vez que ela era uma profissional do sexo e não tinha justificativa para recusar.

A segunda mudança se operou no caso da masturbação. Era então, como agora, um fato praticamente universal. No começo da Idade Média, era considerada como um pecado razoavelmente trivial a ser coibido pelo pároco. Contudo, em períodos posteriores da Idade Média, era vista como sendo muito mais grave. O arcebispo Gui de Roye, de Sens, chegou mesmo a sugerir, em 1388, que deveria ser da alçada exclusiva dos bispos. Provavelmente os bispos teriam ficado muitíssimo ocupados. Mas isto não aconteceu. Não obstante, Jean Gerson, chanceler da Universidade de Paris e teólogo de destaque no século XV, escreveu um tratado inteiro sobre a escuta de confissões de masturbação. Foi o primeiro manual deste tipo. Gerson a descrevia como um pecado pavoroso e abominável, e exprimia sua preocupação pelo fato de que a indulgência habitual conduzia a pecados mais graves, tais como a sodomia. Ao especificar o procedimento exato a ser seguido pelo confessor, Gerson entrou em grandes detalhes. "Amigo, você não tocou ou esfregou seu membro do jeito que os meninos geralmente fazem", ele perguntava. Prosseguia:

> Se ele negar que algum dia o tenha segurado ou esfregado no estado [ereto], não é possível seguir adiante, a não ser expressando surpresa e dizendo que isso é incrível; exortando-o a lembrar-se de sua salvação; de que ele está diante de Deus; e que é muitíssimo grave mentir na confissão e coisas assim.

Muitos adultos cometiam o pecado, dizia Gerson, e jovens de treze a quinze anos eram extremamente inclinados a este vício, presumivelmente antes de passar à fornicação. Ele exortava pais e professores a admoestá-los contra o hábito, advertindo quanto ao perigo de danação perpétua. Os remédios que sugeria incluíam banhos frios, flagelação, sobriedade, preces e boas companhias. Lembra bastante um obsessivo diretor de escola vitoriano. Mas ele não era o único. Santo Tomás de Aquino classificava-a como um dos pecados mais graves, os pecados contra a natureza (bestialidade, sodomia, masturbação, desvio da posição recomendada para a relação), assim chamados porque frustravam o propósito natural do sexo — a procriação. Parece provável que a ansiedade crescente com relação à masturbação fosse ligada ao desperdício de sêmen, e isso refletia a enorme preocupação quanto ao declínio da população, particularmente na esteira da Peste Negra, quando um terço da população da Europa ocidental morreu, fato atribuído pelos comentaristas eclesiásticos e pregadores populares ao julgamento de Deus sobre a humanidade, por causa de suas faltas sexuais.

Houve um aumento paralelo, no período final da Idade Média, da preocupação sobre práticas contraceptivas, sobretudo o *coitus interruptus*. A contracepção e o aborto eram tão conhecidos na Idade Média quanto haviam sido na Antiguidade. Várias formas de contracepção, fossem elas efetivas ou não, eram conhecidas e presumivelmente praticadas: poções destiladas a partir de diversas plantas, exercícios de ginástica realizados após a relação, ungüentos aplicados sobre os órgãos genitais masculinos, líquidos introduzidos no útero antes ou depois da relação, pessários. Além disso, havia amuletos mágicos para evitar a concepção e a prática do *coitus interruptus*, o pecado bíblico de Onã, que derramava o sêmen "no chão", em vez de permitir que fertilizasse o óvulo. O aborto também era igualmente conhecido na Idade Média, sendo praticado através de exercícios de ginástica, do carrego de fardos pesados, de banhos quentes, de líquidos introduzidos no útero, de poções e de outros abortíferos do gênero.

Os teólogos consideravam o controle da natalidade como um pecado grave, e nesta, como em tantas outras áreas, os ensinamentos de santo Agostinho modelaram o pensamento medieval. Ele havia definido o casamento como existindo em função da "prole, fidelidade e estabilidade simbólica", e a interferência no aspecto procriativo do sexo matrimonial não poderia, portanto, ser nada mais do que pecado. A atitude de Agostinho foi transposta diretamente para a lei canônica, a lei da Igreja, codificada por volta de 1140 por Graciano e mantida como autoridade até 1917, e também diretamente para a teologia, através da inclusão nas *Sentenças*, de Pedro Lombardo (também dos meados do século XII), o manual básico de teologia católica até o século XVI. Os opositores do controle da natalidade apresentavam a argumentação de que era homicídio matar uma criança ainda não nascida, que era contrário à natureza, uma vez que a natureza prescrevia a inseminação como parte integrante e inescapável da relação sexual, e que destruía o relacionamento matrimonial, o qual havia sido estabelecido especificamente para a procriação.

A contracepção e o aborto foram sistematicamente denunciados pelos penitenciais. Burchard de Worms impunha uma pena de dez anos para estes delitos. As *Summae* da Idade Média central e posterior denunciavam igualmente tais práticas. Mas John Noonan, o historiador da contracepção, distinguiu uma mudança de ênfase significativa. Nos penitenciais, os quais predominaram no início da Idade Média, as poções e as práticas mágicas eram o que preocupava os escritores eclesiásticos na área da contracepção; na Idade Média central e posterior era o *coitus interruptus*.

As advertências quanto aos desvios da norma na sexualidade marital e na sexualidade em geral se tornaram mais urgentes no século XII, porque os ensinamentos católicos estavam sob ameaça vinda de duas direções diferentes. O amor cortês, o qual exaltava o amor de um homem jovem e não-casado por uma mulher casada, era considerado pela Igreja como capaz de promover o adultério e o uso de contracepção para evitar o nascimento de bastardos indesejados. O catarismo, o principal questionamento herético ao catolicismo neste período, defendia que o sexo, o casamento e a procriação eram invenções do Diabo, exaltando o celibato como o estado mais elevado. Mas, se o desejo abrasasse, eles achavam que ele deveria ser aplacado por atos sexuais não-procriativos.

Quando a ameaça dos cátaros retrocedeu, surgiu um outro problema para preocupar a Igreja, o declínio maciço da população na esteira da Peste Negra e a pandemia da peste. Os pregadores e teólogos denunciaram a prática do controle de natalidade agora como culpada por exacerbar o declínio da população. A nova urgência se reflete na escalada, em termos de gravidade, com que era encarado o *coitus interruptus*. Como a masturbação, ele acabou por ser considerado como extremamente grave e destrutivo. Onde santo Tomás de Aquino e santo Alberto Magno, no século XIII, haviam utilizado o termo sodomia para se referir ao sexo entre dois homens, Jean Gerson e santo Antonino de Florença, no século XV, descreviam como sodomia qualquer ato que envolvesse o derramamento ou mau uso do sêmen, inclusive a masturbação homossexual e o *coitus interruptus*. Noonan conclui: "Há orientação pastoral suficiente quanto ao pecado contra a natureza para sugerir que, no período 1232-1480, muitas pessoas no casamento buscavam a relação sexual, mas evitavam a procriação." Peter Biller chamou a atenção para um dito comum no século XIII, encontrado pela primeira vez já em 1049: "Se não castamente, pelo menos com precauções", o equivalente medieval de "se não consegue ser bom, seja cuidadoso".

A Igreja institucionalizou o registro de delitos sexuais. Na Inglaterra, a partir de meados do século XIII, os párocos eram encarregados de comunicar a existência de fornicadores notórios ao arquidiácono, que os convocava e os multava e censurava, ou os convencia a casar. Nos casos estudados, a maioria dos registros de tribunais da Igreja parece dizer respeito ao adultério e à fornicação.

Mas o Estado e as municipalidades também começaram a se preocupar com questões sexuais. As monarquias européias empreenderam, no seu processo de surgimento, a elaboração e a aplicação de leis sob a influência dos códigos imperiais romanos, do mesmo modo que as municipalidades o fizeram muitas vezes sob o estímulo dos frades mendicantes, cuja influência foi importante na formação da moralidade burguesa. Os reis e outros governantes também estavam interessados em evitar que as pessoas tomassem a lei em suas próprias mãos, dada a tendência dos maridos traídos ou das famílias ofendidas a castrar ou assassinar para vingarem sua honra. A influência da moralidade burguesa pode ser vista na diferença de tratamento dos casais adúlteros da cidade para o campo. No Brabante urbano, os casais adúlteros eram multados, açoitados e postos no pelourinho, e, em algumas cidades do sul da França, eram forçados a correr pelas ruas nus, enquanto eram chicoteados. Isto indica a severidade da desaprovação da comunidade em relação às violações do laço matrimonial. Nas áreas rurais, em contraste, a punição era simplesmente uma multa, sugerindo um maior grau de tolerância rural quanto ao mau comportamento sexual.

As visões da Igreja quanto às práticas sexuais estão integralmente registradas e podem ser exploradas e avaliadas. Mas em que medida essas idéias se enraizaram? Isto é mais difícil de verificar, mas há indicações. Primeiro, a visão da Igreja sobre o casamento como a pedra fundamental de uma sociedade cristã estável era geralmente aceita. Isso era em parte uma questão de interesse próprio, pois a aristocracia, a burguesia e os camponeses mais abastados tinham todos interesses de propriedade a considerar, juntamente com a necessidade de alianças e fusões de famílias e interesses, assim como uma preocupação maior relativamente à adoção do direito de primogenitura e a criação de conjuntos de propriedades definidos e estáveis, em vez de glebas variáveis e parceladas que a partilha equânime das heranças havia causado. Mas, embora a indissolubilidade fosse aceita, a dissuasão da Igreja ao segundo casamento era amplamente ignorada tanto pela aristocracia quanto pela burguesia, devido ao alto nível de mortalidade e à necessidade de filhos como herdeiros. A aventura sexual fora do casamento punha em perigo os acordos de propriedade e a pureza das linhagens de sangue, como também comprometia a honra das famílias, portanto havia uma objeção prática ao adultério. O consentimento parece ter sido aceito pelo público como a base para um casamento viável, e na verdade cada vez mais exigido, conforme fica evidenciado pelo fato de que os registros dos tribunais ingleses do final dos séculos XIII e XIV mostram que as pendências matrimoniais quase sempre se centravam na questão do consentimento.

Quanto ao casamento em si, a cultura popular medieval o encarava de maneira bastante semelhante à dos cartões-postais cômicos de beira-mar ou dos comediantes de peças musicais séculos XX. Poucas histórias de amor medievais terminam em casamento, e os escritos seculares raramente encaram o casamento como uma fonte de felicidade. O casamento era uma armadilha, o fim da liberdade e o início da responsabilidade. "Nenhum homem se casa sem se arrepender disso" era um dos ditos populares da época. Os *fabliaux**, as histórias rimadas satíricas e obscenas das vilas e cidades, apresentavam um elenco familiar de maridos traídos e freqüentemente mais velhos, de jovens esposas lascivas, padres devassos e rapazes galantes e amorosos. Mostravam um mundo em que todos buscavam desesperadamente o sexo extraconjugal. Mas o impulso principal do humor é no sentido da vergonha e da humilhação, e a impressão dada é que o sexo é uma imensa piada indecente, com as pessoas constantemente sendo apanhadas literalmente com as calças arriadas ou com suas partes pudendas aprisionadas em apertos dolorosos. Mas, abstraindo os exageros, há elementos de verdade no quadro que pintam. Os parceiros casados urbanos eram freqüentemente de idades muito diferentes, com homens mais velhos que se casavam com uma série de mulheres mais jovens, à medida que as esposas morriam de parto, ou com maridos que adiavam o casamento até que tivessem feito fortuna. Padres devassos e desrespeitosos do celibato eram um problema constante para as autoridades eclesiásticas. O clero, segundo estimava Jacques Rossiaud, constituía 20% da clientela dos bordéis e casas de banhos de Dijon. A fornicação era encarada como um propósito generalizado da juventude.

Mas a ternura dentro do casamento era possível. Podemos obter um desses raros e preciosos instantâneos de intimidade nos escritos de Cristina de Pisa (*c.* 1364-*c.* 1430), a primeira mulher escritora profissional, a qual, depois de se tornar viúva, descreveu sua vida de casada. Ela pinta um quadro convincente de um relacionamento baseado no afeto, no respeito e na consideração mútua. Em uma certa passagem, ela descreve a delicadeza de seu marido na noite de núpcias, quando ela tinha 15 anos e ele 24. Ele não exigiu sexo na primeira noite, querendo deixar que ela se acostumasse com a presença dele. Somente no dia seguinte ele a beijou demoradamente e prometeu que Deus o havia criado apenas para ser bom com ela. Durante o casamento, o amor e o afeto entre eles cresceu. Uma das coletâneas de histórias da Borgonha do século XV, *Les cent nouvelles nouvelles*, entra em detalhes sobre os "temores da primeira noite" de uma virgem de quinze anos de idade, a qual, instruída por sua mãe, no dia do casamento, sobre os mistérios do leito matrimonial, se vê incapaz de conviver

* Em francês no original. (N.T.)

com a relação sexual tanto na noite de núpcias quanto daí para diante. Quando seus pais tentam anular o casamento com base na inexistência de consumação, o marido afirma sua disposição de realizar a consumação, e o juiz manda colocar uma cama em sua casa, instruindo cuidadosamente a noiva para que cumprisse sua obrigação matrimonial. O casamento se consuma com êxito, ficando o marido exausto com o "combate" muito antes da esposa. Isto traduz uma situação que não deve ter sido um problema incomum para os jovens recém-casados.

A idéia de se comportar de maneira excessivamente apaixonada com a esposa era considerada chocante, porque esperava-se que a esposa ideal fosse casta e recatada. Outra das *Cent nouvelles* ilustra essa compreensão. O valor de tais histórias é que elas dependem da aceitação de um conjunto de normas sociais para serem engraçadas. A história conta sobre um rapaz jovem, recentemente casado, cujo desejo por sexo é tão forte que ele possui sua esposa continuamente, onde e quando quer e não apenas à noite, como seria apropriado. Embora ela nem sempre queira, obedece respeitosamente. Um dia ele a leva para o bosque à luz do dia e, antes de praticar o sexo, tira-lhe a roupa para examiná-la e comentar sobre seus melhores atrativos, um procedimento que ela reprova sem rodeios. Eles são vistos por um camponês que procura uma rês perdida. O humor da história deriva implicitamente da grosseria do comportamento: sexo demais, sexo durante o dia ao invés de à noite, além de despir a esposa, tudo isso transgride os padrões de comportamento marital discreto e decoroso.

A atitude das mulheres em relação ao amor parece ter sido compartilhada tanto pelas classes dominantes quanto pelas inferiores. No século XIV, as mulheres camponesas da aldeia de Montaillou, no sul da França, cujas atitudes foram minuciosamente analisadas por Emmanuel Le Roy Ladurie, nunca falam de amor vinculado a seus sentimentos em relação a seus maridos. Elas parecem ter encarado o amor como algo que existia fora do casamento. André o Capelão, no seu tratado *A arte do amor cortês,* que data da década de 1180, escreve sobre as regras do amor conforme se aplicavam às classes média e alta:

> Declaramos e defendemos como firmemente estabelecido que o amor não pode exercer seus poderes entre duas pessoas que são casadas uma com a outra. Pois os amantes dão tudo livremente um ao outro, mas as pessoas casadas são presas da obrigação de ceder aos desejos do outro e de não negar nada de si mesmas ao outro.

Isto é uma prova clara da aceitação da idéia da dívida matrimonial. De fato dá muito a impressão de que os leigos, como os teólogos, traçavam uma distinção entre casamento (para a procriação) e os casos extramaritais (para o prazer): a diferença sendo que a Igreja desaprovava estes últimos e os leigos não.

O estudo de Le Roy Ladurie em Montaillou revela também o arraigamento no campo de uma moralidade alternativa à pregada pela Igreja. Era a moralidade da sociedade tribal e camponesa pré-cristã, na qual a vida sexual era livre e fácil, a fornicação e o concubinato comuns. O casamento era muitas vezes informal e facilmente dissolvido. O ato sexual era geralmente considerado como sendo inocente se realizado por dinheiro, com uma prostituta, ou entre duas pessoas que extraíssem prazer disso. A idéia era que, se o sexo era agradável para os parceiros, não era desagradável a Deus.

Assim como no pensamento eclesiástico, dois pesos e duas medidas eram todavia aplicados na sociedade secular. Johannes Teutonicus, autor do comentário padrão sobre Graciano, disse que o adultério era mais detestável quando cometido por uma mulher do que no caso do homem. Santo Tomás de Aquino disse que as mulheres deveriam ser mais severamente punidas pelo adultério do que os homens; Huguccio declarou que se deveria exigir virgindade das mulheres mas não dos homens. Todos eles acreditavam que as mulheres eram mais inclinadas à luxúria e aos excessos sexuais do que os homens. As pessoas em geral acreditavam, de modo semelhante, que era aceitável que os homens não fossem castos, mas as mulheres tinham que sê-lo, como demonstra uma história de *Les cent nouvelles nouvelles*. Em Bruxelas, um aprendiz da Picardia engravida a filha de seu senhor comerciante e imediatamente parte para retornar à sua aldeia natal. A menina, que confessa à sua mãe o que havia acontecido, é posta para fora de casa, segue o aprendiz e chega à aldeia dele no dia do seu casamento com uma outra. Quando a nova esposa faz perguntas ao aprendiz sobre a menina com quem ela o viu conversando, ele explica o que aconteceu e diz que a menina contou à mãe a seu respeito. A esposa não censura o seu marido, mas descarrega seu desprezo sobre a garota, dizendo que o condutor da carroça já dormiu com ela dúzias de vezes, mas que ela nunca sonharia em contar isso à sua mãe. Ao ouvir isso, o aprendiz furioso abandona a esposa imediatamente e volta para a outra menina. A história gira em torno da aceitação da fornicação do marido como uma ocorrência natural, a rejeição de comportamento parecido por parte das mulheres e um reconhecimento da estupidez inerente às mulheres por falarem em ambos os casos.

A masturbação parece ter sido generalizada, mas às vezes lhe era dada uma justificativa interessante. Gerson escreveu: "muitos adultos estavam poluídos pelo pecado e nunca o haviam confessado (...) muitos se desculpavam por sua ignorância, dizendo que jamais haviam sabido que tais toques, com os quais eles perderam o desejo de conhecer mulheres, eram pecado". Se verdadeiro e não apenas dito para confundir o confessor, significa que os penitentes compreendiam que a fornicação era errado, mas que a masturbação, a qual evitava o contato com mulheres, era de alguma forma um substituto aceitável. Pode ter sido este tipo de pensamento que se escondia por trás das penas modestas impostas por Burchard de Worms por esse pecado.

A contracepção parece ter sido amplamente praticada e não reconhecida como pecado pelos leigos, de forma muito semelhante à masturbação. São Bernardino de Siena disse, numa preleção:

> Vocês verão que terão muitos pecados n este estado de matrimônio que nunca confessaram nem sabiam ser pecado ou pecados (...). Ouçam, cada vez que vocês se unem de tal modo que não possam gerar, a cada vez é um pecado mortal.

Nos casos em que a contracepção era praticada, as evidências sugerem que era usada por quatro motivos principais. O primeiro era a pobreza e o desejo de limitar o tamanho da família. Isso era reconhecido pelos teólogos medievais. Beda, o Venerável, e Burchard de Worms declaravam que o aborto era um pecado menos grave quando realizado para limitar o tamanho da família por causa da pobreza do que quando era usado para ocultar as provas da fornicação. A prática do *coitus interruptus* para limitar o tamanho da família era mencionada pelo dominicano Pedro de Palude, do século XIV, e pelos dominicanos Johan Nider e santo Antonino de Florença, do século XV.

A contracepção era também praticada por motivos médicos (para evitar a morte ou injúria a uma mulher para quem a gravidez era medicamente indesejável), por motivos de moda (uma mulher que quisesse evitar a gravidez porque interferia na sua vida social ou ameaçava sua beleza) e para evitar as conseqüências da fornicação. Isto foi afirmado por Tomás de Chobham na sua *Summa* (*c.* 1210), a qual foi extremamente influente na Idade Média, tendo sobrevivido em mais de cem cópias manuscritas.

Jean-Louis Flandrin sugere que, uma vez que a contracepção dentro do casamento atraía acusações de heresia, e uma vez que os homens casavam tarde, a contracepção era geralmente praticada em relacionamentos extraconjugais ilícitos anteriores ao casamento. Mas isto evita a questão: em que medida as pessoas se preocupavam com as acusações de heresia devidas ao que acontecia no leito matrimonial? Também entra em choque com as evidências da Toscana dos séculos XIV e XV, por exemplo, onde aconteceu a limitação voluntária do tamanho da família. São Bernardino de Siena denunciou isto como uma causa do declínio da população italiana. Fica claro que a contracepção era uma atividade ampla e regularmente praticada.

As autoridades clericais estavam unidas na sua visão de que a fornicação, o sexo praticado por homens jovens e não-casados, era generalizada, e parece provável que a sua visão refletisse a realidade. Johannes Teutonicus observou, no início do século XIII, que quase todo mundo cometia fornicação, e que as pessoas estavam mais inclinadas a este delito do que a qualquer outro. O bispo Bartolomeu de Exeter, autor de um penitencial do século XII, escreveu que a maioria das pessoas não considerava a fornicação como um pecado. O bispo Jacques de Vitry, de Acre, afirmava que particularmente os estudantes acreditavam nisso. Mas também surge como uma opinião geral entre os camponeses de Montaillou. Tomás de Chobham, na sua *Summa*, queixando-se de que muitos penitentes consideravam a fornicação como um pecado menor ou simplesmente como não sendo pecado, insistia para que os padres deixassem claro que se tratava definitivamente de um pecado. Tão disseminada era a opinião de que os fornicadores não eram de fato pecadores, que a Igreja foi levada a declarar esta visão como herética em 1287. Fez pouca diferença. Os pregadores populares Olivier Maillard e Miguel Menot, do final do século XV, ainda lamentam o fato de a maioria das pessoas considerar a fornicação como não sendo de modo algum pecado. São Vicente Ferrer (1350-1419) era de opinião que todos os meninos haviam perdido sua virgindade até a idade de quinze anos.

João de Tynemouth pensava que os jovens eram totalmente incapazes de abstinência sexual por causa de sua suscetibilidade à sedução feminina; embora Alain de Lille argumentasse que era um delito menor praticar sexo com uma bela mulher do que com uma mulher feia, porque a tentação era maior. Johannes Teutonicus afirmava que os estudantes iam à igreja não para cultuar mas para ficar olhando lascivamente para as mulheres. Huguccio disse que se deveria pressupor que duas pessoas jovens encontradas em circunstâncias nas quais era possível a atividade sexual a teriam praticado, ao passo que tal não se deveria pressupor no caso de duas pessoas mais velhas. "Podem ser encontrados poucos adultos que não sejam culpados de fornicação", ele disse. O que quer que a Igreja possa ter dito a esse respeito, havia claramente uma tolerância social generalizada quanto à atividade sexual pré-marital e extraconjungal masculina no mundo medieval.

Jacques Rossiaud identificou em Dijon a existência de uma cultura da juventude masculina específica, uma cultura dos solteiros locais: jornaleiros, aprendizes, servos, filhos da burguesia e trabalhadores imigrantes. Gangues destes jovens vagueavam por Dijon à noite, procurando combater o tédio com brigas, bebida, jogo, dados, provocando a guarda e cometendo estupros em grupo. Entre 1436 e 1486, 125 estupros — dos quais 80% cometidos em grupo — foram registrados em Dijon, provavelmente apenas uma fração dos realmente perpetrados, devido aos casos não comunicados. As gangues invadiam casas, arrastavam as mulheres jovens para fora e as estupravam. Os registros mostram que 85% dos responsáveis não eram casados, e metade deles tinha entre 18 e 24 anos. Rossiaud estima que metade dos rapazes de Dijon esteve envolvida em alguma ocasião nesses estupros. A atividade se estendia por todo o decorrer do ano, tinha lugar uma ou duas vezes por mês e era um traço habitual da vida dos jovens, um *rite de passage*.

As mulheres envolvidas eram muitas vezes esposas e filhas de jornaleiros, tecelões ou jovens de condição servil. Rossiaud sugere que existe aqui um desejo deliberado dos solteiros de negar a ordem social através da destruição das possibilidades de casamento das jovens. Mas isso parece desnecessariamente elaborado. As evidências sugerem que eles raramente escolhiam esposas, mulheres respeitáveis ou proeminentes e crianças, mas concentravam suas atenções nas mulheres que já estavam "manchadas" e, portanto, eram "caça livre" — concubinas de padres, jovens mulheres de má reputação, viúvas ou mulheres separadas (que comumente se acreditava serem amantes de seus senhores). Esses estupradores não são rebeldes sociais, mas rapazes desenfreados cuja definição de masculinidade girava em torno de álcool e sexo. A punição para tais estupros — se a vítima não fosse proeminente — era uma multa ou um período curto na prisão.

Este padrão de comportamento dos homens jovens não era restrito à Borgonha. No seu fascinante livro, *The Boundaries of Eros*, Guido Ruggiero demonstrou que a violência contra as mulheres também era parte da sexualidade dos homens jovens na Veneza do fim do período medieval. O estupro em Veneza tendia a ser encarado como grave se envolvesse crianças, mulheres mais idosas ou das classes mais altas, mas o estupro entre pessoas de classe social igual não era considerado muito grave, e em alguns casos era visto quase como parte do ritual de fazer a corte a uma mulher. Um padrão recorrente de estupros seguido por uma promessa de casamento, seguido por fornicação, pode ser encarado como o padrão de comportamento de alguns homens jovens venezianos. Somente 14% dos casos de estupro na Veneza do fim do período medieval valeram ao culpado mais de dois anos de cadeia ou punições corporais maiores. A maioria dos casos resultava em multas ou encarceramento por um breve período. As punições mais pesadas eram geralmente reservadas para os estupros de alguém das classes superiores. Surgiu em Veneza uma cultura sexual ilícita mas amplamente praticada, baseada na prostituição, no estupro e no concubinato, a fim de atender aos homens que se casavam tarde.

A atitude de arrogância sexual não se limitava a nenhuma classe em especial, mas parece ter sido a norma. Tornou-se parte do estilo de vida dos jovens cavaleiros do noroeste da França, estudado por Georges Duby. Ele identificou a existência, naquela região, de um grupo aristocrático que chamou de "a juventude", jovens que haviam sido feitos cavaleiros, mas que ainda não eram casados. Eles eram típicos de toda uma classe da sociedade cavalheiresca medieval. Era o casamento que lhes dava o direito de serem chamados de homens, e, até então, qualquer que fosse a idade alcançada, permaneciam sendo "jovens". Mas, com a primogenitura, a posição e as propriedades da família passavam intactas para o filho mais velho, e os filhos mais jovens tinham que se defender sozinhos, o que os levava, conseqüentemente, a pegar o caminho da cavalaria errante. Muitas vezes, os jovens cavaleiros circulavam em grupos, preenchendo seus dias com torneios, caça, guerra, jogo, brigas e sexo. Seu objetivo último era a reputação militar e a mão de uma herdeira rica para garantir seu futuro. Mas para eles, assim como para o jornaleiro ou filho de mercador que não fosse casado, a satisfação sexual era obtida pelo estupro, com concubinas ou com prostitutas. André o Capelão confirma isso em *A arte do amor cortês* Se um homem é infiel à sua amada — não porque queira encontrar um novo amor, mas devido a uma paixão irresistível —, isto é permissível. Se um homem encontra uma mulher num momento em que "Vênus o está incitando", se ele viesse a encontrar "uma meretriz ou a serva de alguém" e a possuísse ali e na hora sobre a grama, não perderá a sua amada.

> Podemos dizer sem medo de contradição que apenas por isso um amante não será considerado como indigno do amor de sua amada, a não ser que se permita tantos excessos com numerosas mulheres que possamos concluir que ele é excessivamente apaixonado.

Embora Duby chame esse grupo de "a juventude", uma expressão melhor em inglês seria o termo coloquial "the lads"*. *Laddishness*** é um conceito bastante conhecido hoje em dia. Os rapazes circulam em grupos, ganhando uma reputação pelos hábitos de beber, brigar e freqüentar prostíbulos, e existem em todos

* Os rapazes. (N.T.)
** O comportamento típico dos "rapazes". (N.T.)

os níveis sociais. O incentivo da sociedade para que usem um bordel e os serviços de uma prostituta, implícito na municipalização de casas de má fama no final da Idade Média, poderia muito bem ser visto como uma defesa contra a perpetração de estupros indiscriminados em número excessivo. Pois mulheres inocentes e moças respeitáveis realmente eram vítimas dos estupradores e, em conseqüência, perdiam *status* e a possibilidade de casamento, e até mesmo vítimas menos "inocentes" podiam muitas vezes ser socialmente evitadas e impelidas para a prostituição.

Tanto os tribunais seculares quanto eclesiásticos reivindicavam jurisdição, e os casos de estupro poderiam ser levados diante de ambos. Os tribunais da Igreja não impunham a pena de morte, mas poderiam decretar uma ampla variedade de penas (excomunhão, penitência pública, prisão, açoitamento, multas), dependendo do grau de força utilizado e da extensão do comprometimento anterior entre os casais. O comprometimento de casamento antes ou depois do estupro poderia minorar a sentença. Os tribunais seculares mantiveram a pena de morte romana quando as monarquias nacionais emergentes começaram a introduzir seus códigos de leis. Mas raramente era aplicada, e a pena habitual era uma multa. A julgar pelas evidências para a Inglaterra dos séculos XIII e XIV, as quais foram estudadas em detalhe, os casos de estupro raramente chegavam ao tribunal. O fator vergonha operava naquela época tanto quanto agora. Às vezes a família providenciava vingar sua honra com as próprias mãos. Mas tudo era amplamente aceito como parte da sexualidade masculina da juventude.

A Igreja associava o sexo ilícito ao Diabo e sua legião de demônios, os quais assolavam o mundo, causando danos e colocando a tentação no caminho dos cristãos comuns. Um dos livros mais populares na Alemanha medieval foi *Diálogo sobre milagres,* do prior cisterciense Caesarius de Heisterbach *(c.* 1180-*c.* 1250). Mais de cinqüenta cópias manuscritas dele sobreviveram. Para ilustrar os milagres da confissão, Caesarius narrou diversas histórias de encontros sexuais induzidos pelo demônio. Uma mulher casada de Nantes confessou que por seis anos havia sido "atormentada por um desejo incrível" por um demônio que aparecia sob a forma de um belo cavaleiro com quem ela havia praticado sexo. Confessou-se a são Bernardo de Claraval, que a ajudou a superar o poder do demônio. A filha de um padre, Arnold de Bonn, era muito perseguida pelos jovens locais, por isso ele a trancafiou. Mas um demônio veio até ela sob a forma de um homem que a seduziu e praticou sexo com ela muitas vezes até que se confessou, com o que seu pai a enviou para o outro lado do rio para escapar do demônio. Uma mulher de Breisach confessou, em seu leito de morte, que vinha praticando sexo com um demônio (sob forma humana) havia sete anos. É claro que Caesarius acreditava implicitamente nesses demônios, os quais haviam todos sido repelidos pela confissão. Fica igualmente claro para nós que todos esses acontecimentos eram simplesmente reais, com sedutores humanos, e que, quando essas mulheres se arrependiam e rompiam os relacionamentos, denunciavam seus sedutores como demônios sob forma humana. Se elas realmente acreditavam nisso ou estavam jogando com os preconceitos dos padres, é algo que jamais saberemos. Mas certamente nem todo mundo acreditava em demônios, como nos lembra uma história saudável relatada por Caesarius. João, o *scholasticus* de Prüm, "um homem muito instruído mas de caráter descuidado e leviano", dormia com uma mulher muito conhecida dele, que pouco depois lhe disse: "Você sabe com quem anda dormindo? — Com o Diabo." Caesarius continua solenemente: "A isto João, que era um homem estranho, replicou com um termo estranho, que o decoro me proíbe repetir, fez pouco do Diabo e não se perturbou nem um pouco." Um eminente professor de história medieval sugeriu que a palavra em questão provavelmente era, dado o contexto, o equivalente a "colhões".

3
HEREGES

A Igreja Católica na Idade Média era uma organização totalitária. Tinha um corpo doutrinal definido e abrangente, uma hierarquia organizada, rituais estabelecidos e uma visão clara de sua autoridade e responsabilidade. Qualquer divergência em relação a estes fundamentos constituía um desafio à ordem temporal divinamente ordenada e não podia, portanto, ser tolerada. A heresia era, como definiu o bispo Roberto Grosseteste no século XIII, "uma opinião escolhida pela percepção humana, contrária à Sagrada Escritura, publicamente admitida e obstinadamente defendida". Tinha, portanto, que ser especificamente reconhecida como produto da falibilidade da escolha humana e do desafio público à vontade de Deus, expressada na Bíblia e interpretada por autoridades legitimamente estabelecidas.

A heresia popular parece não ter sido um problema que a Igreja tenha enfrentado na Idade das Trevas, quando a sobrevivência era a primeira prioridade, quando a sociedade permanecia estática, na defensiva contra ataques vindos de forças exteriores e havia pouco tempo para a experiência religiosa ou para o debate intelectual. Mas as circunstâncias mudaram com o retorno da paz e com a expansão urbana, o revigoramento econômico e o despertar espiritual que acompanhou estas mudanças. Houve um grande surto de atividade intelectual que os eruditos intitularam de "o Renascimento do século XII". Mas isso foi acompanhado por uma efervescência religiosa a qual, com propriedade, merece a denominação usada por Brenda Bolton de "a Reforma Medieval". Tanto o Renascimento quanto a Reforma favoreceram uma concentração no indivíduo e, na religião, assumiram a forma de uma busca individual pela redenção e o desejo do cristão leigo comum por uma relação mais direta e pessoal com Deus.

A grande revitalização espiritual da Idade Média, iniciada no final do século XI e prolongada nos séculos XII e XIII, assumiu muitas formas: o movimento das cruzadas, o grande aumento das peregrinações, o número crescente de ordens e casas monásticas, a popularidade de pregadores itinerantes e de eremitas virtuosos e, talvez acima de tudo, a espiritualização do laicado, cujos desejos neste campo não pareciam estar completamente contemplados pelas formas religiosas e instituições eclesiásticas existentes.

Ao mesmo tempo, a própria Igreja começou a reformar-se. O papado, salvo da decadência no final do século XI por uma sucessão de papas reformadores, assumiu a decisão de colocar a casa em ordem. Lançou uma campanha contra a simonia (a venda de indulgências), o controle leigo sobre bispados e benefícios, o casamento de clérigos e a impudência do clero. Mas isso teve duas conseqüências sérias. Concentrou a atenção na vida irregular de boa parte do clero e na inadequação do sistema, e transformou o papado numa instituição monárquica organizada, burocrática e legalista, com o clero transformando-se numa casta fechada e exclusiva.

Há uma escola de pensamento que encara toda heresia ocidental como essencialmente maniqueísta. Mas a interpretação mais provável, e que é apresentada com grande vigor e clareza por R.I. Moore no seu brilhante livro *The Origins of European Dissent* (1977), é que as atitudes e opiniões dos hereges ocidentais eram um evangelismo provocado pela reação ao mundanismo percebido e à corrupção da Igreja.

Tanto as deficiências do clero, realçadas pelo movimento de reforma, quanto a crescente riqueza, a burocracia e a politização do papado, com seu pesado envolvimento em guerras, ações judiciais e impostos, serviram para enfatizar o caráter desejável de uma visão alternativa, a qual era cada vez mais incentivada. Tratava-se do desejo de retornar aos princípios originais do cristianismo, aos ideais de vida praticados por Cristo e por seus seguidores (a *Vita apostolica*), uma vida que acentuasse sobretudo o ascetismo, a pobreza e a pregação. Havia um desejo de seguir literalmente o mandamento de Cristo registrado em Mateus 19 v.21: "Se queres ser perfeito, vai, vende os teus bens, dá-os aos pobres, e terás um tesouro no céu; depois vem, e segue-me." Isso assumia geralmente a forma de uma vida esmolando ou realizando trabalhos manuais simples. Envolvia a renúncia à riqueza e à propriedade, o desejo de se igualar a Cristo no sofrimento e na espiritualidade, e o impulso para incentivar outros a seguir o exemplo, pregando e interpretando a verdade dos evangelhos. Era animado por um espírito ao mesmo tempo evangélico, fundamentalista e puritano, sentimento que não era considerado como simples freqüência à igreja ou mesmo como ingresso num mosteiro ou convento. Tratava-se de uma vida verdadeiramente religiosa, vivida "no mundo, mas sem fazer parte dele".

Esta disposição de espírito apostólico incentivou o livre acesso à Bíblia, que era até então monopólio do clero letrado, por meio de traduções do latim para o vernáculo e através da difusão da pregação indiscriminada por pregadores autodidatas não-autorizados. Ela procurava renunciar a tudo aquilo que não figurasse nos evangelhos, rejeitando freqüentemente todo o tipo de idéias e práticas meramente sancionadas pela tradição ou pelo racionalismo acadêmico: orações pelos mortos, batismo de crianças, confissão e transubstanciação, por exemplo. Deste modo, substituiu a autoridade pelas escrituras. Defendia a castidade pessoal. Tal disposição recebeu inadvertidamente um poderoso impulso através da campanha papal oficial para promover o celibato do clero, e ganhou expressão notável no culto da Virgem Maria, a maior das santas medievais, que começou a se desenvolver no século XI. Igrejas começaram a ser adaptadas com "capelas de Nossa Senhora", para a veneração específica de Maria. Todas as igrejas da ordem cisterciense foram dedicadas a Maria, e foi fundada uma ordem de leigos piedosos, "Os Escravos da Bem-Aventurada Virgem Maria". Maria, como símbolo da virgindade, foi um modelo de comportamento inspirador e emocionalmente poderoso. Mas o desejo de muitos homens e mulheres leigos de adotar uma vida sem sexo parecia, num certo sentido, reduzir a especificidade do monaquismo, cujo celibato havia sido uma das principais características a distingui-lo do restante da sociedade. Acima de tudo, a perspectiva apostólica promovia a idéia de que a perfeição pessoal era o objetivo principal da religião, e de que qualquer um podia fazer contato direto com Deus vivendo uma vida pura, em vez de fazê-lo através do clero. A lógica última dessas idéias era renunciar de uma só vez à hierarquia e aos rituais formais. E, uma vez que privava a Igreja católica da sua *raison d'être*, não poderia haver ameaça mais séria ao *establishment*. Todavia, a renovação apostólica respondia a uma fome profunda que tinha o laicado de uma vida de espiritualidade, uma fome que ardeu durante toda a Idade Média e ao encontro da qual veio uma sucessão de movimentos heréticos.

Em todos esses movimentos, a busca por uma vida religiosa mais completa e satisfatória através da austeridade pessoal, da adesão ao evangelho e da pregação foi um tema central. Foi a recusa da Igreja de reconhecer plenamente essas aspirações e essas práticas que transformou seus adeptos em hereges. Do século XI ao século XV, o modelo foi o mesmo. Surgia um grupo, freqüentemente inspirado por um líder carismático, que advogava pontos de vista apostólicos, e então — por razões variadas —, não tendo conseguido reconhecimento, o grupo era impelido para a oposição. Adotava pontos de vista cada vez mais anti-hierárquicos e anti-sacerdotais, e a Igreja voltava todo o peso de sua autoridade e poder contra o grupo, que era escorraçado e castigado até a submissão ou extinção, ou ainda forçado a sair para buscar sobreviver como uma seita herege perseguida. Somente num caso, o do catarismo, havia um sistema de crenças não-cristãs importado, e a maioria dos seguidores do próprio movimento acreditava que este fosse uma forma mais pura de cristianismo.

A heresia medieval nasceu das condições e da psicologia da sociedade medieval. Tratava-se de dissensão religiosa e, em sua maior parte, de dissensão religiosa popular. Ela não foi habitualmente um produto das discordâncias intelectuais sobre a fé, ou das disputas filosóficas que tenham surgido no seio das elites universitárias. Estas ocorriam periodicamente, tinham apoio mínimo e eram, em geral, prontamente exterminadas. Uma exceção notável deste modelo foi o lolardismo, um movimento genuinamente popular, inspirado nas idéias e argumentos de um acadêmico da Universidade de Oxford, John Wyclif. De modo geral, foi o desejo profundamente enraizado das pessoas comuns de atingir, por seus próprios meios, um estado de perfeição religiosa, e de se inserir totalmente numa vida religiosa e espiritual, ainda que freqüentemente permanecendo no mundo, que deu lugar à dissensão e à heresia. A heresia não foi uma questão de descrença anticristã ou de secularização. Foi um impulso cristão fundamentalista da mais pura espécie para voltar à verdade do evangelho, ao estilo de vida dos apóstolos e à imitação de Cristo. Impulso que recebeu ímpeto e urgência adicionais pela crença persistente na iminência do fim do mundo, na segunda vinda de Cristo e nas transformações do novo milênio. Esta convicção e o desejo de atingir um estado de pura espiritualidade, de modo a preparar-se para estes acontecimentos, explicam em parte a tenacidade com a qual os hereges se agarraram às suas opiniões.

A IDADE MÉDIA CENTRAL

Há somente quatro casos de heresia registrados entre 970 e 1018. Ocorreu uma lufada herética entre 1018 e 1050; e então se silenciaram as fontes até 1100. As ocorrências eram isoladas e parecem ter sido rapidamente reprimidas. Mas elas têm certas características comuns: preocupação com a pureza, rejeição do sexo e do materialismo, negação das estruturas e práticas da Igreja estabelecida. É claro que esses hereges eram reformadores puritanos do tipo que se tornaria comum mais tarde na Idade Média. Mas essas ondas de puritanismo coincidem mais ou menos com as irrupções de violência contra os judeus. Ambas podem legitimamente ser vistas como produtos da sensibilidade religiosa exacerbada por uma percepção da iminência do milênio. Depois que passou 1033, milésimo aniversário da crucificação, e que a cristandade pôde respirar novamente, muitos resolveram ser merecedores da sua segunda chance e resolveram se preparar apropriadamente para o fim, independente de quando viesse.

Quando a heresia retornou no começo do século XII, era quase certamente uma resposta tanto a esse milenarismo subjacente quanto ao movimento de reforma eclesiástica, o qual desencadeou expectativas, sentimentos e emoções no laicado que a Igreja estabelecida não podia satisfazer. Os pregadores populares itinerantes, encorajados pelo papa Gregório VII a se opor à apatia do clero local e a combater os pecados que pretendiam erradicar do corpo da Igreja, jogavam continuamente com essas emoções. As hordas de seguidores que esses pregadores atraíam, inspiradas por suas mensagens e seus exemplos, viam na adoção de um modo de vida apostólico a chave para a salvação. Muitos desses pregadores, como Norberto de Xanten e Roberto de Arbrissel, eram completamente ortodoxos e seus objetivos eram a promoção positiva das opiniões e políticas da Igreja. Eles canalizavam seus adeptos para as novas ordens e casas monásticas rigoristas que fundavam. Mas outros pregadores eram muito mais críticos e abertamente anticlericais. Os primeiros heresiarcas da época eram eles próprios clérigos renegados: o monge Henrique de Lausanne e o padre Pedro de Bruys. Henrique apareceu pela primeira vez na região de Le Mans em 1116, e Pedro teve sua atividade nas décadas de 1120 e 1130. Ambos eram reformadores radicais e ambos permaneceram em liberdade por trinta ou quarenta anos, errando pelo sul da França e instigando sentimentos contra a Igreja, até que finalmente foram detidos e encarcerados. Pedro morreu na fogueira, e Henrique morreu na prisão. Está claro que eles preenchiam uma lacuna num sistema inadequado e insensível. O sul da França na década de 1140 era descrito como um país de "igrejas sem povo, povo sem padres, padres sem a devida reverência para com este povo e cristãos sem Cristo". Isto é um exagero, e existiram alguns bons padres e igrejas bem-aceitas, mas o quadro geral era de corrupção e negligência.

A base tanto da visão de Pedro quanto da de Henrique era sua rejeição daquilo que viam como uma Igreja rica e corrupta. Eles negavam a idéia da mediação do clero entre Deus e o homem, a necessidade de construções especiais para a Igreja e a maior parte dos sacramentos e práticas da Igreja. Henrique acreditava que os fiéis podiam escutar as confissões uns dos outros;

que o casamento se restringia ao consentimento mútuo do casal; e que qualquer um que fosse julgado merecedor podia batizar. Ambos baseavam suas idéias com honestidade no Novo Testamento, visando comunidades de fé, regulando-se a si mesmas e em comunhão direta com Deus. Era a negação total do papel institucional da Igreja. Há poucas evidências de que as heresias de Pedro e Henrique tenham sobrevivido por muito tempo depois de suas mortes. Mas eles foram precursores. A heresia albigense deveria florescer exatamente nas áreas em que Pedro e Henrique pregaram o evangelho. De modo que os novos hereges estariam plantando suas sementes em solo fértil.

Um dos elementos mais duráveis e inspiradores da Reforma Medieval foi a tradição de piedade leiga. Talvez o exemplo mais notável seja o dos valdenses. Os valdenses eram os seguidores de um usurário de Lyon, Valdo, que foi tocado ao ouvir a história de santo Aleixo, um homem rico que renunciou à sua riqueza e se tornou mendigo. Valdo fez o mesmo, enveredando numa vida de pobreza e pregando para incentivar outros a seguir seu exemplo. Ele tinha o evangelho traduzido do latim para o vernáculo e utilizou-o como base de sua mensagem. Seus seguidores, conhecidos como "Os Pobres de Lyon", renunciaram à propriedade pessoal, viviam da caridade e buscavam converter as pessoas para uma vida simples de fé. Em 1184, foram condenados como hereges mas, apesar da perseguição selvagem que sofreram, plantaram raízes na França meridional e na Itália setentrional e de lá se espalharam para a Espanha, a Alemanha e a Áustria.

Os valdenses não tinham clero ordenado. Dividiam-se em dois grupos. A elite, conhecida de modo vário como "os apóstolos", "os mestres", "os mais velhos", "os irmãos e irmãs", eram os pregadores, os quais se submetiam a um rigoroso programa de treinamento durante vários anos, comprometiam-se a renunciar ao mundo, a conduzir suas vidas tendo como modelo os apóstolos, a permanecer castos, a viver de esmola e a levar uma vida de pregadores itinerantes. O restante, "os amigos", fornecia-lhes apoio e congregações. Eles elegiam dentre si mesmos seus próprios ministros.

Baseavam suas crenças no Novo Testamento, reconhecendo somente três sacramentos (batismo das crianças, casamento e eucaristia). Recusavam-se a prestar juramentos, rejeitavam a punição capital e se opunham ao serviço militar. Seu valor principal era a pobreza, e acreditavam que a Igreja de Roma não cumpria seu dever ao negligenciar a imposição de pobreza absoluta ao clero. Rejeitavam todos os complementos do culto católico (construções, rituais, música, cânticos, cemitérios) e todas as idéias baseadas na tradição, na elaboração acadêmica ou na autoridade da Igreja, tais como purgatório, orações pelos mortos e dias santos. Acreditavam num mínimo de rituais (comunhão uma vez por ano, observância dos domingos).

Mas eram inteiramente ortodoxos do ponto de vista doutrinário e assumiram, inicialmente, um papel de liderança no combate à heresia dualista. Sua heterodoxia provinha de outras fontes. Rejeitavam a Igreja Católica e a hierarquia estabelecida. Seu credo era comunitário em vez de institucional. Acreditavam no "sacerdócio de todos os fiéis". Suas traduções da Bíblia abriram uma fissura no monopólio do clero sobre a palavra de Deus. Dedicavam-se à pregação sem licença especial e ameaçavam a difusão oficial da mensagem de Cristo. Assim agindo, atingiam as próprias raízes da autoridade e do controle da fé por parte da Igreja.

Os pregadores valdenses não eram homens geralmente letrados, mas camponeses e artesãos, os quais devotavam sua vida ao estudo intensivo das escrituras, decorando amplas passagens delas. Eram muito respeitados, eram o único movimento dissidente internacional a atrair o campesinato em grande número, e que permitia às mulheres, assim como aos homens, tornarem-se pregadores. "Acima de tudo", diz Malcom Lambert em seu autorizado estudo sobre a heresia medieval, "a crença valdense era uma religião do homem simples, seja na cidade ou no campo." Os valdenses foram a primeira seita a sobreviver à morte do seu fundador, e a única heresia do século XII a sobreviver numa continuidade sem rupturas, e a se ligar, não sem embaraço, com a Reforma Protestante do século XVI. Na Itália e nos Estados Unidos, eles sobreviveram até nossos dias.

Os valdenses tiveram suas divergências doutrinais internas, e houve, em 1205, uma cisão entre os valdenses italianos e franceses. Um concílio realizado em Bérgamo em 1218 para resolver suas diferenças fracassou, e os dois grupos permaneceram separados, ainda que aderindo aos mesmos princípios de uma maneira geral. Os valdenses foram ferozmente perseguidos, e membros de sua comunidade eram queimados freqüentemente. Um cronista contemporâneo registrou no início do século XIV que "todos eles davam mostras de uma incrível obstinação, mesmo na morte; dirigiam-se alegremente para a execução". No século XIV, as perseguições já haviam quebrado a espinha dorsal dos valdenses franceses, e eles se retiraram para os Alpes Marítimos, onde resistiram até o século XVI. Na Alemanha e na Áustria, a agressão selvagem do final do século XIII e do começo do XIV chegou perto de exterminá-los, mas eles sobreviveram, graças à tenacidade e mobilidade de seus pregadores, que se deslocavam em segredo e disfarçados, mantendo aceso o espírito de seus seguidores.

Sua pregação acessível, sincera e despojada, seu estilo de vida apostólico, suas origens humildes e o contraste existente entre eles e o clero das paróquias, que era em geral pouco instruído e negligente, ajudaram os valdenses a insinuar sua mensagem. O Anônimo de Passau, um clérigo envolvido com a Inquisição na Áustria na década de 1260, descreveu os valdenses:

> Os hereges devem ser reconhecidos por seus costumes e suas palavras. Em termos de comportamento moral, são compenetrados e modestos. Não têm vaidade com sua indumentária, a qual não é nem demasiadamente rica, nem abjeta. Não empreendem nenhuma espécie de negócio, porque buscam evitar qualquer mentira, juramentos e fraudes, mas freqüentemente vivem do trabalho de suas próprias mãos, como artesãos: seus homens instruídos são tecelões ou trabalhadores têxteis. Não aumentam suas riquezas, mas se comprazem com a satisfação de suas necessidades. Não freqüentam tavernas, nem representações, nem sequer nenhuma dessas futilidades. Evitam o ódio. Estão sempre trabalhando, ensinando ou aprendendo.

Este é um retrato atraente de uma gente sóbria e piedosa.

Em meados do século XII, a tradição católica de ascetismo que havia criado as condições para o surgimento dos movimentos de reforma puritanos foi infiltrada por uma outra tradição que lhe era estranha. Ela deveria se constituir na mais grave ameaça que a Igreja Católica teve de enfrentar no período central da Idade Média. Essa importação era o maniqueísmo. A religião do sábio persa do século III, Mani, que ensinava que o universo era o produto do trabalho não de um criador, mas de dois. Um era responsável pelo que era espiritual e bom, o outro pelo que era material e ruim. Tratava-se de uma visão dualista do mundo, que compreendia cada homem como um campo de batalha no qual as forças dos dois deuses estavam em guerra. A vida do maniqueísta objetivava a supressão daquilo que, dentro de si, representasse o mal. A matéria e o corpo eram o reino do mal, o espírito o reino do bem. Acreditava-se que todas as formas de vida eram uma mistura de ambos, e o objetivo de cada indivíduo era desenredar os elementos sombrios (matéria) da luz (espírito), criando as condições para que a luz pura retornasse ao reino de luz de onde veio originalmente. A realização deste objetivo se cumpria pela observância de regras básicas, centradas na repulsão da matéria (carne, sexo, riqueza). O verdadeiro maniqueísta, portanto, era celibatário, pacifista e vegetariano, levando uma vida de austeridade tão exigente que só era imposta à elite, os "eleitos", que eram sustentados pelo restante dos adeptos, os "ouvintes", que tinham permissão de comer carne e de casar, mas de quem se esperava que jejuassem e praticassem abstinência sexual periodicamente.

No século X, um tipo de heresia maniqueísta, a dos bogomilos, surgiu na Bulgária. Seu fundador, o pregador Bogomilo, baseava seus ensinamentos no Novo Testamento e, por conseguinte, rejeitava todas as práticas não descritas ali (a confissão, a celebração católica da comunhão, o batismo das crianças, os desenvolvimentos da liturgia). Os bogomilos odiavam particularmente a cruz, a qual viam como um símbolo do tormento de Cristo. Mas, além disso, acreditavam num universo dualista em que o mundo material era o domínio de Lúcifer, o filho mais velho de Deus que havia caído do estado de graça e do mundo espiritual, o domínio de Deus e de seu segundo filho, Jesus Cristo.

A doutrina bogomila, tendo chegado ao Ocidente através das vias comerciais do Reno-Danúbio, vinculou-se a uma tradição existente de dissensão anticlerical que lhe deu uma estrutura diferente. A primeira evidência de sua chegada no Ocidente surge em 1143, quando Eberwin, prior de Steinfeld, apela para são Bernardo de Claraval para que o ajude no combate à nova heresia. A obra *Treze sermões contra os cátaros* (1163), de Eckbert de Schönau, nos apresenta o nome dos hereges, cátaros (do grego *katharos*: puro), e nos dá um relatório completo de sua organização. A heresia plantou raízes nos Países Baixos e na Renânia, e tornou-se ainda mais importante no sul da França. Ali, missionários cátaros organizaram uma Igreja cátara na década de 1170. Os hereges do sul tornaram-se conhecidos pelo nome de albigenses, derivado de uma de suas cidadelas, Albi.

A Igreja cátara nunca foi uma alternativa monolítica para a Igreja Católica. Surgiram cisões em suas fileiras devido a rivalidades pessoais e geográficas.

Por exemplo, havia seis igrejas cátaras na Itália. Todavia, o catarismo criou suas próprias hierarquias para rivalizar com as do catolicismo. Havia bispos cátaros, dioceses cátaras, concílios cátaros e até mesmo um papa cátaro. A despeito das divisões internas e das diferenças doutrinárias (alguns cátaros acreditavam na reencarnação; outros não), eles defendiam todos os mesmos princípios. Acreditavam que o corpo e a alma eram criações de forças diferentes; o corpo do Mal, e a alma do Bem. Rejeitavam todas as coisas materiais (notadamente carne, sexo e riqueza) como intrinsecamente más. Negavam o purgatório, as missas pelos mortos, a transubstanciação e o batismo de crianças. Sua cerimônia central era o *consolamentum*, a imposição das mãos, cerimônia através da qual o adepto era libertado da carne, reunido ao espírito e feito puro (catarizado) e sem pecado. Para a maioria dos cátaros, isso acontecia no seu leito de morte. Era administrado por um grupo da elite, os *perfeitos*, que viviam a vida ideal dos cátaros e agiam como monges. O maior apelo do catarismo era sua vívida imagem de uma luta perpétua entre as forças da luz e as forças das trevas, o destaque para a verdade do evangelho, a veneração da pobreza, da castidade e da simplicidade, e o compromisso do indivíduo com a busca cotidiana da pureza espiritual.

O catarismo se manteve como a principal ameaça interna para o catolicismo medieval. Pois embora sua estrutura teológica dualista fosse fundamentalmente conflitante com a crença cristã, os valores e atitudes dos cátaros coincidiam com o clima religioso puritano da época, aproveitando-se da atmosfera de anticlericalismo, do entusiasmo religioso crescente, da desordem das condições sociais e econômicas e do respeito tradicional pelos ascetas. A seita tinha pouco apelo intelectual, mas imenso apelo popular, já que qualquer um, homem ou mulher, de classe mais alta ou mais baixa, podia tornar-se um *perfeito* se vivesse de maneira reta. Apesar do dualismo, os cátaros viam-se a si próprios como cristãos, certamente como adeptos de uma forma mais pura de cristianismo do que a praticada pela Igreja, cuja riqueza, poder e politização a tinham afastado da verdade do evangelho. Acreditavam que Cristo tinha vindo à Terra para libertar as almas aprisionadas no mundo material. Os pregadores cátaros usavam a Bíblia para fundamentar seus argumentos, exortavam seus seguidores a viver uma vida moral e manter a fé em Cristo, e ministravam o *consolamentum* exatamente como o sacramento católico da extrema-unção. Assim, enquanto sua teologia pode ter parecido suspeita, o espírito, as práticas e a sua justificativa pareciam genuinamente cristãos para os seguidores do movimento.

Diante da ameaça constante de dissensão e heresia, como reagiu a Igreja? Ela desenvolveu três estratégias principais: persuasão, repressão e satanização. A persuasão envolvia um programa de pregações e a conversão através da atividade missionária. A repressão estendia-se desde a imposição de penitências até a morte e o exílio. A satanização envolvia promover propaganda que estigmatizasse os hereges como desviantes sexuais e orgiásticos.

Inicialmente, a reação contra a heresia foi assistemática e esporádica, mas o papa Alexandre III (1159-81) inaugurou uma política mais abrangente baseada nos ensinamentos de Agostinho, argumentando que a coerção de transgressores era admissível, se exercida por uma autoridade devidamente constituída e empreendida não em nome da vingança, mas de um espírito de justiça e amor para com o infrator. Em 1163, sob o mesmo papa, o Concílio de Tours chamou a atenção para o dever do clero de inquirir sobre as seitas heréticas, prender seus membros e confiscar seus bens. Por ocasião do Terceiro Concílio Lateranense, em 1179, o papa Alexandre conclamava os príncipes católicos a usarem a força, e concedia privilégios de cruzada aos fiéis que pegassem em armas contra hereges.

Depois da morte de Alexandre, houve um endurecimento da sua atitude. O papa Lúcio III e o imperador Frederico Barba-Ruiva selaram um acordo de política conjunta de repressão secular e eclesiástica, e, no Concílio de Verona (1184), foi publicada a bula *Ad abolendam*. Foi a primeira tentativa nesse século de lidar com a heresia em bases supranacionais. A bula condenava toda uma variedade de hereges pelos nomes, inclusive os cátaros, os valdenses e os *humiliati*, todos os que ousassem pregar sem a permissão papal ou episcopal, todos cujas crenças divergissem da doutrina aprovada e todos os que ajudassem os hereges. Tratava-se de uma condenação não-específica e que também institucionalizou efetivamente o processo de inquisição em suas prescrições. Os bispos deveriam investigar as paróquias sobre as quais corressem boatos de que abrigavam hereges ou qualquer indivíduo que se comportasse de maneira suspeita. A recusa de prestar juramento deveria ser encarada como uma indicação automática de heresia. Os culpados deveriam ser excomungados e entregues às autoridades seculares para punição. Esta legislação amalgamou indiscriminadamente tanto os hereges doutrinários quanto os evangélicos apostólicos.

Mas a bula tinha alcance demasiadamente amplo e, conseqüentemente, não funcionou. O papa Inocêncio III (1198-1216) mudou a política. Tinha uma política claramente definida e abrangente para reformar a sociedade cristã, a qual envolvia a convocação de uma cruzada para eliminar a heresia, e a de um concílio geral para codificar os regulamentos disciplinares da Igreja, tudo no sentido de implementar a teoria de uma cristandade unitária e universal. Para este fim, introduziu uma política mais flexível e esclarecida em relação aos reformadores. Inocêncio entendia a diferença existente entre descrença e desobediência, e separava os hereges em dois grupos, fazendo da obediência o teste fundamental. Lealdade para com o papa e aceitação da hierarquia poderiam desculpar a adoção de certas práticas. Para com grupos de homens e mulheres jovens que houvessem assumido uma vida de pobreza voluntária e pregado sem permissão, mas que, ainda assim, se mantivessem doutrinariamente ortodoxos, ele demonstrou simpatia. Poderiam, pensava, desempenhar um papel positivo, atendendo às necessidades espirituais do povo, substituindo um clero inadequado e empreendendo missões contra os hereges contumazes, enfrentando-os e superando-os em seu próprio campo de ascetismo pessoal; contanto que reconhecessem e aceitassem no futuro a autoridade do papa. Com a aplicação desta política, obteve certo sucesso.

Ele aprovou e reconheceu os *humiliati* da Lombardia. Eram homens e mulheres leigos, alguns deles ricos e educados, que se comprometiam com uma vida de austeridade, pobreza, oração e fraternidade. Como símbolo de humildade, eles adotaram como vestuário peças simples não-tingidas, opção reforçada por sua escolha do Cordeiro de Deus como símbolo de seu movimento.

Alguns viviam em casa e andavam no meio do povo; outros viviam voluntariamente em comunidades religiosas. Alimentavam e vestiam os pobres, cuidavam dos doentes e realizavam trabalhos manuais. Haviam sido condenados em 1184 por Lúcio III, não por heresia doutrinal, mas por pregarem sem a licença que certificaria serem teologicamente competentes. Em 1201, Inocêncio III livrou-os desta condenação e os constituiu em três ordens, as quais efetivamente anteciparam a estrutura dos frades dominicanos e franciscanos. A primeira recebeu a tonsura, e seus membros gozavam do estatuto de cônegos; a segunda, compreendia homens e mulheres leigos vivendo separadamente em comunidades religiosas; a terceira ordem (Terciários) era composta de pessoas comuns, vivendo em suas casas com as famílias, mas na estrita observância dos princípios do evangelho. Excepcionalmente, lhes era até mesmo permitido pregar, desde que se mantivessem afastados de questões teológicas e se cingissem à exortação. Eles retribuíram essa confiança combatendo os hereges no norte da Itália. Este é o primeiro exemplo de um grupo de leigos oficialmente reconhecido pela Igreja.

Vários grupos de valdenses também se reconciliaram com a Igreja em condições semelhantes. Um grupo na França, com Durando de Huesca, organizado como os Católicos Pobres, era constituído de pregadores evangélicos contra os hereges; um outro na Itália, com Bernardo Prim, transformou-se nos Lombardos Pobres, leigos comprometidos com a pregação penitencial. Por volta dos meados do século, ambos os grupos se tinham fundido com outras ordens religiosas.

Mas a principal arma do papado na batalha contra os hereges de todos os matizes foram os frades. Os franciscanos e dominicanos propiciaram dentro da Igreja Católica os exemplos de pobreza, castidade e simplicidade apostólicas que tanto se coadunavam com as sensibilidades exacerbadas de um laicado espiritualmente propenso para tanto. Os dominicanos, fundados pelo cônego espanhol São Domingos (c. 1170-1221), se devotavam ao trabalho prático de evangelização. E São Domingos deu ênfase à instrução acadêmica, ao modo de vida apostólico simples e à missão de pregar. A principal inspiração dos franciscanos era a pobreza. São Francisco de Assis (1181-1226), rejeitando o mundanismo e o materialismo do mundo mercantil no qual havia crescido, buscou imitar Cristo em sua nudez e em sua pobreza. Seus ideais eram uma vida itinerante, castidade, pobreza e simplicidade. Os franciscanos deram uma resposta satisfatória à busca de uma espiritualidade baseada na pobreza voluntária que havia sido um tema dominante do pensamento religioso nos séculos XI e XII. Entretanto, Francisco enfatizava pesadamente a ortodoxia da fé e a fidelidade à hierarquia estabelecida e, particularmente, ao papa. Isto criou as condições para que Inocêncio III reconhecesse os franciscanos em 1210. A Ordem Dominicana, que foi igualmente incentivada por Inocêncio, foi aprovada formalmente pelo papa Honório III em 1217. As duas ordens, inicialmente distintas, tornaram-se cada vez mais parecidas, na medida em que os dominicanos tomaram para si e elaboraram o ideal franciscano de pobreza, e que os franciscanos assumiram, particularmente depois da morte de seu fundador um tanto antiacadêmico, a instrução acadêmica e as idéias organizacionais que caracterizavam os dominicanos.

É difícil não superestimar a contribuição dos frades para a manutenção e expansão da Igreja Católica e da fé. Suas atividades foram engendradas para refutar a heresia e remover as condições nas quais ela floresceu. Sua força reside na inspiração conferida por seus fundadores notáveis, seus laços permanentes próximos e diretos com Roma e sua condição, no interior da Igreja, de escoadouro legítimo para o anseio de pobreza, ascetismo e serviço à comunidade. Eles atraíam particularmente os elementos dinâmicos da sociedade: os jovens, a classe mercantil, as universidades, mas o fato de esposarem a pobreza fez com que a população em geral se afeiçoasse a eles.

Deram uma enorme contribuição para a vida intelectual da Igreja, provendo as universidades de pessoal, harmonizando o catolicismo com as novas idéias filosóficas e fornecendo os teólogos mais influentes do período central da Idade Média, homens como os dominicanos santo Tomás de Aquino (*c.* 1225-77) e santo Alberto Magno (1206-80), e como o franciscano são Boaventura (1221-74). Mas seu trabalho foi muito mais do que teórico. Ajudaram decisivamente a superar o sentimento de rejeição e isolamento que a classe mercantil sofria por causa da duradoura proibição da usura e da visão freqüentemente reiterada de que a "avareza é a raiz de todos os males". Este sentido de alienação, condensado na máxima lembrada por Graciano de que "o mercador raramente ou nunca é capaz de agradar a Deus", passou de fato a ser visto como contraproducente, e mesmo como uma das condições que faziam das cidades campos privilegiados de caça aos hereges. Os mendicantes, que haviam começado a mendigar por repulsa e rejeição à sociedade moderna materialista, elaboraram gradualmente uma ética para o ato de ganhar dinheiro, como um caminho para a reintegração da classe mercantil, e para assegurar que o ato de fazer dinheiro fosse dirigido para fins apropriados moral e espiritualmente. Se um mercador ganhasse dinheiro honestamente para sustentar a si e a sua família, se produzisse lucro para doá-lo à caridade, se cobrasse juros para compensar os prazos de reembolso, sua atividade era justificada. Em 1199, Inocêncio definiu como modelar a trajetória do mercador são Homobonus de Cremona (morto em 1197), que havia passado toda a sua vida no comércio, mas que também tinha dedicado seu tempo ao bem e às obras de caridade. Não somente os frades de fato proveram o comércio de uma justificativa, mas também forneceram uma saída institucional para a piedade dos mercadores com o estabelecimento das irmandades leigas, que eram associações de leigos que freqüentavam a missa e confessavam juntos, observavam os mesmos jejuns que os frades, empreendiam em cooperação obras de caridade. Tornaram-se assim um elemento essencial na criação da mentalidade burguesa e na implementação do plano dos mendicantes para moralizar e purificar a sociedade urbana.

Os frades eram também grandes pregadores, seus programas de estudo os preparavam para uma vida ativa. Seu ministério se voltava especificamente para as cidades, as quais, segundo Humberto Romano, ministro-geral dos dominicanos, tinham maior necessidade deles porque seu nível de pecado era quantitativa e qualitativamente mais elevado, e porque a mensagem pregada ali filtraria inevitavelmente para o campo. Os frades atacavam não somente a heresia, mas aquilo que Alexander Murray chama de "materialismo dogmático" que inundava as cidades da Itália — interesse pelo dia de hoje, não pelo amanhã, desejo de dinheiro, sexo e promoção, e o declínio da freqüência à igreja para escutar sermões ou rezar. Assim, os frades tornaram-se um elemento integrante e onipresente na vida da cidade.

Proliferaram manuais sobre a arte de pregar, concordâncias da Bíblia para a preparação de sermões, coleções de modelos de sermões e *exempla* (historietas morais) ilustrativos. A pregação dos frades era acessível, direta, vívida, evitando sutilezas teológicas, mas lançava mão do vernáculo, do humor, da emoção e da vida do dia-a-dia. Cada geração produziu seus pregadores mendicantes luminares, que viajavam pela Europa atraindo multidões de milhares de pessoas e disseminando a mensagem católica: por exemplo, santo Antônio de Pádua (1195-1231), são Vicente Ferrer (*c.* 1350-1419) e são Bernardino de Siena (1380-1444) tornaram-se lendas ainda em vida. O efeito dos sermões podia ser eletrizante. Quando são Vicente Ferrer pregava sobre o pecado, a morte, o inferno e a iminência do dia do juízo, as pessoas do seu auditório desfaleciam de medo, e, com freqüência, ele era obrigado a parar seu sermão em virtude dos soluços incontroláveis das multidões. O renomado franciscano Bertoldo de Regensburgo, segundo o cronista Salimbene, atraía audiências de sessenta a cem mil pessoas, falava de cima de uma torre de madeira e inspirava seguidores dedicados. Uma mulher o seguiu de cidade em cidade durante seis anos, somente para ouvir seus sermões. Com a confissão obrigatória a partir de 1215, a doutrina da intenção recentemente aceita pelos teólogos e pelos pregadores se harmonizou com a psicologia das massas. Os mendicantes se concentraram na confissão, na penitência e no arrependimento, e propiciaram o tipo de clima emocional e espiritual no qual a heresia poderia ser desbaratada.

Se pregar e ensinar não funcionassem, havia ainda a Inquisição. Os mendicantes viriam a desempenhar um papel de liderança também nesta instituição, por causa da sua preparação pastoral e teológica, do seu peso intelectual e da sua compreensão da mentalidade popular.

Da época de Inocêncio III em diante, o papado empregou todo um arsenal de medidas repressivas para erradicar a heresia, se concentrando inicialmente e particularmente sobre os cátaros. Em 1199, Inocêncio equiparou pela primeira vez a heresia à traição, e ameaçou com deserdação perpétua os herdeiros dos hereges. Os cátaros, todavia, continuaram a florescer. No Languedoc, Inocêncio depositou sua fé nos cistercienses, explicando, numa bula de 1204, que tinha feito isto porque a pregação, para ser efetiva, necessitava ser empreendida por homens plenos de zelo de Deus, que conhecessem a teologia e fossem poderosos em palavras e atos; por homens que fossem exemplares e acima de qualquer reprovação. O próprio abade de Cister, Arnaldo-Amauri, foi designado núncio papal, e dois monges, Pedro de Castelnau e Ralph de Fontfroide, foram escolhidos para conduzir uma missão intensiva de pregação. Receberam poderes para disciplinar os bispos e o clero locais, e a qualidade do alto clero cresceu de maneira notável sob o impacto de sua atuação. Mas os cátaros permaneceram inflexíveis.

Em 1208, o enviado papal Pedro de Castelnau foi assassinado, e o papa Inocêncio III perdeu a paciência. Ele proclamou uma cruzada contra os hereges, a assim chamada Cruzada dos Albigenses. Convocou a aristocracia setentrional francesa para descer sobre o sul e extirpar os cátaros. Arnaldo-Amauri foi colocado no comando e era descrito como alguém que desejava fervorosamente a morte dos inimigos de Cristo. O abade conduziu o exército que tomou Béziers em 1209. Havia uma discussão sobre como distinguir os hereges dos católicos. Diz-se que o abade replicou: "Mate-os todos; pois o Senhor conhecerá aqueles que são Seus." A cidade foi pilhada e queimada e sua população massacrada. Mas a Cruzada dos Albigenses arrastou-se inconclusivamente durante anos, principalmente sob a forma de uma sucessão de cercos. Finalmente, o rei francês interveio e assumiu o controle direto da maior parte do território. Mas a cruzada quebrou a resistência dos cátaros. Já em 1240, os *perfeitos* cátaros haviam parado de vestir suas túnicas negras características e passaram a usar, em vez delas, uma cinta junto à pele, e a se deslocar em segredo. Já em 1275, nenhum bispo cátaro sobrevivia na França, e, em 1326, o último cátaro francês conhecido foi queimado em Carcassonne. Na Itália, o catarismo sobreviveu mais tempo, com o último bispo cátaro sobrevivente capturado em 1321.

Em 1215, Inocêncio realizou seu grande Concílio no Latrão, convocado em parte para codificar os regulamentos da Igreja para enfrentar a heresia e para obter a ajuda dos poderes seculares para lidar com ela. Somente dois países haviam promulgado leis contra a heresia antes deste período — a Inglaterra e Aragão. Mas, em 1220, o imperador Frederico II incorporou decretos da lei canônica sobre heresia às leis do Sacro Império Romano e, em 1224, condenou à fogueira os hereges convictos. Em 1226, Luís VIII da França decretou que aqueles que prestavam apoio aos hereges deviam ser excluídos do serviço público e ter suas terras confiscadas. Em 1233, Jaime I de Aragão incorporou muitas das cláusulas do Concílio Lateranense às leis do seu reino, e Afonso X de Castela (1252-84) decretou que fossem queimados todos os hereges não-arrependidos. Deste modo, os governantes seculares que lideravam a Europa ocidental entraram no passo atrás do papado.

Ainda que os reis da França e de Aragão permitissem aos inquisidores operar livremente em seus Estados e autorizassem a funcionários reais prestar cooperação plena, era freqüente que os governantes apoiassem mais vigorosamente o ímpeto anti-heresia da Igreja quando tinham algum interesse nisso. Felipe Augusto de França (1180-1223) assumiu o controle da Cruzada dos Albigenses tendo em mente a ampliação do seu território. Frederico Barba-Ruiva (1152-90) sufocou o movimento herético de Arnaldo de Bréscia porque queria a coroação imperial das mãos do papa. Arnaldo, um cônego reformador radical que argumentava que nenhum monge ou bispo que possuísse propriedade podia ser salvo, demonstrou o quanto a heresia podia se desdobrar em ameaça política. Quando sua campanha crescentemente virulenta contra a riqueza e o mundanismo do papado não conseguiu produzir as reformas, ele compartilhou a mesma sorte que a revolta comunal da cidade de Roma contra o papa. A revolta foi sufocada por Barba-Ruiva, que entregou Arnaldo para execução em 1155. Frederico II não desejava permitir que a Inquisição papal operasse em seus territórios. Mas depois da sua morte, em 1250, Carlos I de Anjou tomou a Sicília com o apoio papal; a Inquisição foi implantada em 1269, e Carlos forneceu ajuda militar à ofensiva papal anti-heresia na Itália setentrional e central.

Mas a Igreja estava desenvolvendo sua própria máquina para lidar com a heresia, o que foi efetivado sob o papa Gregório IX. Gregório voltou-se para os dominicanos e franciscanos para prover de colaboradores a Inquisição formal. Ela foi fundada em 1233, inicialmente para combater o catarismo, e seus poderes eram amplos. Os inquisidores tinham jurisdição sobre qualquer pessoa na área para qual eram nomeados, exceto os bispos e seus funcionários. Só prestavam contas ao papa e dependiam da cooperação de funcionários seculares locais. Mas não existia uma autoridade coordenadora centralizada antes de 1542, quando o papa Paulo III criou o Santo Ofício, e a inquisição nunca operou em áreas em que se acreditava que a heresia não existia, tal como na Inglaterra ou em Castela. Seu objetivo era estabelecer a culpa ou a inocência através de extensos interrogatórios, e tentar persuadir os infratores a retratar-se. Se fracassassem, entregavam os infratores às autoridades seculares para punição. A Inquisição agia através de denúncias e em segredo. Empregava agentes a tempo integral, informantes esporádicos e hereges arrependidos.

Em 1252, a Inquisição obteve o direito de aplicar tortura, embora o papa Inocêncio IV só autorizasse sua aplicação no caso de não causar mutilação, derramamento de sangue ou morte. Os inquisidores não tinham permissão de emitir sentenças, pois não tinham educação jurídica. Tinham de se aconselhar junto aos bispos e a advogados profissionais. Impunham uma gama de penitências àqueles que se arrependiam, inclusive jejum, flagelação pública e peregrinação. Os inquisidores imaginaram uma nova forma de penitência — a de portar grandes cruzes amarelas no vestuário — para destacar os hereges punidos. Os infratores mais sérios eram condenados à prisão perpétua. A Inquisição foi o primeiro tribunal a aplicar esta pena em larga escala, e prisões especiais tiveram que ser construídas para este fim. Os que não se arrependiam eram entregues ao braço secular para punição. Em geral eles eram queimados e sua propriedade confiscada.

A despeito da reputação temível que ficou unida retrospectivamente à inquisição papal, Bernard Hamilton, em seu *The Medieval Inquisition* (1981) cuidadosamente fundamentado, insiste no fato de que 90% das sentenças eram penitências canônicas, que somente uma pequena minoria dos acusados eram presos ou mortos, e que as autoridades seculares também queimaram hereges por sua própria iniciativa e responsabilidade. Ele argumenta que a Inquisição começou com a intenção de substituir o domínio da turba pelo estado de direito, no que obteve êxito. É verdade que hereges foram mortos, apesar dos protestos de bispos, em linchamentos populares perpetrados por católicos fanáticos em Milão (*c.* 1028), Cambrai (*c.* 1077), Soissons (*c.* 1114) e Colônia (1143). Mas a atmosfera de medo e repressão implantada pelas campanhas dos primeiros inquisidores como Conrado de Marburgo e Roberto o Bougre prolongou-se por muito tempo. O frade dominicano Roberto o Bougre, primeiro inquisidor da França, era um antigo herege irascível que recebeu o apelido de "O Martelo dos Hereges". Presumia-se que era capaz de detectar infiéis somente por sua maneira de falar e por seus gestos. Ele foi despachado para a França setentrional para extirpar a heresia em 1232-3. Apesar da oposição dos bispos locais, ele estabeleceu seu quartel-general em Cambrai e viajou pelas redondezas queimando hereges à medida que progredia. O clímax de sua carreira se deu em 1239, quando, em Mont-Aimé, na Champagne, ele queimou 180 cátaros após terem recebido o *consolamentum* de seu "arcebispo". Mas ele parece ter-se excedido. Pouco depois disso foi confinado pelos frades em Paris e, como punição por sua conduta, acabou seus dias realizando tarefas domésticas em Claraval. Conrado de Marburgo iniciou, por volta do mesmo período, um reinado de terror na Alemanha, erradicando e queimando supostos hereges e bruxos até que foi assassinado.

Articulados com essas campanhas inquisitoriais, o uso sistemático da tortura e acontecimentos como a Cruzada dos Albigenses confirmaram na mente popular a imagem da Inquisição como um implacável instrumento de repressão papal. A medida do medo que inspiravam os inquisidores é a regularidade com a qual eram assassinados. Ao lado de Conrado de Marburgo, assassinado em 1233, outras dentre as primeiras vítimas de vingança foram os inquisidores papais de Avignonet, assassinados em 1242, e o fundador da Inquisição no norte da Itália, Pedro de Verona, assassinado em 1252 e prontamente canonizado como são Pedro Mártir.

Em nove anos o catarismo tinha desaparecido, vítima das cruzadas, da atividade missionária dos frades, da Inquisição e da perda de seus poderosos protetores seculares no sul da França. Já no começo do século XIV, eles sobreviviam somente na Bósnia. A Inquisição, contudo, prosseguiu perseguindo valdenses, beguinas e beguinos, os hereges do Espírito Livre, os "Pseudo-Apóstolos", os *Fraticelli* e outros grupos.

A perseguição era acompanhada pela satanização, na forma de propaganda que estigmatizava os hereges como desviantes sexuais e orgiastas. A acusação de licenciosidade sexual decorria da visão característica dos católicos, que viam os hereges como hipócritas, pessoas que pregavam uma coisa mas faziam outra, e da interpretação genuína ou deliberadamente errônea da crença de muitos grupos de que era possível atingir um estado de libertação do pecado. Isto era interpretado como significando a capacidade de se entregar a qualquer pecado sem punição, enquanto, geralmente, se referia à prática de um ascetismo rigoroso para atingir um estado de unidade com Deus.

Estas acusações foram imputadas tão logo surgiu a heresia no Ocidente medieval. As crenças de um grupo de respeitáveis cônegos de Orléans, queimados por heresia em 1022, eram inteiramente coerentes com o movimento por uma maior espiritualidade. Eles rejeitavam as cerimônias e sacramentos da Igreja e ressaltavam o ascetismo pessoal e o misticismo. Mas os cronistas contemporâneos fizeram as acusações de praxe contra eles. O monge Paulo de St. Père de Chartres acusou-os de patrocinar encontros em que tinham lugar orgias sexuais indiscriminadas, e as crianças nascidas destas uniões eram mortas e queimadas. Entretanto, este relato parece ser plagiado das descrições do antigo escritor cristão Justino o Mártir a respeito das calúnias que os propagandistas pagãos lançavam contra os cristãos. O cronista monástico Ademar de Chabannes afirmou que o Diabo fazia aparições nas cerimônias do grupo de Orléans, inicialmente como um etíope e, depois, como um anjo de luz, que lhes trazia dinheiro, e que eles rejeitavam Cristo e "praticavam secretamente indizíveis abominações". Assim, temos aí a clássica vinculação entre culto ao Diabo e orgias sexuais. Os relatos dessas orgias, os quais são inteiramente fantásticos, tornaram-se padronizados, algumas vezes até palavra por palavra. A lógica que jaz por trás deles pode ser discernida bastante prontamente. Visto que a heresia pretende desintegrar a cristandade, deve ser obra do Diabo; assim, os hereges devem ser adoradores do Diabo. Visto que os hereges são por natureza hipócritas, e visto que, invariavelmente, pregam a castidade pessoal, devem, na realidade, estar realizando orgias.

Tanquelmo era outro pregador reformador radical nos Países Baixos. Rejeitando a veneração de imagens, a hierarquia eclesiástica e os dízimos, ele insistia em que o mérito pessoal do sacerdote determinava a eficácia dos sacramentos. Atraiu seguidores que o adoravam, que eram tão devotados que, supostamente, bebiam a água do seu banho. Os cônegos de Utrecht o denunciaram numa carta ao arcebispo de Colônia, chamando-o de "o anjo de Satã" e de "o precursor do Anticristo", e afirmando que "espalhava seus erros por intermédio de matronas e meretrizes, cujas intimidades, conversas confidenciais e leito estava ávido para desfrutar". O continuador clerical da crônica de Sigebert de Gembloux registrou que Tanquelmo era "tão incontinente e bestial, que violava meninas na presença de suas mães e esposas sob a vista de seus maridos, afirmando que este era um ato espiritual". Mas o relato dos cônegos sobre Tanquelmo é baseado na descrição de Gregório de Tours sobre um falso profeta da Gália no século VI, onde figurava o que de modo suspeito parece ser uma interpretação deliberadamente errônea da missão de pregação para prostitutas e mulheres casadas que era parte regular do trabalho destes pregadores carismáticos. A carreira de Tanquelmo foi abreviada quando foi assassinado por um padre furioso por volta de 1115.

O abade Guiberto de Nogent, ao relatar uma história sobre reformadores anticlericais perto de Soissons por volta de 1114, foi o primeiro a introduzir acusações de sodomia contra dissidentes. Os irmãos Clément e Evrard, incultos mas claramente ascéticos, pregavam uma mensagem baseada na rejeição do casamento e da procriação, do batismo das crianças e do papel do sacerdote. Guiberto introduziu o relato padrão de encontros secretos, orgias sexuais e morte pelo fogo dos bebês indesejados, mas também incluiu alegações de atos homossexuais, presumivelmente baseado na rejeição do casamento e da relação legítima.

Por volta de 1120, em Ivois, perto de Trèves, foi interrogado um grupo de hereges que negava a transubstanciação e o batismo das crianças. Um deles, um padre, Domingos Guilherme, negou as acusações imputadas a ele e foi absolvido, mas voltou a incentivar a heresia até que, "seduzido pelo espírito da fornicação, foi surpreendido em adultério pouco depois, sofrendo uma morte adequada à sua iniqüidade".

O primeiro grande heresiarca ocidental medieval, Henrique de Lausanne, "uma grande armadilha do Diabo e escudeiro do Anticristo", segundo o bispo Hildeberto de Le Mans, era um pregador descalço carismático cujo apelo era, segundo seus oponentes clericais, parcialmente sexual.

> Matronas e garotos adolescentes (pois ele apreciava alcovitar com ambos os sexos) que o freqüentaram em diferentes momentos admitiram abertamente suas aberrações e manifestaram-nas, acariciaram com mãos suaves seus pés, suas nádegas e suas virilhas. Completamente arrebatados pela lascívia deste indivíduo e pela perversidade do adultério, proclamaram publicamente que nunca haviam tocado num homem de tanta força, tanta humanidade e tanto poder.

Além de sua promiscuidade bissexual indiscriminada, Henrique foi acusado de ter um caso com a esposa de um cavaleiro, e era considerado como "inteiramente entregue à sensualidade".

À medida que hereges foram dando lugar a grupos heréticos, todos devotados ao ascetismo pessoal, as acusações de irregularidades sexuais tornaram-se vinculadas aos movimentos como um todo. No século XII, Alain de Lille escreveu em *De Fide Catholica* (Sobre a fé católica) que os valdenses eram

> incontinentes (...) pois, como atestam aqueles que cessaram de se juntar a eles, em suas assembléias se saciam na gula e em outros excessos; amantes do prazer, colocam o deleite carnal na frente do espiritual. São igualmente eles que entram furtivamente na casa das viúvas e levam-nas para a perdição.

Nicolau Eymeric, o inquisidor de Aragão no século XIV, declarou que um dos artigos da fé valdense era:

> É melhor satisfazer a lascívia por algum tipo de ato mau do que ser espicaçado pelos tormentos da carne. Na escuridão, é direito para qualquer homem acasalar-se com qualquer mulher sem distinção; onde e quantas vezes forem movidos por seus desejos carnais. Isto tanto o dizem quanto o praticam.

Bernardo Gui, frade dominicano e inquisidor, no seu *Conduta da inquisição da depravação herética* (1323-24), disse sobre os valdenses:

> Os valdenses pregam a continência para seus fiéis, porém admitem que a paixão ardente deve ser satisfeita, não importa quão vis sejam os meios. (...) Declaram que é melhor satisfazer a paixão por qualquer meio, por mais vergonhoso que seja, do que guardar a tentação no coração. Entretanto, guardam isso em grande segredo, temendo perder sua reputação junto a seus fiéis.

E prosseguia repetindo a história padronizada de orgias sexuais indiscriminadas na escuridão e da aparição de um gato (o Diabo) nas suas celebrações.

Os cátaros sofreram acusações parecidas. Em 1150, Godofredo de Auxerre escreveu que os cátaros ensinavam a liberdade sexual. O Concílio de Reims, em 1157, condenou as orgias sexuais como parte da heresia. Caesarius de Heisterbach escreveu que os cátaros desafiadoramente realizavam encontros noturnos e orgias sexuais em Verona em 1184, mesmo no momento exato em que o papa Lúcio III e Frederico Barba-Ruiva se reuniam para planejar a sua extinção. Pedro de Vaux-de-Cernay, um monge cisterciense, escreveu em sua *Historia albigensis* (*c.* 1213) que os cátaros eram "membros do corpo do Anticristo, o primogênito de Satã", que as alegações de observância da castidade dos *perfeitos* eram falsas, e que os hereges argumentavam que ninguém poderia pecar da cintura para baixo. No seu *Disputa entre um católico e um hereje paterino* (*c.* 1240), o leigo Jorge de Florença acusou os hereges de "preferir o vício sodomita ou a cópula com homens".

Walter Map, arquidiácono de Oxford, escrevendo seu *De Nugis Curialium* (Frivolidades de cortesãos) entre 1181 e 1192, cumpriu a tarefa clássica de satanização dos *Publicani*, uma seita dualista parecida com os cátaros, que enviou missionários da Alemanha para a Inglaterra. Ele relatou a história como foi contada por aqueles que tinham retornado à fé:

> Ao cair da noite (...) cada família se senta esperando em silêncio em cada uma de suas sinagogas; e então desce por uma corda pendurada no centro um gato negro de proporções assombrosas. A esta visão, apagam as luzes e não cantam ou repetem hinos de modo distinto, mas murmuram-nos entre os dentes cerrados, e encaminham-se para perto do lugar onde viram seu mestre, tateando para encontrá-lo, e, quando o encontram, o beijam. Quanto mais quentes seus sentimentos, mais baixos serão seus alvos; alguns preferem seus pés, mas a maioria a cauda e as partes pudendas. Então, como se este contato daninho libertasse seus apetites, cada um se deita abraçado ao vizinho e se satisfaz dele ou dela com todas as suas forças. Seus anciãos sem dúvida sustentam, e ensinam a cada novato, que o amor perfeito consiste em dar e tomar, consoante possam o irmão ou irmã solicitar ou exigir, cada um saciando o fogo do outro.

Esta é a primeira menção conhecida do beijo obsceno. É também um exemplo literal de satanização, pois o gato cultuado era o Diabo, e, para acrescentar insulto à injúria, as assembléias heréticas eram chamadas de sinagogas, estigmatizando-as assim com a influência maligna dos judeus, que também despontavam neste período como supostos agentes do Diabo. A história do beijo obsceno recebeu endosso papal na bula *Vox in Rama* (1233), do papa Gregório IX. O abade Ralph de Coggeshall, referindo-se a uma onda *Publicani* em Reims, em 1176-80, asseverou que "eles pregavam a virgindade como cobertura para sua lascívia". João de Winterthur, o cronista franciscano do século XIV, afirmou que os "hereges são os filhos especiais de Satã porque executam e imitam suas palavras e obras". Caesarius de Heisterbach, ao denunciar pregadores valdenses, reitera ao bispo Bertrando de Metz por volta de 1200: "Vejo entre vós mensageiros do Diabo." A relação entre o Diabo, hereges e a devassidão tornou-se uma acusação padronizada.

Na primeira metade do século XIII, Filipe, reitor da Universidade de Paris, apresentou a interpretação de que a causa de toda heresia era "devassidão, cupidez ou orgulho". Ele afirmou que as beguinas, mulheres leigas que adotavam parcialmente a vida de freiras e que eram supostamente castas, na verdade engravidavam constantemente em função de sua união com homens hereges, que afirmavam sistematicamente que os pecados da carne não eram pecaminosos. Isto foi reiterado em sermões como os proferidos pelo influente agostiniano Jordão de Quedlinburgo que dizia que os hereges acreditavam acima de tudo no prazer e particularmente no prazer sexual.

No século XIV, os adeptos do movimento do Espírito Livre, baseado em grupos beguinas-beguinos, foram acusados de libertinagem por causa de sua crença na ausência de pecado potencial. Todas as confissões remanescentes de adeptos do Espírito Livre incluíam o reconhecimento da liberdade de praticar o sexo promíscua, incestuosa e sodomiticamente. A seita de João de Brunn, por exemplo, argumentava que a liberdade de espírito permitia ao adepto ficar isento de todas as leis morais. Em matéria de sexo, eles podiam satisfazer seu desejo com mulheres, desfrutar relações homossexuais e afogar impunemente qualquer criança concebida ilicitamente. Mas, é claro, a semelhança entre as confissões pode ser explicada pelas questões padronizadas feitas ao acusado, freqüentemente sob tortura e obrigado a produzir aquelas respostas.

Acusações semelhantes às levantadas contra os hereges do Espírito Livre foram feitas contra os intelectualizados amalricianos, um grupo de clérigos da Paris do começo do século XIII. Estes seguidores de Amauri de Bène, que acreditavam na capacidade de atingir uma libertação absoluta do pecado, foram acusados pelo abade João de São Victor de promiscuidade; "Eles cometiam estupros, adultérios e outros atos que propiciavam prazer para o corpo, para as mulheres com as quais pecavam e para as pessoas simples a quem prometiam que os pecados não seriam punidos."

De maneira semelhante, os Irmãos Apostólicos ou "Pseudo-Apóstolos" foram estigmatizados no século XIV. O inquisidor Bernardo Gui escreveu:

> Eles acreditavam que qualquer homem ou mulher podiam deitar-se juntos e nus numa mesma cama, e licitamente tocarem-se um ao outro em todas as partes, e que podiam acariciar-se um ao outro sem pecado. Não é pecado para eles, se o homem estiver estimulado carnalmente, encetar uma relação carnal um com o outro para acabar com a tentação. Acreditavam também que deitar com uma mulher e desfrutar de relação carnal com ela é um feito bem maior do que trazer um morto de volta à vida.

O frade franciscano e cronista Salimbene afirmou que Gerardo Segarelli, líder dos "Pseudo-Apóstolos", dispunha de uma hoste de seguidores jovens a quem sodomizava. Salimbene chamava os apostólicos de "impostores, ladrões e fornicadores (...) a sinagoga de Satã — uma comunidade de néscios e indecentes, e de precursores dos discípulos do Anticristo". O desdouro era a já então costumeira mistura de sexo, satanismo e judeus. Os dissidentes franciscanos do século XV, os *Fraticelli*, eram também acusados de comportamento orgiástico.

A extensão com a qual se fixaram estes rótulos pode ser vista etimologicamente. No final do século XII, os albigenses tornaram-se conhecidos na França como "Les Bougres", em função de seu lugar de origem (a Bulgária). Mas a palavra atravessou o Canal e deu origem à palavra inglesa "bugger", significando sodomita, ainda que seu uso só se tenha expandido depois da extinção dos cátaros. Todavia, ela demonstra a persistência de uma visão popular da ligação existente entre suas crenças e práticas desviantes. No sul da Alemanha, ademais, o termo de dialeto *Ketzerei* pode significar igualmente heresia ou sodomia.

Deve ser dito que algumas opiniões acadêmicas mais moderadas absolviam os hereges de levar uma vida de pecado. O franciscano Giacomo Capelli escreveu sobre os cátaros em 1240, em sua *Summa contra Haereticos*:

> A maioria deles é casta de corpo. Pois homens e mulheres observantes do voto e do modo de vida desta seita não são, em absoluto, maculados pela corrupção da devassidão. Donde, se a qualquer um dentre eles, homem ou mulher, acontece ser conspurcado pela fornicação, se condenados por duas ou três testemunhas, ou será prontamente expulso de seu grupo ou, se se arrepender é reconfortado pela imposição das mãos, e uma pesada carga penitencial será colocada sobre ele como reparação pelo pecado. Na realidade, o boato de fornicação que se diz prevalecer entre eles é, em sua maior parte, falso.

Seus encontros mensais, assegurou ele, não eram "propostas de fornicação, como mentirosamente eram apresentados, mas de pregação e confissão".

O dominicano Moneta de Carmona, num maciço tratado contra a heresia, *Adversus Catharos et Valdenses libri quinque*, reconheceu a total rejeição dos cátaros de "toda forma de atividade sexual", mesmo o mero tocar em mulheres, embora também persistisse na defesa da visão católica de sexualidade (defesa da procriação, relações dentro do casamento e criação divina das diferenças sexuais).

A IDADE MÉDIA POSTERIOR

No período posterior da Idade Média, uma característica principal da religião católica no Ocidente era o interesse crescente, inclusive por parte do laicado, pela piedade emotiva, meditação e misticismo. Esta busca individual por Deus tendeu a menosprezar a mediação do clero e veio associar-se à vida retirada em relação ao mundo. O misticismo era particularmente forte nos Países Baixos e na Renânia, onde seu grande expoente era Mestre Eckhart, um dominicano alemão, não um herege — ainda que sob suspeita de sê-lo — que ressaltava a questão da acessibilidade de Deus para a alma individual. O misticismo era, em toda parte, associado a quase todos os movimentos heréticos.

A ameaça potencial mais séria que a Igreja julgava estar enfrentando entre a queda dos cátaros e a ascensão dos hussitas foi o movimento de beguinas e beguinos, os mais recentes expoentes da idéia de piedade leiga, praticantes da *vita apostolica* de pobreza, mendicância e pregação, e da busca de uma relação individual com Deus. A proibição de 1215 de criação de novas ordens redundou em sua multiplicação. Pois eles não achavam que as formas de vida religiosa existentes eram satisfatórias. Não pertenciam a nenhuma ordem, não prestavam juramento e não seguiam regulamentos comuns. Mas vestiam hábitos religiosos e viviam num regime religioso, praticando os princípios apostólicos e comprometendo-se com a castidade durante o período de seu serviço. As mulheres, as beguinas (nome possivelmente derivado de albigenses e, caso o seja, indicativo da suspeita de heresia que pesava sobre elas) eram mulheres da cidade, freqüentemente abastadas, que, em alguns casos, viviam em casas conhecidas como *beguinarias,* de onde saíam para obras de caridade tais como cuidar de doentes. Seus equivalentes masculinos, os beguinos (*Beghards,* do qual provavelmente deriva o termo *beggar**), eram mendicantes itinerantes, equivalentes leigos de fato dos antigos frades franciscanos. Estes grupos eram suspeitos de heresia e, freqüentemente, eram condenados e perseguidos, mas, em sua maioria, eram meramente místicos e contemplativos inofensivos. Em 1216, o papa Honório III, persuadido deste fato, deu permissão a Jacques de Vitry, confessor de uma das líderes beguinas, para organizar na França, na Alemanha e nos Países Baixos as mulheres religiosas numa vida comum, e comunidades dessas mulheres começaram a surgir e a se espalhar nessas regiões. Já em meados do século XIII, a hostilidade inicial se havia acalmado. Em 1233, o papa Gregório IX deu-lhes permissão para viverem enclausuradas, e, ainda que não reconhecidas como uma ordem, eram aceitas como seguidoras de um regime virtuoso. Mas a hostilidade renasceu depois que o Segundo Concílio de Lyon (1274) reiterou a proibição de novas ordens.

Beguinas e beguinos foram acusados e sentenciados por serem adeptos da "heresia do Espírito Livre". Os seguidores do Espírito Livre foram mal compreendidos e têm sido mal situados tanto na época quanto desde então. Num estudo lúcido e erudito, Robert E. Lerner conseguiu desenredar a verdade a seu respeito. Eles não eram revolucionários ou milenaristas, comunistas ou anarquistas, mas antes místicos piedosos e ascetas. Lerner argumenta de modo persuasivo que eles nunca foram sequer uma seita ou organização homogênea. "O Espírito Livre" era um estado de espírito, relacionado estreitamente com o movimento místico ortodoxo. Seus adeptos eram indivíduos, muitos dos quais mulheres, cuja principal motivação era a busca da perfeição espiritual. Eles esperavam atingi-la através da imitação da vida apostólica e alcançando, no decorrer de suas vidas, uma união total e permanente com Deus. De fato acreditavam que alcançar este estado de perfeição os tornaria incapazes de pecar e os libertaria das restrições morais convencionais e da obediência à Igreja ("onde está o espírito, há liberdade"). Esta posição de amoralismo teórico facilitou aos adversários do Espírito Livre deduzir dela um padrão de imoralidade real e ativa. Mas, na realidade, eles acreditavam que a perfeição só podia ser alcançada pela prática do extremo ascetismo e de uma vida apostólica.

O medo provocado por esta heresia cristalizou-se em torno da figura de Margarida Porete, uma beguina itinerante que escreveu um livro chamado *The Mirror of Simple Souls.* Acusada de heresia, se recusou a retratar-se, e foram, ela e seu livro, queimados numa fogueira em 1310. Mas cópias dele sobrevive-

* Traduz-se por mendigo, pedinte, pobre, miserável, indigente etc. (N.T.)

ram para inspirar seus seguidores. No Concílio de Viena (1311-12), o papa Clemente V editou uma bula que denunciava a heresia do Espírito Livre e condenava as beguinas por violarem a proibição sobre a criação de novas ordens. Bispos e inquisidores foram orientados no sentido de perseguir as beguinas que sustentassem crenças heréticas. Sob a pressão e ameaça de perseguição, muitas beguinas tornaram-se *terceiras* franciscanas.

O papado tentou lidar com a heresia do Espírito Livre atacando beguinas e beguinos. Por cem anos eles foram submetidos a ataques de parte das autoridades. O refrão era sempre o mesmo. Sua mendicância (simbolizada por seu grito, "Pão por amor de Deus"), sua promoção da doutrina do Espírito Livre, a qual era uma incitação à libertinagem, e sua desobediência (rejeição da autoridade da Igreja em sua busca pessoal da santidade) fizeram deles hereges.

Alguns papas (João XXII, Gregório XI) tentaram fazer uma distinção entre beguinas e beguinos heréticos e não-heréticos. Outros (Inocêncio VI, Urbano V, Bonifácio IX) buscaram eliminar completamente beguinas e beguinos. A perseguição de beguinas e beguinos do "Espírito Livre", em Estrasburgo no século XIV foi tão selvagem que, por volta de 1400, deles não restava mais nenhum. A perseguição feroz na Boêmia provocou uma revolta contra a inquisição em 1339. Os inquisidores papais na Silésia e na Boêmia foram assassinados em 1341 e 1350, respectivamente. Nas décadas de 1390 e de 1400, a Europa central foi testemunha de campanhas sangrentas e continuadas de repressão, durante as quais as infelizes vítimas eram sistematicamente obrigadas a confessar práticas sexuais proibidas. Os frades lhes eram particularmente hostis, considerando-os talvez rivais da tradição franciscana. Já no século XV, tinham desaparecido totalmente.

Mesmo os franciscanos, pilares da campanha cristã contra a heresia, não estavam imunes ao "vírus da heresia". O desenvolvimento da organização franciscana a serviço do papado, baseado em conventos e na propriedade de bens, causou uma divisão. Duas tendências se desenvolveram depois da morte de são Francisco; os espirituais, que buscavam aderir estritamente ao ideal de pobreza sagrada, e os conventuais, que estavam preparados para aceitar uma regra franciscana modificada, baseada nas necessidades organizacionais que enfrentavam, e em alguma aceitação de propriedade, ainda que por meio de outrem. Irrompeu entre essas tendências um conflito aberto no período entre 1280 e 1320.

Os espirituais se apropriaram e mesmo distorceram a doutrina apocalíptica de Joaquim de Fiore (1145-1202), o abade calabrês cujas opiniões foram muito influentes no período posterior da Idade Média. Num esquema complexo mas altamente simétrico, ele concebia o mundo passando por três idades: a primeira era a Idade do Pai, o Velho Testamento, a carne e a lei; a segunda era a Idade do Filho, o Novo Testamento, a carne e o espírito. Adviria então a Terceira Idade, a Idade do Espírito Santo, quando a população do mundo seria convertida numa raça de monges vivendo em estado de êxtase místico. Ela seria seguida pela Segunda Vinda e pelo Juízo Final. Joaquim sugeriu que o ano de 1260 seria a data em que a Segunda Idade terminaria e seria sucedida pela Terceira. Mas a Terceira Idade se faria anunciar por um período de perturbação no qual o Anticristo se manifestaria. Os espirituais viam-se a si mesmos como os defensores da Terceira Idade, e, quando o papa João XXII editou uma bula rejeitando as suas posições em 1317, eles o identificaram como o Anticristo. Ele ordenou a eliminação da sua revolta. Os espirituais ganharam um forte apoio no sul da França, particularmente nas cidades, onde seus seguidores eram conhecidos como beguinos (um termo derivado de albigenses), porque eram os modelos da pobreza apostólica que era reverenciada e porque preenchiam o vazio deixado pelo esmagamento dos cátaros. Mas os espirituais nunca obtiveram o apoio de massa de que desfrutaram os cátaros. Os espirituais foram, por sua vez, esmagados, e os beguinos foram submetidos a intensa pressão da Inquisição. Depois de 1320, os remanescentes fugiram para a Itália meridional, onde subsistiram comprovadamente até 1466.

Por ironia, as autoridades franciscanas que estavam encarregadas de eliminar os dissidentes espirituais também se viram envolvidas em desavenças com o papa. Em 1323, o autoritário João XXII editou uma bula rejeitando a doutrina da pobreza absoluta de Cristo e dos apóstolos, declarando-a heresia. Uma vez que esta era a base da crença franciscana, o geral da ordem, Miguel de Cesena, e outros importantes teólogos franciscanos, como Guilherme de Ockham, rejeitaram o ponto de vista do papa e fugiram para a corte do imperador antipapal Luís IV da Baviera, onde proporcionaram apoio intelectual à causa antipapal. Mas permaneceram sendo uma elite intelectual, nunca tendo galvanizado o apoio popular dos espirituais. Os frades dissidentes eram conhecidos como *fraticelli*, os espirituais como *fraticelli de paupere vita*, e os miguelistas (seguidores de Miguel de Cesena) como os *fraticelli de opinione*.

As idéias dos espirituais e dos joaquinitas encontraram um outro escoadouro entre os Irmãos Apostólicos ou "Pseudo-Apóstolos", fundados em Parma por Gerardo Segarelli. Homem simples e inculto, ele recusou a admissão entre os franciscanos, criando seu próprio grupo e praticando as idéias franciscanas de pobreza absoluta e observância rigorosa. Mas o Concílio Lateranense de 1215 tinha proibido a criação de novas ordens e, como já vimos, tal disposição foi reiterada pelo Concílio de Lyon em 1274. Em 1285, o papa Honório IV proibiu os Irmãos Apostólicos, e Segarelli foi capturado e queimado em 1300. Segarelli foi sucedido por Fra Dolcino, filho bastardo de um padre de Novara, que publicou um manifesto em 1300 reivindicando a inspiração direta do Espírito Santo, e disse que os Apostólicos desempenhariam um papel fundamental na nova idade. Previa para os próximos três anos o extermínio da hierarquia eclesiástica e a introdução dessa nova idade. Dolcino partiu para as montanhas em violenta rebelião, de modo a levar sua previsão a cabo. Foi preso e queimado em 1307.

A heresia não se manifestou na Inglaterra até o século XIV, quando abusos na Igreja (simonia, acumulação, não-residência), o declínio dos frades e a ascensão de leigos letrados criaram as condições favoráveis para a emergência da dissidência religiosa. Ela se manifestou com os lolardos. Parecidos com os valdenses por sua adoção da tradição apostólica, sua inspiração provinha do acadêmico de Oxford John Wyclif. A heresia de Wyclif não derivava dos movimentos heréticos existentes. Formou-se do seu estudo da Bíblia, mas, utilizando a escritura como sua única autoridade, ressaltando os princípios apostólicos e rejeitando a tradição e as leis da Igreja, ele apresentou um conjunto de idéias parecido com as dos grupos dissidentes anteriores.

Em termos de política, Wyclif era um estadista autoritário que apoiava a ordem existente e, por conseguinte, recebia a proteção de alguns de seus membros mais elevados. Mas, em termos religiosos, era um radical que rejeitava inteiramente a hierarquia clerical e acenava com a perspectiva do sacerdócio de todos os fiéis. Ele não escreveu em vernáculo nem organizou missões de pregação. Mas inspirou a produção de uma Bíblia em vernáculo e atraiu seguidores, que lançaram um programa de evangelização. Morreu em 1384, ainda em comunhão com a Igreja, mas, em 1411, foi condenado por heresia. Em 1428, seu corpo foi exumado e queimado, e suas cinzas foram jogadas num arroio.

À medida que as idéias de Wyclif se tornavam aberta e obviamente heréticas, perderam o apoio intelectual e acadêmico, mas ganharam o apoio de seguidores disseminados tanto entre a pequena nobreza quanto entre as populações rural e urbana. Sentiam-se atraídos por seu puritanismo, seu fundamentalismo, seu anticlericalismo e seu anseio por uma Bíblia em vernáculo. Sua concepção foi simplificada e popularizada pelos pregadores. Os lolardos não estavam organizados de maneira centralizada, mas formavam conventículos e tinham evangelistas itinerantes. A perseguição em toda a nação transformou-os numa seita clandestina.

A Inquisição não operou na Inglaterra e, ainda que o Parlamento tenha aprovado uma lei em 1401, *de heretico comburendo*, autorizando a entrega dos hereges recalcitrantes ao poder secular para serem queimados, somente dois deles foram queimados sob Henrique IV. A tortura não foi usada, dava-se tempo aos cativos para que refletissem, e alguns retratavam-se. Havia até mesmo uma certa simpatia por eles nos postos elevados, embora tenha sido desfeita depois que sir John Oldcastle, um lolardo proeminente, foi resgatado da Torre por seus seguidores, e deu origem a uma rebelião em 1414. A sublevação foi esmagada, e Oldcastle foi de fato executado, e os lolardos passaram então a ser efetivamente vinculados à sedição. Entretanto, não houve uma perseguição sustentada e sistemática, e as acusações de imoralidade sexual, freqüentes contra os hereges no continente, foram raramente empregadas na Inglaterra contra os lolardos.

Os lolardos atraíam muito mais os artífices, artesãos qualificados da indústria têxtil e suas famílias, e estavam mais fortemente implantados no sul, no oeste e nas Midlands, particularmente Londres, Bristol e Coventry. Os lolardos foram firmemente fortalecidos em sua fé pelo trabalho de uma sucessão de pregadores itinerantes dedicados e, assim, sobreviveram até o século XVI para fundir-se com o protestantismo.

Parcialmente inspirado pelas idéias de Wyclif, o hussismo foi o clímax da heresia medieval. Repudiava o controle estreito do papado sobre os assuntos doutrinais, foi notável em amalgamar o protesto eclesial e a revolta nacional, e teve sucesso no estabelecimento de uma medida de tolerância religiosa. O pano de fundo era a hostilidade que campeava entre os nativos tchecos e os alemães na Boêmia, e o questionamento da validade da hierarquia eclesiástica vigente na esteira do Grande Cisma, o qual, por quatro décadas, viu papas rivais em Roma e Avignon. Um incentivo extra foi propiciado pelo desenvolvimento do humanismo na Boêmia.

As idéias de Wyclif voltaram à superfície na Universidade Carlos, em Praga, e inspiraram seu reitor, João Huss, que era, na realidade, mais um moralista e um reformador moderado do que um revolucionário. Huss lançou um apelo de retorno à simplicidade apostólica e à confiança na Bíblia como fonte de autoridade. Foi defender sua causa diante dos dignitários da Igreja reunidos em assembléia no Concílio de Constança em 1415, e foi queimado na fogueira. A execução acirrou os sentimentos nacionais de revolta, e 452 nobres da Boêmia e da Morávia assinaram uma carta de protesto.

Dois grupos se formaram; um era o moderado utraquista — nobres, burgueses e universitários —, cujas reivindicações se centravam na permissão da comunhão sob ambas as espécies para o laicado, o que não era corrente então. O outro grupo, os taboritas, eram em grande parte camponeses radicais que se opunham à riqueza e ao poder da Igreja da Boêmia. Romperam completamente com a Igreja, aboliram os ritos católicos e elegeram seu próprio bispo. Os dois grupos chegaram a um acordo em 1419 com base nos Quatro Artigos de Praga, determinando a comunhão sob ambas as espécies para todos, a liberdade de pregação, a renúncia total à propriedade pela Igreja e a punição de todos que cometessem pecado mortal. O imperador alemão, Sigismundo, governante presumível da Boêmia, lançou ataques sucessivos para reprimir a revolta hussita, mas, sob a brilhante condução tática de John Zizka, os exércitos alemães invasores, que tinham recebido o estatuto de cruzados do papa Martinho V, foram derrotados. Este foi o primeiro movimento herético a derrotar uma cruzada católica. Mas o desgaste da guerra e as crescentes divisões internas com as facções conservadoras, assim como o alarme pelos excessos dos taboritas, levaram a uma cisão. Os utraquistas negociaram um acordo, em 1436, no Concílio de Basiléia, que lhes permitiu desfrutar da comunhão sob ambas as espécies, e eles retornaram ao rebanho católico. O exército taborita foi decisivamente derrotado em batalha pelos conservadores utraquistas em 1434, e o radicalismo hussita foi suprimido. O afastamento subseqüente importante em relação à autoridade católica seria a Reforma Protestante.

No limite extremo da heresia está a tendência permanente do milenarismo, que Norman Cohn tão brilhantemente descreveu no seu *Pursuit of the Millenium* (1975). Houve uma grande variedade de milenaristas, alguns pacifistas, outros anarquistas violentos, e o milenarismo atraía todas as classes. Mas todos os seus adeptos acreditavam que Cristo estava em vias de voltar para estabelecer um reino na Terra, como antecipação do juízo final.

Uma tradição de milenarismo revolucionário é encontrada nos Países Baixos, na Renânia, na França setentrional e, mais tarde, na Alemanha meridional e central, áreas que estavam se tornando superpovoadas, e que estavam envolvidas num processo de rápidas mudanças sociais e econômicas. Havia pobres, mendigos, trabalhadores não qualificados explorados e inseguros, e os tipos desenraizados e marginais comuns em sociedades urbanas, todos desorientados pela perda de seus costumes, tradição e estruturas de suporte, e ainda sem meios para exprimir seus agravos. Tais grupos mostraram-se particularmente sensíveis ao surgimento de pregadores carismáticos que prometiam o reino dos santos, e tais pregadores messiânicos atraíam sobretudo em tempos de levantes, revoltas, cruzadas, peste e fome coletiva. Esses líderes se alimentavam numa tradição de profecia apocalíptica, a qual estabelecia a eliminação dos infiéis como condição para que a Segunda Vinda pudesse ocorrer; daí a aspiração de destruir judeus e muçulmanos.

A pregação das cruzadas era acompanhada pelo fervor milenarista, e hordas descontroladas dirigiam-se à Terra Santa, chacinando judeus pelo caminho. A idéia das cruzadas continuava a exercer seu apelo sobre essas pessoas, e muitas cruzadas não-oficiais foram lançadas, as quais capitalizavam o entusiasmo popular histérico: a Cruzada das Crianças em 1212, a Cruzada dos Pastores em 1251, a Cruzada do Povo em 1309 e outra Cruzada dos Pastores em 1320. Muitos destes movimentos, inspirados pelos ensinamentos messiânicos e ocorridos sempre em tempos de fome coletiva e aflição, desdobraram-se em episódios de estupro, chacina e pilhagem, dirigidos contra os ricos e poderosos.

Deu-se uma onda de milenarismo por volta de 1260, quando, segundo o abade Joaquim de Fiore, a Segunda Idade terminaria, e a Terceira começaria. Ela tomou sua forma mais dramática com o surgimento dos flagelantes, que se disseminaram rapidamente através da Itália e na Europa central, e também nos Balcãs. O fato de a Terceira Idade não ter acontecido levou os flagelantes a desaparecerem até 1349, quando uma nova ameaça de fim do mundo, sob a forma da Peste Negra, estimulou seu retorno. O movimento dos flagelantes era um movimento espontâneo, provocado pela atmosfera de histeria generalizada. Os flagelantes tinham um ritual estrito, um juramento, um uniforme e um sentido de missão divina. Eles marchavam com estandartes e velas de cidade em cidade, chicoteando-se durante horas sem fim na frente das igrejas. Elementos de todas as classes se juntaram a eles, mas os mais pobres perseveraram por mais tempo e, no final, eram os únicos que restavam.

A flagelação é conhecida desde os primórdios do cristianismo. O que era novo era o caráter organizado e o envolvimento da massa. O objetivo dos flagelantes era imitar os sofrimentos de Cristo e induzir Deus a perdoar seus pecados e poupá-los de um castigo maior. Mas eles eram vistos como uma ameaça para a autoridade da Igreja. O papa Clemente VI proscreveu-os em 1349, alegando que transgrediam a proibição da criação de novas ordens e que buscavam contornar o controle da Igreja sobre a salvação.

Os flagelantes sofreram então a evolução característica passando da piedade popular para a heterodoxia. As pessoas reverenciavam-nos por colocarem em seus próprios ombros os pecados do mundo. Mas a composição social do movimento mudou à medida que nobres e burgueses se retiraram, deixando camponeses, artesãos, vagabundos e marginais. O movimento dos flagelantes se tornou um movimento anticlerical, messiânico, rejeitando todos os rituais da Igreja que não os seus próprios e afirmando estar em comunicação direta com o Espírito Santo. Os flagelantes atacavam os judeus e os ricos. Mas sua proscrição pelo papa, a prisão de seus líderes e a repressão a suas procissões pelos bispos e autoridades seculares efetivamente sufocaram o movimento, o qual, por volta de 1357, se tinha aquietado. Todavia, houve ondas de flagelantes nas décadas de 1360 e de 1390 na Alemanha e, de 1390, na França, na Itália e na Espanha, em resposta a condições sociais tais como a peste, o Grande Cisma e a ameaça dos turcos à cristandade.

A revolução hussita tinha sua ala messiânica radical, os taboritas. Eles rejeitavam a Igreja, o feudalismo e os dogmas do purgatório, orações e missas pelos mortos, relíquias, imagens e juramentos. Afirmavam o direito de todos e de cada um de interpretar o evangelho como quisessem. Desde o começo, desenvolveram fantasias milenaristas e apocalípticas, e os conservadores alarmados se mobilizaram para reprimi-los.

CONCLUSÃO

Havia razões pelas quais a heresia encontrava melhor receptividade em alguns lugares do que em outros. Um dos traços de união característicos da heresia era o seu profundo enraizamento nas áreas em que a autoridade política era difusa e não havia um poder centralizado forte. A heresia nunca se consolidou firmemente naquelas áreas nas quais a autoridade era concentrada (Inglaterra, Sicília, França capetíngia), já que as autoridades seculares cooperavam com a Igreja para eliminar os movimentos que eram vistos como ameaça para a unidade e para a estabilidade da cristandade. Mas nos Países Baixos, na França meridional e na Itália setentrional, a heresia implantou-se e floresceu, e chegou a constituir-se numa ameaça grave à autoridade da Igreja Católica. Havia áreas de intenso crescimento urbano, de industrialização, de facilidade de deslocamento, de concentração de riqueza e de reservas de apoio.

Mas, geralmente, a heresia era produto de uma situação social e econômica drasticamente alterada, como tão convincentemente demonstrou Janet Nelson. A sociedade medieval havia sido estável, hierárquica e conservadora em suas origens. Fora construída em torno de funções e papéis aceitos e reconhecidos, com grupos de parentesco, comunidades aldeãs, monarquia e senhorio mantendo a sociedade unida e propiciando as estruturas de suporte necessárias. A religião medieval dos primeiros tempos encaixava-se nesse sistema, endossando tradição e estabilidade, sancionando a autoridade estabelecida e lidando com o pecado e o sobrenatural através das práticas rituais. Mas, a partir do ano 1000, uma série de mudanças sísmicas ocorreu nas estruturas sociais e econômicas, causadas inicialmente pelo crescimento populacional. Esse crescimento levou a um movimento dispersivo de migração e rompeu os modelos estabelecidos. O surgimento da primogenitura criou um grande reservatório de jovens desenraizados. A nova sociedade urbana promoveu a competição e o individualismo.

Como ressalta R.I. Moore, a atração pela heresia não tinha uma base de classe. Ela podia atrair todas as classes.

> Não se tratava simplesmente de uma revolta dos pobres das cidades contra o capitalismo nascente, dos pobres rurais contra a organização do controle e da exploração senhoriais, da mulher contra o domínio crescente do homem, ou dos leigos contra o domínio crescente dos eclesiásticos, ou de uma burguesia nascente contra o controle eclesiástico de suas atividades e comunidades.

Todos esses elementos colaboraram para a ascensão da heresia. Mas acima de tudo, talvez, eram as vítimas da mudança que se voltavam para a heresia. Nas cidades, pequenos comerciantes e artesãos e antigas famílias patrícias forneciam os defensores mais entusiastas da heresia. Os cavaleiros e os nobres do sul da França, empobrecidos pela partilha de heranças e privados da possibilidade de explorar as propriedades da Igreja em função das reformas papais, foram igualmente atraídos pela heresia. A dissolução dos antigos laços comunitários e de família, a qual era um subproduto do surgimento das cidades, podia ser compensada pela comunidade em grupos heréticos.

Muitas mulheres aderiam a seitas heréticas e seguiam pregadores populares. O excedente de mulheres em relação ao número de homens, a escassez de vocações femininas legítimas, e a inadmissibilidade para o sacerdócio criaram as condições sociológicas para isso. As mulheres acharam que podiam ganhar *status* e autoridade nas seitas heréticas. Tanto os cátaros quanto os valdenses deram direitos iguais às mulheres em seus movimentos, como pregadoras e como membros. Na igreja cátara a mulher podia ser *perfeita* e administrar o *consolamentum*. Mas seria errado supor que elas se voltaram para a heresia somente porque se sentiam excluídas do *establishment* clerical, ou vitimadas pela estrutura social. Muitas encontraram atrativos espirituais nos estilos de vida e valores propostos.

A Igreja não se havia preparado para a rápida expansão urbana, e seu sistema de paróquias não conseguiu responder às necessidades da população que afluía para as cidades em busca de uma nova vida. Da mesma forma, a Igreja não pôde conter o surto da economia do dinheiro, e isto provocou uma crise de materialismo, um fenômeno estudado de maneira sensível e iluminada por Lester K. Little no seu *Religious Poverty and the Profit Economy in Medieval Europe* (1978). A primeira reação da Igreja foi uma reação contra o mundo novo. A tradição eclesiástica era hostil às cidades, ao dinheiro e às profissões urbanas. Até o final do século X, o orgulho era considerado o mais sério dos sete pecados capitais, mas no século XI foi substituído pela avareza. A "avareza é a raiz de todos os males", dizia são Pedro Damião, e são Bernardo de Claraval e João de Salisbury o repetiam. Pedro Lombardo dizia que os negociantes não podiam realizar seu trabalho sem pecar. A história popular *Dives and Lazarus* falava sobre um homem rico que ignorava os pobres e, em conseqüência, foi para o inferno. O tema de Cristo expulsando os vendilhões do templo proliferou sistematicamente nos sermões. A usura era regularmente denunciada pelos concílios da Igreja, por pregadores e teólogos. Uma imagem comum e recorrente na cultura popular deste período era a de pessoas ou animais vomitando moedas, associando deste modo dinheiro e imundície.

A reação contra isso foi não só a adoção espontânea da pobreza e da espiritualidade por grupos de homens e mulheres leigos, como os *humiliati*, mas também pelos frades e por grupos heréticos como os valdenses e os cátaros. Tal comportamento continuava a ser uma resposta dos leigos piedosos para o crescimento do materialismo, assim como atesta o crescimento do movimento das beguinas e dos beguinos no século XIII.

Os estudiosos deram grande destaque à pobreza na discussão destes movimentos, mas também a virgindade, a castidade, a abstinência e a renúncia sexuais deveriam ser ressaltadas. Como assinala Peter Brown em seu livro *Corpo e sociedade* (1988), o celibato era um modo de vida aberto para qualquer pessoa, qualquer que fosse sua experiência, idade ou *status*. Respondia uma necessidade profunda e retirava algumas pessoas do convívio com a comunidade em geral, comunidade essa que estava intensamente preocupada com a pobreza e a procriação. Os cátaros institucionalizaram o celibato em sua aversão pelo sexo; os valdenses praticavam uma vida de moderação e moralismo; os *humiliati* adotavam uma vida de castidade voluntária; os franciscanos faziam voto de celibato. Hereges e pregadores mendicantes chamaram igualmente a atenção para o fim iminente do mundo e a necessidade de atingir um estado de perfeição espiritual antes do retorno de Cristo. A rejeição da propriedade e do sexo foi uma poderosa manifestação do desejo de atingir o *status* dos apóstolos.

A contrapartida da adoção de um tal estilo de vida era o anseio por um maior acesso ao poder espiritual. Muitas pessoas simples já não tinham mais fé no clero, viam toda a parafernália das edificações e rituais da igreja como redundantes e buscavam um sistema novo baseado em encontros dos que tinham fé, no sacerdócio de todos os fiéis e no estudo da Bíblia traduzida, de modo a entrar em contato direto e imediato com o mundo de Deus. Foi, portanto, uma combinação da atração duradoura pela pobreza, pelo ascetismo e pela *vita apostolica* com circunstâncias específicas geralmente relacionadas a mudanças e rupturas — econômicas, sociais e políticas — que explicam o modelo e o progresso da heresia na Idade Média.

4
BRUXOS

A expressão "caça às bruxas" acabou por significar na nossa época uma busca de bodes expiatórios, o encurralamento de pessoas inocentes para sua destruição, num esforço para desvendar e erradicar alguma conspiração imaginada. Muitas das minorias descritas neste livro foram em algum momento vítimas deste tipo de mentalidade: mas nenhuma delas mais do que as próprias bruxas.

As pessoas do período medieval viviam num mundo de medo: medo de impostos, doença, guerra, fome, da morte e do inferno. Era uma sociedade que acreditava no sobrenatural, no poder das forças das trevas e na ação de Satã e de seus demônios no mundo. Acreditava também na bruxaria, que era uma explicação conveniente tanto para as catástrofes naturais súbitas (fome, epidemias, tempestades, enchentes, destruição de safras e animais) quanto para problemas familiares recorrentes, tais como impotência, infertilidade, crianças natimortas e mortalidade infantil. Estes últimos itens explicam por que as parteiras eram tão freqüentemente o alvo das acusações de bruxaria. Mortes súbitas e inexplicadas podiam perfeitamente ser atribuídas à bruxaria, e os serviços dos bruxos poderiam ser ativamente procurados para induzir ou destruir o amor, para restaurar ou minar a saúde. A produção comercial dos bruxos era constituída por ungüentos, poções, filtros, sortilégios, amuletos e imagens de cera.

A bruxaria na Europa ocidental era diferente de todos os outros tipos de bruxaria em um aspecto notável. Na Europa, os bruxos passaram a ser vistos como servos do Diabo. No final da Idade Média, um quadro sinistramente coerente já havia se desenvolvido, no qual os bruxos — freqüentemente mas nem sempre mulheres — faziam pactos com o Diabo, renunciando ao cristianismo e se alistando no serviço de Satã. Eles selavam o acordo copulando com o Diabo. Reuniam-se em sabás regulares, os quais envolviam canibalismo, orgias sexuais e paródias blasfemas dos cultos cristãos. Os bruxos possuíam "familiares" animais, desfrutavam do poder de voar e às vezes da capacidade de mudar de forma. Recebiam o poder de realizar o mal. Faziam parte de uma conspiração satânica de âmbito mundial, visando a minar o cristianismo.

A bruxaria satânica era assim a imagem refletida, inversa e abrangente do cristianismo, uma fé alternativa. Satã e seus demônios eram a contrapartida de Deus e seus anjos. Exaltavam o mal e não o bem, e veneravam a carne acima do espírito. Enquanto o cristianismo valorizava o celibato acima de tudo, os satânicos exaltavam a promiscuidade. Suas cerimônias parodiavam os rituais cristãos com símbolos cristãos abertamente aviltados e uso de cinzas de crianças em seu pão, escarnecendo da doutrina da Transubstanciação. Suas práticas costumeiras eram as encaradas com maior horror pela Igreja cristã: assassinato, canibalismo, incesto, infanticídio e sexo orgiástico.

Mas o que é talvez mais interessante do ponto de vista deste estudo é o aspecto central ocupado pelo sexo. O equivalente do batismo cristão para os bruxos era a copulação com o Diabo. As orgias sexuais indiscriminadas eram parte integrante de seus rituais. Isto reflete diretamente o medo milenar do sexo no cristianismo, e também destaca a desconfiança e o desagrado em relação às mulheres como parte integrante da cultura medieval.

O exemplo mais extremado dessa atitude pode ser encontrado em um dos trabalhos mais notáveis sobre demonologia, *Malleus Maleficarum* (O martelo das bruxas), publicado em 1486. Teve quatorze edições nos quarenta anos seguintes. *O martelo* era o trabalho de dois inquisidores dominicanos, Heinrich Kramer e Jacob Sprenger, os quais, investidos da autorização do papa Inocêncio VIII, haviam conduzido incansáveis caças às bruxas na Alemanha e na Áustria. Era um compêndio do que era, na época, o conhecimento recebido sobre os bruxos adoradores do Diabo, e declarava que qualquer pessoa que não acreditasse na existência dos bruxos era culpado de heresia. Era também um trabalho de misoginia e obsessão sexual patológicas, insistindo particularmente na capacidade do Diabo e de suas bruxas para remover o órgão masculino, causando castração temporária ou permanente. Os autores viam isso com horror, não porque impedisse que os homens se dedicassem à vida sexual, mas porque negava ao homem a sua masculinidade e também a chance de dominar o impulso sexual e conquistar uma vida de castidade voluntária, o estado mais elevado que se podia atingir na Terra.

Kramer e Sprenger identificavam a bruxaria frontalmente ao impulso sexual: “Toda bruxaria advém do desejo carnal, que é insaciável nas mulheres.” Eles explicavam que as mulheres eram muito mais inclinadas aos males da bruxaria e da adoração do demônio porque eram mais impressionáveis e crédulas do que os homens. As mulheres eram naturalmente dissimuladas, descontroladamente vaidosas, “intelectualmente como crianças” e, o mais importante, “mais carnais do que o homem”. Esta visão não era incomum. É na realidade a visão medieval “oficial” sobre o gênero feminino; a inferioridade das mulheres perpetuamente decretada por causa do Pecado Original de sua ancestral Eva. Mas, em *O martelo das bruxas*, o que era considerado como a fraqueza inerente às mulheres passava a ser visto como sendo vinculado à promoção ativa do mal no mundo. A alegada carnalidade das bruxas já estava bem-estabelecida. A bruxa de Berkeley, por exemplo, cuja morte foi relatada pelo cronista do século XII Guilherme de Malmesbury, era descrita como sendo “demasiadamente gulosa, perfeitamente lasciva, que não estabelecia limites para suas devassidões”. Entregar-se livremente ao sexo certamente constituía uma contestação e uma rejeição deliberadas dos ensinamentos mais solenes da Igreja sobre essa essencialíssima atividade humana. A idéia adicional dos demônios tendo relações sexuais com a humanidade era de origem antiga. Havia uma lenda, registrada pela primeira vez no século VI, na *História gótica* de Jordanes, e ainda corrente na Idade Média, que falava do acasalamento de demônios masculinos com as bruxas proscritas pelos godos que criou a raça dos hunos. O que era novo era a idéia da relação ritual com o Diabo como parte da iniciação das bruxas e o conceito das orgias sexuais como parte de um culto de bruxaria. O desenvolvimento de tais idéias põe em evidência a extensão com a qual a bruxaria passou a ser vista pelos cristãos fanáticos como sinônimo de licenciosidade sexual.

Nos anos 60 deste século, os historiadores da bruxaria, influenciados pela antropologia científica, haviam chegado à conclusão de que a bruxaria satânica de fato havia existido na Idade Média — uma visão que os racionalistas do século XIX e os polemistas protestantes haviam posto de lado como mera propaganda católica. A visão antropológica foi delineada classicamente no estudo cuidadosamente documentado de Jeffrey Burton Russell, *Witchcraft in the Middle Ages* (1972). Russell argumentou que a bruxaria existia na Europa há muito tempo antes do cristianismo. Todavia, quando o cristianismo assumiu o controle, tornou-se cada vez mais associada, nas mentes tanto de seus praticantes quanto de seus opositores, com o espírito do mal da teologia cristã, o Diabo, culminando, no século XV, com o desenvolvimento do sabá dos bruxos. Na visão de Russell, a bruxaria na Europa cristã medieval misturava elementos de tradições mágicas e pagãs pré-cristãs com um espírito de oposição e rejeição ao cristianismo ortodoxo semelhante ao que inspirava a heresia. "O elemento essencial da bruxaria cristã é a contestação da Igreja e da sociedade em nome dos poderes do mal", escreve Russell. A tendência das autoridades a encarar a bruxaria como uma espécie de heresia na verdade confirmou o desenvolvimento da bruxaria como um culto religioso alternativo, enquanto a perseguição assegurava sua transformação numa seita clandestina estruturada, completa, incluindo reuniões secretas.

O cristianismo esforçou-se ao máximo para absorver o paganismo e negar a magia pagã, assumindo os dias sagrados e as festas pagãs, apropriando-se dos lugares sagrados pagãos e construindo igrejas neles, transformando as divindades pagãs em santos. Mesmo o Diabo de chifres e cascos da mitologia cristã pode ser identificado ao deus pagão Pã ou ao Cernunnos dos celtas, que desse modo encontra lugar na imagem de mundo cristã. A Igreja também tinha sua forma própria de milagres mágicos, relíquias santas eficazes e o poder da prece. Em particular, a missa se encontrava no coração de um sistema de crenças sobre mudanças na natureza induzidas através da ação de poderes sobrenaturais.

Contudo, alguns elementos do paganismo desafiavam a absorção cristã, sobretudo os cultos de fertilidade. O paganismo declarado, com fortes conotações de magia, continuou a existir e a ser combatido pela Igreja e pelo Estado até o século IX. De fato, as primeiras leis e penitenciais medievais contêm referências sistemáticas às crenças folclóricas, à bruxaria e à feitiçaria, embora, é preciso dizer, não como um culto organizado, e não como uma adoração do Diabo.

O tipo de paganismo que a Igreja estava combatendo nesta época é descrito no *Canon Episcopi*, do século IX, o qual aparece numa compilação de regulamentações elaboradas por volta de 906 por Regino de Prüm. Foi reproduzido no decorrer da Idade Média como a declaração oficial da Igreja sobre o assunto, tendo sido incluído, é importante notar, no *Decretum* de Graciano. Na primeira versão do *Canon*, pedia-se aos bispos que inquirissem nas suas dioceses para descobrir se havia mulheres que, através de sortilégios, provocavam amor, ódio ou dano a pessoas ou propriedades, e examinassem as alegações de capacidade de mudar de forma e de participação na "cavalgada selvagem", na qual se acreditava que uma hoste de mulheres voava à noite, montadas em feras e acompanhando a deusa pagã Diana. O autor do *Canon* sugeria que ambos os fenômenos eram ilusões postas nas mentes das mulheres pelo Diabo.

O *Canon Episcopi*, todavia, detalhava claramente dois fenômenos separados: bruxaria e folclore. Russell acredita que eles tenham se misturado após o século IX para formar a bruxaria medieval, e que a crença nos demônios também fazia parte dessa mistura. As histórias populares sobre demônios que incitavam, desencaminhavam, tentavam e atormentavam cristãos remontam à Antiguidade. Tais histórias foram interminavelmente recontadas no decorrer da Idade Média e faziam sistematicamente parte dos sermões dos pregadores populares. Acreditava-se que os demônios fossem onipresentes e emissários do mal, mas — *pace* Russell — que ninguém os adorava.

Russell localiza a bruxaria, juntamente com a heresia, o misticismo, as cruzadas e a reforma monástica, dentro daquele fermento de descontentamento religioso e intelectual e de desejo por experimentação que acompanhou a expansão das cidades, o rápido crescimento populacional e as mudanças dramáticas nos padrões econômicos e sociais que caracterizaram os séculos XI e XII. Foi o período, ele afirma, durante o qual o paganismo antigo foi desaparecendo como força independente, e a bruxaria surgiu como uma heresia religiosa semelhante ao catarismo.

Russell argumenta que, ao mesmo tempo em que alguns dissidentes religiosos se voltavam para o catarismo, outros abraçavam a bruxaria. A perseguição simultânea dos hereges e bruxos pela Inquisição papal, estabelecida em 1227, é considerada por Russell como significando que a bruxaria havia então passado a ser vista como uma forma de heresia. Como tal, floresceu no decorrer da Idade Média, conquistando adeptos em todos os segmentos da sociedade. Ele aceita, todavia, por seu valor expressivo os relatos de adoração do Diabo descobertos por investigadores católicos e registrados nas fontes da época, acreditando, por exemplo, que as vítimas das execuções na fogueira de Orléans, em 1022, e das perseguições de Conrado de Marburgo, na década de 1230, eram genuinamente bruxos. Sua principal tese subjacente é que os bruxos adoradores do Diabo evoluíram como parte da cultura popular e só mais tarde foram definidos como um problema importante pelos intelectuais.

No seu brilhante livro *Europe's Inner Demons* (1975), Norman Cohn demoliu esta interpretação integralmente. Ele começa com o fato de que os católicos medievais faziam alegações contra hereges e bruxos que eram substancialmente as mesmas que faziam os escritores pagãos clássicos contra os cristãos dos primórdios — incesto, infanticídio, canibalismo e orgias. Era de fato prática padronizada estigmatizar todos os grupos religiosos dissidentes com os crimes mais hediondos constantes dos códigos de conduta, e, na Idade Média, já existia um estoque comum de calúnias nos textos clássicos para que os escritores monásticos pudessem usurpar e reutilizar. Tais textos eram via de regra extraídos literalmente e aplicados aos novos grupos dissidentes. Cohn defende que esta técnica habitual de propaganda foi levada mais longe pelos escritores cristãos — criando desta forma uma imagem convincente, mas na realidade ilusória, de uma conspiração satânica que abarcava toda a cristandade. As bruxas, as quais Cohn admite que certamente existiam enquanto indivíduos isolados, eram retratadas como os membros mais avançados desta conspiração. Deste modo, os propagandistas e polemistas cristãos urdiam as velhas histórias para que se tornassem um padrão abrangente de crença e ação, centrado no Diabo e destacando proeminentemente a atividade sexual, portanto refletindo o horror que ela inspirava nas mentes de celibatários austeros e fanáticos.

Cohn na realidade assume uma postura diametralmente oposta à de Russell em relação ao fenômeno da bruxaria. Na sua opinião, os bruxos adoradores do Diabo não tinham existência na cultura popular, na verdade não tinham existência alguma fora das imaginações febris e ilusões paranóicas de um grupo de intelectuais clericais. Contudo, no final da Idade Média, a visão dos intelectuais já estava se espalhando pelas massas e daria frutos pavorosos nas caças às bruxas dos séculos XVI e XVII. (Mas deve-se enfatizar que muitos intelectuais e teólogos acabaram por genuinamente acreditar numa ameaça satânica, devido às constantes irrupções de heresia, as quais eles só poderiam interpretar como evidências de um desejo demoníaco de desestabilizar a sociedade cristã.)

Cohn, então, localiza o desenvolvimento do culto satânico dos bruxos no processo cumulativo de propaganda, através do qual os dissidentes religiosos foram satanizados, um processo que começou com o retorno da heresia à Europa ocidental no século XI, e especificamente em 1022, quando um grupo de místicos e ascetas pios, os quais negavam diversos postulados da crença cristã, foram queimados como bruxos em Orléans. Escritores cristãos da época e imediatamente posteriores estigmatizaram-nos como adoradores do Diabo, que se dedicavam a orgias sexuais e assassinato de crianças. No período de um século, isso se tornou a caracterização padronizada dos hereges. Uma das muitas ironias das quais esta história está repleta é que muitos dos grupos heréticos classificados como adoradores do Diabo eram na realidade puritanos castos, que exaltavam uma vida de celibato. Seus perseguidores eram igualmente celibatários extremados, mas que tinham horror à dissidência religiosa, o que os levava a insistir que os hereges eram hipócritas, que usavam seu alegado celibato como um disfarce para suas mais nefandas atividades sexuais.

A grande realização de Cohn foi demonstrar como os intelectuais criaram um novo construto inteiramente artificial a partir de quatro elementos anteriormente distintos e separados: folclore, bruxaria, magia ritual e adoração do Diabo. O processo de evolução foi lento, mas, ao final da Idade Média, estava concluído. As pessoas sempre haviam acreditado em magia. O mundo antigo usava o termo *maleficium* para se referir ao dano causado por meios ocultos e o aplicava igualmente à bruxaria e à magia. Esta última era condenada pelas leis gregas, romanas e germânicas. Mas isto encobria a verdadeira distinção entre a magia superior e a inferior, entre a magia usada para fins justos e fins maléficos. A bruxaria era essencialmente a magia inferior, a medicina popular da "mulher sábia" local, versada em ervas e na arte do parto, mas também capaz de usar sua habilidade para poções de amor, venenos e abortíferos. Isso existia na comunidade, principalmente entre as classes mais baixas, e era praticado por indivíduos e não em cultos. A magia superior era uma ciência, praticada por homens instruídos, que envolvia rituais formais, livros de sabedoria mágica e a invocação de demônios. Mas os mágicos invocavam a Deus e não ao Diabo, e os demônios eram invocados como servos para fazer aquilo que os mágicos determinavam, e não como seus senhores para instruí-los na obra do Diabo. Nenhuma das duas formas de magia envolvia adoração do Diabo, orgias, infanticídio ou canibalismo.

Cohn mostra como foram inseridas nas realidades da bruxaria e da magia as fantasias que faziam parte do milenar folclore camponês. Desde o tempo dos romanos, já existiam histórias de mulheres que eram capazes de voar, bruxas noturnas (*strigae*), que eram capazes de se transformar em pássaros e se dedicavam ao sexo, canibalismo ou assassinato. Havia uma crença popular há muito estabelecida nas "damas da noite", espíritos femininos protetores e benéficos, para quem os camponeses deixavam comida e bebida. Formavam um corpo organizado, uma hoste com uma líder sobrenatural, conhecida sob nomes variados como Diana, Herodias e Holda. Até o século XIII, a elite educada considerava esses fenômenos como ilusões. João de Salisbury, por exemplo, expressava esta visão no século XII. Mas, no final da Idade Média, os intelectuais passaram a acreditar que as histórias eram literalmente verdadeiras, e Kramer e Sprenger atacaram a idéia de que elas poderiam ser ilusões. Estas histórias, então, foram misturadas à bruxaria, magia ritual e ao ingrediente final inteiramente mítico da adoração do Diabo para criar o novo estereótipo familiar da bruxa.

Uma vez estabelecido o modelo das atividades satânicas na propaganda, tornou-se possível recorrer a ele sistematicamente. A reiteração das mesmas idéias nos relatos pode ser melhor explicada não tanto pela ocorrência disseminada de tais práticas, mas pelo conjunto padronizado de perguntas que eram feitas aos prisioneiros sob tortura pelos inquisidores, de cujas acusações eles acabavam por se confessar culpados para findar seu tormento. O padrão de perseguição foi estabelecido a partir da carreira de Conrado de Marburgo.

Um padre fanático e ascético, Conrado foi indicado como o primeiro Inquisidor da Alemanha em 1231. Iniciou um reinado de terror, pois afirmava ter descoberto ninhos de adoradores do Diabo. "Nós queimaríamos alegremente uma centena se apenas um deles fosse culpado" era o lema de Conrado e de seus associados. Eles cumpriram à letra, e o morticínio só terminou com o assassinato de Conrado em 1233, o primeiro de vários inquisidores a serem eliminados por aqueles a quem ameaçavam ou em conseqüência de uma rejeição crescente a suas atividades. Mas onde Russell aceita o fato de que Conrado descobriu bruxos, Cohn deixa claro que as vítimas de Conrado eram ou inocentes — e de fato muitas delas foram subseqüentemente reabilitadas pelas autoridades — ou membros da devota e ascética seita valdense, a qual nem adorava o Diabo, nem aceitava a promiscuidade. O papa Gregório IX, todavia, aceitou os relatórios de Conrado como verdadeiros, proclamou-o defensor da cristandade e incorporou suas descobertas a uma bula papal *Vox in Rama* (1233). O papado deste modo deu seu aval oficial não apenas a toda a parafernália satânica de reuniões secretas, aparições do Diabo, ritos de iniciação obscenos e orgias bissexuais, mas, ao fazê-lo, sancionou a idéia de um vínculo entre heresia, bruxaria, sodomia, promiscuidade e obscenidade, tornando-as mais ou menos indistinguíveis umas das outras.

A ascensão do catarismo, com sua crença básica em dois criadores do mundo, um bom e um mau, o papel proeminente atribuído às mulheres no seu sacerdócio e sua rejeição de todos os sacramentos católicos, foi particularmente importante para estimular a atenção na idéia de mal e para acentuar a imagem do Diabo na cosmologia cristã. As representações do Diabo não eram comuns até o século IX, mas, a partir daí, elas aumentaram em número. Sua presença e sua personalidade cresceram de intensidade com a tendência do Renascimento do século XII a personalizar e individualizar, com a ubiqüidade do Diabo nos sermões e histórias populares e com a ascensão da heresia. O desenvolvimento gradual do Diabo na arte ocidental como uma figura distinta composta de homem/animal pode ser delineado do século XI ao século XV. Ele havia se tornado, no final da Idade Média, uma figura familiar e assustadora, pronta para ser adotada como uma divindade alternativa: alto, escuro, magro, hirsuto, com chifres, cascos e asas. Contudo, deve-se notar que, embora tivessem sido freqüentemente acusados de serem bruxos adoradores do Diabo, os cátaros na realidade odiavam e temiam o Espírito do Mal com fervor ainda maior do que os católicos.

No século XIV, os inquisidores afirmavam ter descoberto uma seita chamada de luciferanos na Áustria, na Boêmia e na Suíça, os quais eram acusados de rejeitar a hierarquia católica, adorar Lúcifer e praticar orgias sexuais. Em relação a um incidente desta natureza, a diferença básica de visão entre Russell e Cohn emerge claramente: enquanto Russell acredita que eles eram bruxos satânicos, Cohn demonstra que eles não eram nada do gênero. Eram ou valdenses ou cátaros, torturados até admitir o satanismo aliado às crenças cátaras, a idéia dos cátaros da luz como a fonte de todas as coisas boas sendo propositadamente distorcida como uma adoração de Lúcifer ("o portador da luz"). Como verdadeiros adoradores do Diabo, os "luciferanos" na realidade jamais existiram, e eram ainda, segundo Cohn, mais uma variação da teoria da conspiração do culto satânico dos bruxos.

Os valdenses foram tão sistematicamente acusados de bruxaria, que *Vauderie* (derivado de valdenses) tornou-se um termo que significava bruxaria, enquanto na Sabóia as bruxas eram conhecidas como *Gazari*, um nome que provém de *Cathari*. A maioria dos grupos heréticos parecem ter sido acusados de adorar o Diabo quase que automaticamente. Russell observa que algumas áreas eram mais suscetíveis que outras ao satanismo. A Espanha, embora possuísse uma forte tradição de magia, tinha pouca bruxaria. Portugal, o sul da Itália, a Irlanda, a Escandinávia e, até o século XIV, a Inglaterra também ficaram relativamente imunes. A bruxaria era mais forte, diz ele, na França, nos Países Baixos, no norte da Itália e na Renânia, exatamente as regiões onde a heresia era mais forte. Mas isto não prova que a bruxaria existia aí como um ramo da heresia. Prova que os hereges eram sistematicamente acusados de bruxaria por seus adversários.

A evidência da existência de bruxos satânicos é ainda mais minimizada pela demonstração de Cohn de que as alegadas caçadas às bruxas do século XIV em Toulouse, Carcassone, Como e Novara, as quais figuram todas nas histórias básicas de bruxaria, nunca tiveram lugar na realidade. Foram todas baseadas em evidências forjadas em períodos muito posteriores.

O processo judicial deu força à idéia de um culto de bruxos. Houve poucos julgamentos por bruxaria antes de 1300, em parte por causa da natureza do sistema legal. Era um sistema acusatório, no qual uma pessoa acusava outra, com o acusador fornecendo as provas e buscando convencer o juiz. Se isto fracassasse, o ordálio pelo fogo, água ou combate poderia ser invocado. Mas se, no fim, o acusador não conseguisse provar suas alegações, poderia ser submetido à pena que tentara imputar ao acusado. Uma vez que era tão difícil provar o *maleficium*, poucos casos eram, portanto, trazidos a tribunal. As vítimas de bruxaria tendiam a fazer justiça com as próprias mãos e organizar linchamentos. Os assassinatos de supostos bruxos estão registrados em diversos momentos dos inícios da Idade Média: em 1074 (Colônia), 1090 (Vöting) e 1128 (Gand). Mas a revitalização do direito romano no século XII levou à introdução do sistema de inquirição no processo judicial. Este método, apoiado na tortura, assegurava confissões mais freqüentes. A retirada da pena judicial para os acusadores malsucedidos incentivou a acusação. O direito romano também promoveu a introdução de penas mais severas. Os códigos de leis nos séculos XII e XIII passaram a determinar, um após o outro, a execução na fogueira de bruxos e feiticeiros, um procedimento que trazia um aval das Escrituras freqüentemente citado: "Não aceitarás que um bruxo viva" (Êxodo 22 v.18). O método da inquirição era usado tanto pela Igreja quanto pelo Estado na sua campanha para erradicar dissidentes. Era o tipo de processo judicial no qual os preconceitos por parte dos juízes e promotores podiam ser facilmente alimentados.

Mesmo assim, o procedimento inquisitorial era dirigido inicialmente mais à magia ritual do que à bruxaria, como Cohn e Edward Peters demonstraram no seu valioso livro *The Magician, The Witch and the Law* (1978). O cristianismo identificava todas as práticas mágicas com o paganismo e as condenava. Santo Agostinho, em seu tratado *de doctrina Christiana*, listava os elementos de magia a serem evitados pelos cristãos, os quais envolviam o que poderia ser classificado tanto como bruxaria quanto como magia: augúrios, astrologia, amuletos, sortilégios, horóscopos, magia medicinal e pactos com demônios. Essas práticas eram sistematicamente condenadas pelos padres e pelos concílios da Igreja, os quais viam a raça humana como sendo particularmente suscetível à interferência demoníaca e consideravam todas as práticas medicinais como trabalho do Diabo e de seus agentes. Mas elas continuaram a ser praticadas.

Esta tradicional hostilidade foi mantida do século VIII ao século XII numa literatura que era fundamentalmente monástica na sua proveniência e que se apoiava fortemente nas tradições patrísticas. Isso assegurava a continuação da circulação de histórias de mágicos poderosos e cruéis. Naquele mundo esotérico em que a escolarização e a política internacional se confundiam, a acusação de ser um mágico tinha a mesma força que a de ser um comunista ou fascista nas sociedades democráticas modernas. Tais histórias às vezes se espalhavam para um público mais amplo. Acreditava-se generalizadamente que o erudito aquitano que se tornou o papa Silvestre II (999-1003) havia feito um pacto com o demônio para conquistar conhecimentos de magia. O papa Gregório VII foi denunciado no Sínodo de Brixen (1080) por ter, como Silvestre, estudado magia em Toledo e se tornado um necromante. O imperador Frederico II, apelidado de "A Maravilha do Mundo" (*Stupor Mundi*), que tinha uma grande variedade de interesses intelectuais, também conquistou uma reputação por seus conhecimentos de magia.

No século XII, os escritores eclesiásticos como João de Salisbury e Walter Map expressavam sua preocupação com a mania da magia entre os jovens cortesãos elegantes e propensos a modismos, os quais lotavam as cortes das monarquias nacionais emergentes. Mas a Igreja estava ainda mais preocupada com o renascimento do estudo da magia, que havia acontecido como parte do renascimento intelectual do século XII. As autoridades eclesiásticas se mobilizaram para eliminar o assunto das áreas de ensino aprovadas. O *Didascalicon* (1141) de Hugo de São Victor incluía uma denúncia vigorosa de todas as formas de magia:

> A magia não é aceita como parte da filosofia, mas se coloca fora dela como uma pretensão falsa: a amante de toda forma de iniqüidade e malícia, mentindo sobre a verdade e verdadeiramente infectando as mentes dos homens, os seduz para longe da religião divina, os predispõe ao culto dos demônios, alimenta a corrupção da moral e impele as mentes de seus devotos para todo tipo de indulgência malévola e criminosa. (...) Os feiticeiros são aqueles que, com encantos demoníacos, amuletos ou quaisquer outros tipos de remédios execráveis, através da cooperação dos diabos ou por instinto para o mal, realizam coisas malévolas.

Esta visão foi sistematicamente articulada no decorrer dos séculos XII e XIII, formando uma proibição vigorosa do estudo ou da prática da magia. Não obstante, continuava a existir uma grande ansiedade em relação às práticas ocultas que penetravam na Europa ocidental vindas do mundo árabe, de Bizâncio e dos textos gregos redescobertos e avidamente estudados. Esta ansiedade era intensificada pelo predomínio de idéias milenaristas nos séculos XII e XIII. Essencial para estas crenças, conforme desenvolvidas na Idade Média, era a idéia de que o fim do mundo seria precedido pelo aparecimento do Anticristo, que iludiria o povo cristão até ser derrotado pelas forças do verdadeiro Cristo. Os padres da Igreja, nos seus primórdios, haviam desenvolvido a idéia do Anticristo, uma figura proveniente do livro do Apocalipse, até chegar a um ser humano nascido da união satânica com uma mulher ou de uma união de humanos presidida por Satã. Ele era tradicionalmente associado à magia e aos mágicos, como explicou Adso, um escritor do século X, em seu *Libellus de Anti-Cristo* (Livro do Anticristo):

> O Anticristo terá mágicos, criminosos, adivinhos e feiticeiros, os quais, sob a inspiração do Demônio, o criarão e instruirão sobre toda iniqüidade, ardil e artes malignas. E espíritos do mal serão seus líderes, amigos eternos e companheiros inseparáveis.

Foi nesta disposição de espírito que o teólogo mais influente da Igreja, santo Tomás de Aquino, fez, no século XIII, uma exposição e denúncia sistemáticas das práticas mágicas. Ele insistia em que os mágicos haviam se tornado os servos e não os senhores dos demônios, e, portanto, haviam caído sob a influência do senhor dos demônios, Satã. Isso efetivamente estigmatizava a magia como a forma mais perniciosa de heresia.

A despeito do desenvolvimento de uma síntese intelectual que vinculava a magia ao Diabo, muitas das evidências citadas nas histórias básicas de bruxaria como prova da existência de bruxos satânicos acabam por se tornar, num exame mais detalhado, uma preocupação com a prática da simples magia ritual. De fato, houve inicialmente até uma tentativa oficial para distinguir entre magia nociva e inofensiva. O papa Alexandre IV estabeleceu em 1258 o princípio de que os inquisidores papais não deviam se preocupar com casos de adivinhação pura e simples, mas apenas com os que "manifestamente sabiam a heresia". O inquisidor Nicolau Eymeric, do século XIV, no seu *Tratado contra os invocadores de demônios*, também discriminava entre formas não-heréticas de adivinhação (quiromancia, dizer a sorte) e a invocação de demônios. Mas a Inquisição foi ficando cada vez mais interessada tanto na bruxaria quanto na magia, obscurecendo as distinções entre as duas coisas e os elementos delas. Isto tornou-se particularmente verdadeiro depois da decisão da faculdade de teologia da Universidade de Paris, a qual, em 1398, declarou *maleficia* como acarretando necessariamente idolatria e apostasia, e, conseqüentemente, equivalente à heresia. Isto justificou a indiciação de todas as formas de magia pela Inquisição. A magia, conforme se argumentava, envolvia pactos implícitos ou explícitos com o Diabo. Isto foi um estágio importante na satanização progressiva da bruxaria e da magia.

Os processos mais espetaculares por causa de magia ritual, contudo, não foram inicialmente instigados pela Igreja, mas sim pelo Estado. Houve uma série de julgamentos públicos realizados pelo rei Filipe IV da França (1285-1314), como parte de seu esforço para controlar a Igreja e estabelecer o domínio absoluto sobre seu reino. A primeira pessoa a ser julgada por magia ritual foi o papa Bonifácio VIII (1294-1303), arquiinimigo de Filipe. Ele foi postumamente processado por negar o cristianismo, praticar magia e sodomia. O bispo Guichardo de Troyes foi julgado com base em evidências fornecidas por rivais políticos e eclesiásticos sob as acusações de invocar demônios, convocar o Diabo, relacionar-se com bruxos e praticar *maleficium* contra a família real. Mais espetacularmente do que todos os outros, os templários, embora não fossem acusados de magia ritual, sofreram acusações de idolatria, sodomia e adoração do Diabo. Nas circunstâncias conturbadas que se seguiram à morte de Filipe IV em 1314, e de seus três filhos, que seguiram um ao outro em rápida sucessão no trono, foi engendrada uma atmosfera de medo e desconfiança, na qual as acusações de uso de forças das trevas eram quase que parte inevitável do processo político. A família do impopular ministro chefe, *parvenu*, de Filipe IV, Enguerrand de Marigny, foi acusada de usar magia para destruir o rei Luís X; a condessa Mahaut de Artois foi acusada de tentar enfeitiçar seu genro Filipe V; e o conde Roberto de Artois, de conspirar para causar a destruição por magia de Filipe VI. Não é impossível que algumas destas figuras se tenha de fato voltado para a magia na esperança de fazer avançar suas causas.

Antagonismos entre facções e lutas internas semelhantes formaram o pano de fundo no papado de Avignon para conspirações mágicas contra o papa João XXII, o qual sistematicamente acusava seus adversários de heresia, adoração de ídolos e de ter contato com demônios. O mais notável dos casos é o do bispo Hugo Geraud de Cahors, que foi queimado na fogueira em 1317 por praticar *maleficium*, associar-se a um mago judeu e tentar envenenar o papa. As relações entre todos estes casos e as circunstâncias políticas podem ser demonstradas pelo fato de que as ocorrências se esgotaram quando Filipe VI deu à França um governo estável, e o controvertido e criticado papa João XXII morreu. Mas os julgamentos e acusações concentraram a atenção tanto na magia quanto na bruxaria e aprofundaram ainda mais o entrelaçamento destas duas.

No seu estudo sistemático de julgamentos de bruxaria europeus, Richard Kieckhefer (1976) observou que, em comparação com as perseguições em massa da era clássica da caça às bruxas nos séculos XVI e XVII, houve relativamente poucos julgamentos de bruxas no período de 1300 a 1500, e quase nenhum esforço sustentado para eliminar as bruxas *per se* por parte de qualquer localidade em particular. Antes de 1375, o satanismo raramente estava presente nas acusações, a prática de magia e a invocação de demônios sendo as principais acusações. Entre 1375 e 1435, ocorreu uma mudança em dois aspectos, um aumento constante no número de julgamentos por bruxaria e a intensificação da preocupação com o satanismo. Com o aumento das acusações de satanismo, houve um acréscimo concomitante nas referências a sexo com o Diabo e nas acusações de orgias sexuais. É particularmente significativo que o satanismo tenha sido levantado em 54% dos julgamentos diante de tribunais eclesiásticos, mas apenas em 11% dos realizados diante de juízes seculares. Kieckhefer conclui portanto, como Cohn, que as acusações de satanismo não eram baseadas nas crenças populares, mas sim foram introduzidas pelos juízes e juristas eclesiásticos e confirmadas pelos acusados sob tortura. As pessoas comuns acreditavam em bruxaria e folclore, mais do que na adoração do Diabo. Por exemplo, os registros de Lucerna, cobrindo o período desde os meados do século XV até os meados do século XVI, relativos a acusações feitas por 130 aldeões contra 32 supostos bruxos, em sua maioria mulheres, omitem toda e qualquer menção ao Diabo. Na maior parte, as acusações parecem ter sido feitas por vizinhos descontentes que buscavam uma explicação para desastres naturais que lhes haviam acontecido.

No século XIII, Huberto Romano, mestre-geral dos dominicanos, queixava-se que as mulheres camponesas eram

> muito dadas a práticas mágicas (...) elas as usam seja em proveito próprio ou por alguma outra razão; para seus filhos quando estão doentes; ou para seus animais, para que os lobos não os ataquem, e assim por diante. (...) Algumas usam este tipo de adivinhação para obter lucro pessoal (...) algumas são tão obstinadas, ou melhor, incorrigíveis mesmo, que simplesmente não há meio de impedi-las, seja por excomunhão ou por qualquer outro tipo de ameaça.

Em 1425, quando são Bernardino de Siena estava pregando em Arezzo, soube que havia um bosque outrora dedicado a Apolo, contendo fontes curativas usadas por bruxas e magos para tratar bebês adoentados. Quando tentou fazer com que o bosque fosse destruído, foi expulso pelos habitantes locais, convencidos da eficácia das fontes. Mas, quinze anos depois, ao plantar uma cruz no local e não sofrer nenhum efeito ruim, são Bernardino demonstrou a superioridade da sua magia e persuadiu os habitantes locais a drenar as fontes e abandonar sua crença nelas.

A razão para o número crescente de acusações de bruxaria pode perfeitamente ser relacionada à mudança climática por volta de 1300, que trouxe a "Pequena Era Glacial" e deflagrou uma série de quebras de colheitas, enchentes e fome coletiva, para a qual poderia ser buscada alguma causa sobrenatural, e ao clima de histeria e paranóia gerado, já nos meados do século, pela pandemia da peste. Certamente o ritmo dos processos foi crescente. Houve 84 julgamentos comprovados por bruxaria entre 1365 e 1428, e 354 nos 72 anos seguintes, muitas vezes envolvendo grande número de suspeitos. Isso coincide com o envolvimento crescente de intelectuais no assunto da bruxaria. O ano de 1430 assinala o início de um período de grande aumento na quantidade de tratados que lidavam com bruxaria. O primeiro livro impresso sobre o assunto foi publicado em 1464.

Cohn destaca dois julgamentos como sendo de significado especial para demonstrar o processo através do qual os intelectuais criaram a imagem compósita da bruxa. A idéia da copulação feminina com o Diabo recebeu um estímulo importante a partir do famoso julgamento de Kyteler. Lady Alice Kyteler, seu filho e companheiros em Kilkenny, Irlanda, foram julgados em 1324-5, em grande parte, ao que parece, em conseqüência de conflitos familiares destrutivos. As acusações contra Lady Alice e seu círculo consistiam numa mistura conhecida de *maleficium*, veneno, magia e invocação do demônio, mas, além disso, Lady Alice foi acusada de copular com demônios, a fim de obter poderes mágicos, o primeiro exemplo conhecido de tal acusação criminal. Embora ela tenha fugido para a Inglaterra, alguns de seus companheiros foram queimados na fogueira. Desde os tempos antigos, têm havido histórias de humanos que se acasalam com divindades pagãs e posteriormente com demônios; também existiam histórias de pactos com demônios. Mas esta foi a primeira vez que estas idéias foram associadas.

Depois, em 1397-1406, um julgamento suíço realizado em Boltigen, diante de um juiz secular de nome Pedro de Grayerz, no qual os acusados confessaram uma variedade de *maleficia* ligados à invocação de demônios, uso de cadáveres de crianças para a preparação de venenos e à renúncia a Cristo na igreja nas manhãs de domingo, forneceu o exemplo arquetípico da existência de uma seita anticristã de bruxos. Ambos os julgamentos, na visão de Cohn, resultaram da ação da elite que impunha suas idéias ao populacho para confirmar a fantasia de um culto de adoradores do Diabo.

Com base nos trabalhos de Cohn, Kieckhefer e Peters, podemos rejeitar de modo definitivo a idéia de que as bruxas adoradoras do Diabo realmente existiram. Podemos igualmente abandonar a teoria de Russell de que a bruxaria era uma forma de heresia real e organizada com raízes nos cultos de fertilidade pagãos, juntamente com a celebrada tese de Margaret Murray sobre uma religião clandestina de bruxas que teria sobrevivido desde a Antiguidade até o século XVII. É possível demonstrar que sua visão foi baseada em leitura, tradução e compreensão errôneas das fontes. Por outro lado, podemos aceitar a existência de histórias populares sobre bruxas noturnas e espíritos femininos benéficos, mas elas nada têm a ver com adoração do Diabo. Podemos aceitar a existência de bruxas, mas como mulheres isoladas, não em seitas e não adoradoras do Diabo. As acusações de bruxaria eram geralmente levantadas por vizinhos indispostos contra mulheres específicas: as velhas, as solitárias, as impopulares, as neuróticas, as insanas, as mal-humoradas, as promíscuas, as praticantes de medicina popular ou parteiras, mulheres que, por motivos variados, haviam se tornado alvo do ódio local. Algumas mulheres velhas podem ter chegado a acreditar que eram capazes de voar ou que tinham poderes mágicos, mas a maioria delas era composta de desajustadas ou forasteiras inofensivas. Podem ter existido umas poucas excêntricas que de fato adoravam o Diabo, mas a conspiração satânica foi criação de intelectuais, teólogos e juristas católicos que misturaram antigas crenças populares, magia erudita e bruxaria rural, enfatizaram o papel do sexo e postularam a idéia da destruição da cristandade.

As bruxas satânicas do final da Idade Média eram, assim, os bodes expiatórios perfeitos, uma minoria inventada, uma imagem compósita do mal, pronta para ser usada e aplicada a qualquer pessoa que discordasse dos dogmas da Igreja e que, pelo uso da tortura e do terror, se tornava realidade. A propaganda contínua sobre o perigo, enraizada como estava em imagens e idéias que podiam ser reconhecidas, penetrou na consciência popular até gerar frutos pavorosos nas caças às bruxas dos séculos XVI e XVII, quando a grande massa das comunidades aceitava e incentivava a caça aos servos de Satã.

5
JUDEUS

Ainda que no início da Idade Média os judeus vivessem livremente entre os cristãos, vestissem as mesmas roupas e falassem a mesma língua que os seus vizinhos cristãos, eles eram potencialmente vulneráveis à perseguição e à busca de bodes expiatórios. Pois continuavam a ser uma minoria racial e religiosa distinta que se alimentava com uma comida diferente, obedeciam a leis diferentes, praticavam serviços religiosos distintos e educavam suas crianças separadamente. Estavam intimamente associados tanto à medicina quanto à magia, duas práticas temíveis e suspeitas. Uma combinação de circunstâncias viria orientar o antagonismo popular contra eles e inaugurar uma longa, amarga e trágica crônica nos anais do ódio humano.

Não há nenhuma evidência de hostilidade popular disseminada contra os judeus no Império Romano, embora haja alguns exemplos de explosões de violência contra eles, notadamente em Alexandria, onde existia uma indisposição duradoura entre judeus e gregos. Os judeus — por exemplo, Paulo de Tarso — podiam tornar-se cidadãos integrais e eram livres para praticar sua religião. Tinham obviamente algumas características distintivas. Respeitavam o sábado, praticavam a circuncisão e se recusavam a participar de atos religiosos realizados na intenção dos deuses ou do imperador romano. Mas obtinham isenções especiais com as orações que faziam pelo, em vez de ao, imperador.

Nos círculos cultos, todavia, havia duas queixas principais contra os judeus: seu exclusivismo e seu proselitismo. Tácito escreveu: "Os judeus (...) revelam uma vinculação obstinada uns aos outros (...). Eles se sentam separadamente nas refeições, eles dormem separadamente e ainda que, como nação, sejam singularmente inclinados à devassidão, se abstêm de intercurso com mulheres estrangeiras." A propagação ativa de sua fé também foi comentada com desdouro por Horácio, Juvenal e Sêneca.

Foram em parte estas duas características dos judeus, separação e proselitismo, que os colocou em conflito com os cristãos. Desde o nascimento do cristianismo no século I, a nova fé, como sua origem, o judaísmo, era ativamente missionária e disputava com o judaísmo as conversões por todo o Império Romano. Além disso, os cristãos estavam ansiosos para ser considerados capazes de recrutar judeus e gentios igualmente para a Igreja cristã. Mas, o que é muito sério, os judeus passaram a ser vistos como responsáveis pela morte de Cristo. Esta deveria ser a base de todo o amargo anti-semitismo dos séculos cristãos. A partir dos séculos III e IV, escritores e pregadores acusavam regularmente os judeus de deicídio. Esta acusação tornou-se a desculpa fundamental e a explicação para a onda de perseguição medieval.

No momento em que o cristianismo se tornou a religião oficial do Império Romano no século IV, as leis imperiais começaram a fazer restrições aos judeus. Primeiro os códigos de leis de Teodósio e depois os de Justiniano determinaram que os judeus deveriam ser excluídos de todas as funções políticas e militares, proibidos de casar com cristãos ou de possuir escravos cristãos. Sob Justino I (518-27), predecessor de Justiniano, os judeus foram proibidos de fazer testamentos ou receber heranças, dar testemunho em tribunais ou produzir qualquer ato legal. Eles tornaram-se com efeito cidadãos de segunda classe. Mas, apesar disso, tinham a permissão de praticar sua religião.

Sob os reinos bárbaros pós-romanos, há evidências de que os judeus prosperaram. Na Itália lombarda e na Itália ostrogótica, os privilégios judaicos eram protegidos pela lei e pela coroa. Na Gália merovíngia, os judeus eram tratados como romanos e gozavam dos mesmos direitos e obrigações que os não-judeus. Os primeiros governantes carolíngios, Pepino (752-68) e Carlos Magno (768-814), permitiram aos judeus possuir terras e exercer autoridade sobre trabalhadores cristãos. Eles usavam os judeus como colonizadores e soldados e incentivavam os mercadores judeus. O imperador franco Luís o Piedoso (814-40) sistematizou e organizou as instituições em seu império, criando o cargo de "Mestre dos Judeus" (*Magister Judaeorum*) para supervisionar os preceitos judaicos e seus regulamentos. Luís encorajou igualmente os judeus a serem mercadores, permitiu a construção de novas sinagogas, indicou judeus para cargos no governo que tinham autoridade sobre cristãos, publicou cartas de proteção para os mercadores e determinou que os mercados fossem fechados nos sábados judaicos. A extensão da integração dos judeus na sociedade carolíngia se refletia nas campanhas arquitetadas contra eles primeiramente pelo arcebispo Agobardo de Lyon (779-840) e, depois, pelo arcebispo Hincmar de Reims (806-82).

Já em 538, o Concílio de Orléans aprovara decretos para eliminar o proselitismo judaico. O concílio condenou o casamento misto, proibiu os cristãos de comerem com os judeus, determinou que os cristãos parassem de celebrar o sábado judaico e de trabalhar aos domingos, e proibiu judeus e cristãos de se misturarem na Semana Santa. A recorrência deste tipo de leis nos concílios subseqüentes atesta de maneira poderosa o medo permanente do clero de que os judeus estivessem atraindo cristãos para a sua fé.

Agobardo de Lyon escreveu uma série de cinco epístolas antijudaicas, nas quais buscava impedir que proprietários cristãos de escravos vendessem escravos cristãos para judeus, evitar que cristãos observassem o sábado judaico, ordenar aos cristãos que se abstivessem de ingerir carne e vinho judaicos e evitassem jejuar com eles durante a Quaresma. Todavia, Agobardo ressaltou que "desde que eles [os judeus] vivem entre nós, não devemos ser-lhes hostis ou prejudicar sua vida, saúde ou riqueza." Numa série de concílios da Igreja franca do final do século IX, uma série de editos cujos objetivos eram muito semelhantes foi aprovada pela facção liderada por Hincmar de Reims. Os editos incluíam uma proibição de construção de novas sinagogas, uma ordem para

18. Suspeito interrogado sob tortura nos julgamentos de bruxas em Bamberg, 1508. (Reproduzido com a amável permissão da Mansell Collection.)

19. A imersão de Mary Sutton, suspeita de ser bruxa, em 1612. Aqueles que sobreviviam ao julgamento eram reconhecidos como bruxos. Aqui os familiares da vítima a ajudam a manter-se à tona. Folha de rosto de um folheto de título *Witches apprehended, examined and executed*, Londres, 1613. (Reproduzido com a amável permissão da Mansell Collection.)

20. O enforcamento de três bruxas em Chelmsford, em 1589. (Reproduzido com a amável permissão da Mansell Collection.)

21. A morte de uma bruxa na fogueira em Amsterdam, em 1571. (Reproduzido com a amável permissão da Mansell Collection.)

22. Execução de bruxas inglesas no século XVII. O delator das bruxas é visto à direita recebendo o pagamento. (Reproduzido com a amável permissão da Mansell Collection.)

23. Uma Assembléia de Bruxos, do *Compendium Maleficarum*, de Guazzo, originalmente publicado em 1608. "O diabo é o presidente da Assembléia e senta-se no trono, sob alguma forma terrível, tal como a de um cão ou bode (...) então eles lhe oferecem velas negras como o breu ou cordões umbilicais de crianças e o beijam. (...)" (Livro I, Capítulo 12, traduzido para o inglês por Montague Summers, 1912.) (Reproduzido com a amável permissão da British Library.)

24 e 25. Bruxos usando cadáveres humanos para ocasionar a morte de outras pessoas. Os cadáveres de crianças tinham seus próprios usos específicos. Do *Compendium Maleficarum*, de Guazzo, originalmente publicado em 1608. (Reproduzido com a amável permissão da British Library.)

26. Mesmo no dia de seu casamento, esta noiva judia usava a *rouelle*, a marca da infâmia em forma de roda. Itália, *c.*1477. (Reproduzido com a amável permissão da Hamburg Staats- und Universitätsbibliothek.)

27. Crucificação de uma criança cristã por judeus de Pontoise. Da *Crônica de Nuremberg*, de Schedel, 1493. (Reproduzido com a amável permissão da Mary Evans Picture Library.)

28. Cena de um bordel. Alemanha, século XV. O banho comunitário e a figura do bobo eram comumente usados para significar prostituição. (Reproduzido com a amável permissão da Mary Evans Picture Library.)

29. Infidelidade: amantes compartilhando um banho. Da *Schweizerchronik*, de Johan Stumpf, *c.*1550. (Reproduzido com a amável permissão da Mary Evans Picture Library.)

30. Prostituta com um jovem. Xilogravura alemã do século XV. (Reproduzido com a amável permissão da Mary Evans Picture Library.)

31. Mercúrio tomado como anti-sifilítico. Para aqueles que contraíam doença venérea em conseqüência de suas aventuras, o mercúrio era um remédio. (Reproduzido com a amável permissão da Mary Evans Picture Library.)

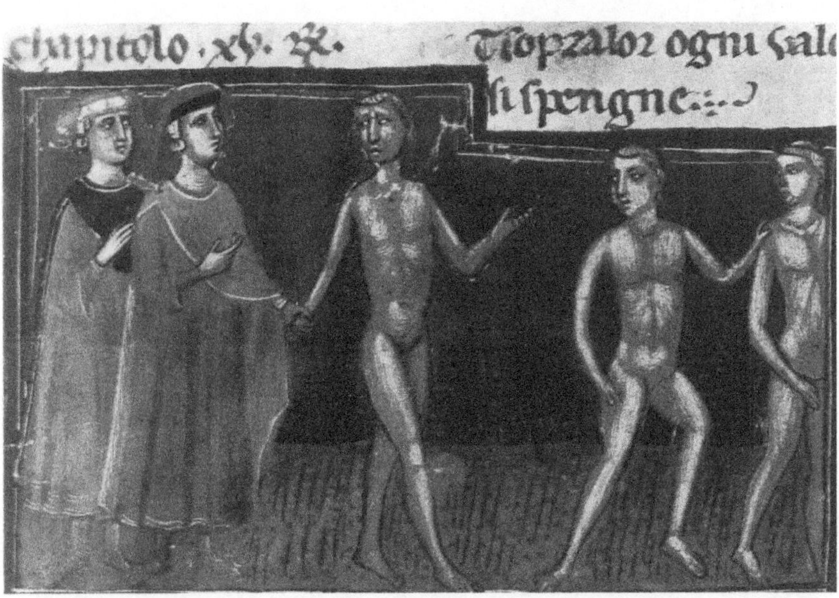

32. Homossexuais destinados ao Inferno, do *Inferno*, de Dante, Canto XV. Aqui Dante reconhece seu antigo professor Brunetto Latini e outros florentinos condenados por crime de sodomia. (Reproduzido com a amável permissão da Biblioteca Nazionale, Florença.)

33. Mulher leprosa com um sino. Inglaterra, século XIV. (Reproduzido com a amável permissão da British Library.)

34. Leproso com matraca e terrina, do *Miroir Historial*, de Vincent de Beauvais, século XIII. (Reproduzido com a amável permissão da Mary Evans Picture Library.)

remover os judeus de posições de autoridade sobre cristãos, uma proibição relativamente à posse de escravos cristãos por judeus e contra o proselitismo dos judeus. Penalidades foram impostas aos cristãos que jantassem ou se misturassem demais com os judeus e os casamentos mistos foram banidos. Certamente, tais ligações deveriam ser consideradas adúlteras. Os eclesiásticos francos queixavam-se de que eram obrigados a agir assim porque "agora (...) em todos os lugares e cidades (...) irrompeu tanta arrogância e opressão [da parte dos judeus]".

Na Espanha visigótica leis selvagemente repressivas foram aprovadas contra os judeus, inspiradas, como ressalta P.D. King, pelo "ódio dos cristãos contra o povo que traiu a confiança de Deus". Mas os reis visigodos simplesmente não dispunham do aparelho necessário para implementar efetivamente essas leis.

Entretanto, em boa parte do Ocidente bárbaro, os judeus eram valorizados como mercadores, médicos, diplomatas e soldados. Muitos governantes bárbaros parecem ter tratado os judeus como um dentre os diferentes povos com suas leis específicas que formavam seus domínios. Os reis carolíngios, em particular, incentivaram a imigração e a multiplicação das comunidades judaicas. Os judeus emergiram, assim, da Idade das Trevas como uma minoria distinta e reconhecível, vivendo sob suas próprias leis, cada vez mais prósperos e razoavelmente seguros. Eles viriam a alcançar um auge numérico e de prosperidade no século XII e no começo do século XIII, mas mesmo antes disso as atitudes em relação a eles mudariam dramaticamente.

A mudança de atitude se verificou no século XI. Por volta do ano de 1010, começaram a circular rumores no Ocidente de que, sob a instigação dos judeus, os sarracenos tinham causado a destruição do Santo Sepulcro e decapitado o patriarca de Jerusalém. Massacres espontâneos de judeus aconteceram em Orléans, Rouen, Limoges, na Renânia e em Roma. O sentimento contra eles arrefeceu, mas era um prenúncio do que viria depois. O sentimento antijudaico se desenvolveu na mesma época do que o sentimento antiislâmico. Com a passagem do milênio, a cristandade entrou numa fase expansionista e, em sua nova disposição de entusiasmo religioso, buscou cristianizar o mundo, internamente pela reforma e externamente através das cruzadas. Em 1063, cavaleiros que se dirigiam para a Espanha a fim de participar na reconquista dos reinos cristãos contra os muçulmanos atacaram no caminho várias comunidades judaicas, ação que foi denunciada pelo papa Alexandre II.

Então, na esteira da cruzada proclamada pelo papa Urbano II no Concílio de Clermont em 1095, foi engendrada uma atmosfera de histeria religiosa por pregadores itinerantes, na qual a promoção da cruzada era acompanhada, em algumas áreas, por massacres de judeus. A principal evidência de hostilidade contra os judeus não vinha dos exércitos oficiais da cruzada, mas dos exércitos não-oficiais de pobres que surgiam espontaneamente para responder ao chamado, e dos grupos independentes de cavaleiros que, tendo surgido da mesma maneira, estavam desejosos de mergulhar suas espadas em sangue "infiel" sem ter que esperar chegar à Terra Santa.

Um grupo reunido na Normandia atacou os judeus de Rouen; um grupo saxão sob a liderança de um padre, Volkmar, marchou através da Boêmia e massacrou os judeus de Praga; um grupo sob o comando do padre Gottschalk desceu da Renânia para o Danúbio, massacrando os judeus de Regensburgo; um grupo da Flandres atacou os judeus de Colônia; um grupo da Lorena atacou os judeus de Metz e, o mais apavorante de tudo, o conde Emicho de Leiningen e seu bando atacaram os judeus de Speyer, Worms e Mainz. Quase invariavelmente, era oferecida aos judeus a escolha entre o batismo ou a morte. Muitos preferiram o suicídio. Milhares morreram de uma maneira ou de outra em função destes massacres. Eles criaram um amargo precedente, como observa S.W. Baron: "Da Primeira Cruzada em diante, as perseguições antijudaicas exerceram um apelo perigosamente contagioso, o qual, em períodos de grande tensão emocional, degeneraram em psicoses de massa que transcendiam as fronteiras nacionais."

Nesta primeira onda de violência popular antijudaica medieval, as reações tanto das autoridades eclesiásticas quanto das civis foram freqüentemente de apoio aos judeus. O bispo Johann de Speyer abrigou os judeus em seu castelo e puniu os culpados por atacá-los. Os habitantes dos burgos o apoiaram porque a política do seu predecessor, o bispo Rudiger, dando início à instalação de judeus, tinha enriquecido Speyer. Sobreviventes do massacre de Worms se refugiaram no palácio do bispo, mas quando o bispo Adalberto disse que só poderia protegê-los se aceitassem o batismo, eles cometeram suicídio. O arcebispo Rutardo de Mainz, que tentou abrigar os judeus, foi ele próprio obrigado a escapar da massa enfurecida. Os burgueses de Regensburgo tentaram salvar os judeus do batismo forçado, mas eles foram arrebanhados e tangidos na direção do Danúbio para imersão em massa.

O imperador Henrique IV, quando soube o que estava acontecendo, ordenou às autoridades responsáveis que protegessem os judeus e autorizou os que haviam sido batizados à força a retornarem à sua fé. Guilherme II da Inglaterra fez a mesma coisa. Em 1103, Henrique IV incluiu os judeus, ao lado do clero e das mulheres, entre os grupos que estavam sob sua proteção especial. Mas todas as vezes em que se pregavam cruzadas, esse tipo de massacres ressurgia. Os pregadores que promoveram a Segunda Cruzada em 1147 instavam os recrutados a atacar os judeus. O abade Pedro de Cluny, embora não estimulasse *pogroms*, centrava sua atenção nos judeus quando declarou:

> Qual é a vantagem de ir até o fim do mundo à custa de grandes perdas em homens e dinheiro para lutar contra os sarracenos, se permitimos outros infiéis entre nós que são milhares de vezes mais culpados em relação a Cristo do que os maometanos.

Um monge renegado, Radulfo, pregando a cruzada na Alemanha, instava sua audiência a vingar a morte de Cristo sobre seus assassinos antes de marchar contra os muçulmanos. Houve massacres em Speyer, Mainz e Würzburgo, na Alemanha, e em Carentan, Sully e Ramerupt, na França. Mesmo assim, o número de vítimas foi menor do que em 1096, pois desta vez as autoridades estavam preparadas para a desordem, e são Bernardo de Claraval hipotecou seu enorme prestígio na denúncia dos massacres, advertindo que as mortes impediam a estratégia mais desejável da conversão dos judeus.

Em 1190, multidões lideradas pelos homens que estavam sendo recrutados para a Terceira Cruzada atacaram judeus em Norwich, York, Lynn e Bury St. Edmund's. Em 1239, paralelamente à organização de uma cruzada, os cruzados atacaram os judeus na França ocidental, e o papa Gregório IX escreveu para os bispos da região e para o rei Luís IX instando a punição dos perpetradores dos massacres:

> Numa explosão inaudita e sem precedentes de crueldade, eles chacinaram, com hostilidade doentia, 2.500 deles; velhos e jovens, assim como mulheres grávidas. Alguns foram mortalmente feridos e outros esmagados como lama sob as patas dos cavalos. Eles queimaram seus livros e, para grande vergonha e desgraça, expuseram os corpos dos que assim foram mortos para servirem de alimento para os pássaros do firmamento, e sua carne para os predadores da terra. Depois de ameaçar abominável e vergonhosamente aqueles que sobreviveram a seu massacre, roubaram seus bens e os consumiram.

Assim, o período das grandes cruzadas estabeleceu um padrão para o resto da Idade Média. O entusiasmo cristão foi acompanhado de violência antijudaica.

Este desenvolvimento teve três conseqüências de significado a longo prazo para os judeus. Sua mobilidade foi restringida, e eles se deslocaram cada vez mais das atividades comerciais para a de usurários, permanecendo, para sua proteção, em áreas de gueto e utilizando seu capital da única maneira possível. Os judeus no período inicial da Idade Média foram mercadores e comerciantes notáveis, mas o crescimento da hostilidade e da perseguição fez com que viajassem cada vez mais ao acaso. A proibição católica quanto ao empréstimo de dinheiro por cristãos abriu o caminho para a ocupação deste terreno pelos judeus, mas esta foi uma opção que somente exacerbou sua impopularidade e vulnerabilidade. A insegurança que os obrigou a se colocarem cada vez mais sob a "proteção" das monarquias européias transformou efetivamente os judeus em "propriedade" da coroa, e os reis os usavam continuamente como uma fonte conveniente e regular de dinheiro. Mas, o que é mais significativo, os judeus passaram então a ser decisivamente identificados como um grupo estranho, e sua posição tornou-se mais e mais circunscrita.

A IGREJA E OS JUDEUS

A posição da Igreja sobre os judeus era baseada na teologia de santo Agostinho, que argumentava que eles deviam ser protegidos porque tinham um papel vital a desempenhar no plano divino para a salvação humana. Eles tinham feito sua parte na difusão da palavra de Deus. Sua recusa obstinada em aceitar a verdade de Cristo determinou que sofressem restrições, as quais eram devidamente impostas pelos códigos de leis imperiais. Mas acreditava-se que seu arrependimento e conversão marcariam a iminência do milênio. Sem os judeus, não poderia haver salvação para a humanidade como um todo. Assim, sua conversão deveria ser incentivada e facilitada.

O endosso da teologia de Agostinho e as restrições legais à liberdade dos judeus perdurou por muito tempo como posição do papado. O papa Gregório Magno (590-604), cujas epístolas eram mencionadas na Idade Média como declarações oficiais sobre a atitude papal em relação aos judeus, ordenou que seus direitos legítimos fossem protegidos. Eles não tinham permissão para fazer conversões, casar com não judeus, possuir escravos cristãos, ocupar cargos públicos, legar heranças ou construir novas sinagogas. Mas não deveriam ser perseguidos por causa de sua religião e tampouco deveriam suas sinagogas ser destruídas ou pilhadas.

Os princípios gregorianos foram reafirmados pelo Concílio Lateranense de 1179, o qual acrescentou que ninguém poderia prestar vassalagem a um judeu, mas que os judeus não deveriam ser convertidos à força. Papas sucessivos republicavam regularmente a constituição *Sicut Judaeis Non*, que foi publicada pela primeira vez por volta de 1120 pelo papa Calixto II. Ela continha um sumário dos princípios papais básicos sobre os judeus:

> Do mesmo modo que não se deve conceder licença aos judeus para presumirem fazer em suas sinagogas mais do que as leis lhes permitem, também não devem eles sofrer limitações naqueles [privilégios] que lhes foram concedidos. É por isso (...) que nós atendemos suas petições e oferecemos a eles o escudo da nossa proteção. Decretamos que nenhum cristão pode usar de violência para forçá-los a se batizar enquanto permanecerem indesejosos de fazê-lo e se recusarem, mas que se qualquer dentre eles buscar refúgio entre os cristãos por sua própria vontade e em razão de sua fé, depois que seu desejo se tenha tornado completamente claro, poderá ser feito cristão sem ser submetido a nenhuma calúnia (...). Ademais, sem o julgamento da autoridade da região, nenhum cristão pode aventurar-se a ferir sua gente ou matar, ou roubar seu dinheiro, ou alterar os bons costumes dos quais, deste modo, até então, eles desfrutam no lugar em que vivem. Além disso, quando celebrarem suas festas, ninguém poderá perturbá-los de qualquer maneira através de pedaços de pau ou de pedras, nem exigir trabalho forçado de nenhum dentre eles, exceto aqueles que estão acostumados a realizar desde os tempos antigos.

O papa Inocêncio III publicou de novo, apropriadamente, a constituição em 1199, mas seu pontificado assistiu a uma degradação marcada da posição dos judeus aos olhos do papado. Inocêncio queixou-se amargamente ao rei Filipe Augusto da França da "insolência" e dos "excessos" dos judeus, particularmente na prática da usura, em seu emprego de criados cristãos, em sua construção de novas sinagogas, seu hábito de dar abrigo e sua cumplicidade com ladrões, sua blasfêmia contra Cristo, e seu hábito de ridicularizar os cristãos no Oriente. Ele denunciou a proteção dispensada a eles por príncipes seculares numa epístola violenta ao conde de Nevers:

> Os judeus, como o fratricida Caim, estão condenados a vagar sobre a Terra como fugitivos e vagabundos, e suas faces devem estar cobertas de vergonha. Eles não devem, em hipótese alguma, ser protegidos por príncipes cristãos, mas, ao contrário, condenados à servidão. É portanto desabonador para os príncipes cristãos

> receber judeus em suas cidades ou povoados e empregá-los como usurários, de modo a extorquirem dinheiro dos cristãos.

Foi Inocêncio quem decretou, no Concílio Lateranense de 1215, a introdução de uma marca distintiva para os judeus, de modo a que pudessem ser reconhecidos e separados dos cristãos. Inocêncio introduziu um elemento contratual na relação entre o papado e os judeus, criando a possibilidade de sua expulsão por quebra de contrato: "Todavia, desejamos proteger com a salvaguarda dessa proteção somente aqueles que não se atreverem a conspirar para subverter a fé cristã."

O contexto de mudança gradativa da atitude papal em relação ao judaísmo era o da equiparação do judaísmo à heresia. Quando, nos séculos XI e XII, o fervor dos cruzados surgiu para libertar os Lugares Santos do controle dos "infiéis", e a Igreja empreendeu a missão de erradicar a heresia, as atenções centraram-se inevitavelmente sobre os judeus. Os cruzados fanáticos tentaram eliminar os "inimigos do Cristo" na Europa ocidental antes de marchar para o Oriente; da mesma forma, os teólogos cristãos temiam o judaísmo como fonte de heresia e a atenção se concentrava na presumida responsabilidade dos judeus em relação à crucificação, assim como sua recusa aparentemente obstinada em aceitar a verdade do Evangelho cristão em lugar da dos seus próprios livros santos. O exasperado Pedro, o Venerável, abade de Cluny (1122-56), em seu tratado contra a obstinação improdutiva dos judeus (*Tractatus contra Judaeorum inveteratam duritiem*) declarou: "Eu não sei se um judeu pode ser um ser humano, pois ele não acede nem à razão humana, nem reconhece afirmações indiscutíveis que são divinas e pertencem à sua própria tradição."

Cada vez mais, judeus e hereges eram amalgamados. Um monge espanhol do século XIV, Lucas de Tuy, escreveu em seu ataque contra os "erros albigenses":

> Os hereges estimularam a infidelidade dos judeus. Alguns dentre eles se circuncidavam com malícia deliberada e, a pretexto de serem judeus, vinham aos cristãos fazer perguntas heréticas como se estivessem começando uma disputa. Assim, como judeus aparentes, eles semearam a heresia mais livremente, enquanto antes não tinham ousado proferir uma palavra de heresia. Os príncipes seculares e os magistrados das cidades dão ouvidos a estas doutrinas de heresia dos judeus, a quem consideram parte de suas relações e amigos.

Havia um movimento articulado para encontrar ensinamentos heréticos nos escritos judaicos, e isto alimentou ainda mais o sentimento antijudaico. Um papel dominante foi desempenhado pelas ordens mendicantes na heretização dos judeus, como mostrou Jeremy Cohen em seu *The Friars and the Jews* (1982). Cohen argumenta de modo convincente que os mendicantes, como inquisidores, missionários, polemistas, contendores, eruditos e pregadores se engajaram num esforço sistemático para solapar a liberdade religiosa e a segurança física dos judeus. Eles conseguiram inculcar uma nova visão dos judeus na cristandade.

Foi Nicolau Donino, um convertido do judaísmo, que, em 1236, influenciou o papa Gregório IX com uma lista de acusações contra o Talmude e outras literaturas rabínicas. Gregório IX orientou os governantes da Europa para que investigassem o Talmude como uma possível fonte de crenças heréticas. São Luís ordenou um grande debate público em Paris, em 1240, entre intelectuais judeus e teólogos cristãos. Os judeus foram considerados perdedores, e o rei ordenou que o Talmude fosse queimado. Os judeus apelaram ao papa Inocêncio IV, que consentiu em um reexame da questão. Mas uma segunda comissão, reunida em 1248, confirmou o veredicto inicial.

O debate de Paris de 1240 foi somente o primeiro de uma série de debates religiosos patrocinados oficialmente e realizados entre judeus e cristãos. Os judeus eram invariavelmente considerados perdedores, e isto apressou o ritmo da queima oficial de livros judeus. Reis sucessivos da França, Luís IX, Filipe III e Filipe IV, ordenaram a queima do Talmude. O papa Clemente IV ordenou que o rei Jaime I de Aragão confiscasse todas as cópias do Talmude, declarando que "este imenso volume (...) continha inumeráveis abusos e blasfêmias detestáveis contra o Senhor Jesus Cristo e sua mui abençoada mãe".

Foi somente no século XIII que a Igreja, com os frades na ponta de lança da campanha, empreendeu um estudo sistemático da literatura judaica contemporânea e buscou demonstrar em disputas públicas que as tradições judaicas medievais eram incompatíveis com a cristandade. A polêmica antijudaica tinha, até então, objetivado retratar o judeu como alguém cuja adesão obstinada a uma interpretação literal do Antigo Testamento impedia a aceitação de Jesus como o Messias. Mas, tendo estudado o Talmude e outros escritos judaicos, dominicanos e franciscanos passaram a atacar o judaísmo como uma heresia, uma perversão e um desvio do Antigo Testamento, e iniciaram a tendência de conscientizar os cristãos para a discrepância entre a religião dos judeus contemporâneos e a dos "judeus bíblicos" visualizada por santo Agostinho.

Os judeus eram cada vez mais obrigados a assistir sermões dos mendicantes para compreender o erro do caminho que haviam escolhido. Jaime I de Aragão o ordenou através de lei em 1242, Luís IX da França em 1263 e Eduardo I da Inglaterra em 1280. Em 1278, o papa Nicolau III tornou formalmente a pregação e o trabalho missionário entre os judeus parte do apostolado tanto da ordem dominicana quanto da franciscana. Mas Pedro IV de Aragão achou necessário censurar dominicanos e franciscanos por proferirem sermões antijudaicos tão incendiários que levaram a assassinatos de judeus e à destruição de sua propriedade. Filipe IV por três vezes advertiu seus intendentes e senescais para não cooperarem com os inquisidores mendicantes que buscassem dar tratamento ilegal aos judeus. Onde quer que estivessem, os frades intrometiam-se na vida religiosa dos judeus, queimando livros, invadindo sinagogas e utilizando o medo para induzir os judeus à conversão.

Um círculo de eminentes polemistas antijudaicos se reuniu em torno de são Raimundo de Penaforte (*c.* 1175-1275), dominicano espanhol, mestre-geral e conselheiro de Gregório IX. Eles desenvolveram acusações de heresia contra os judeus e exigiram sua eliminação através da conversão. Dentre eles estava o catalão Raimundo Martini, que produziu a mais completa exposição sobre a atitude dos mendicantes em relação aos judeus em seu livro *Pugio Fidei* (O punhal da fé, *c.* 1280). Ele argumentava que a observância judaica contemporânea dos mandamentos de Moisés era inerentemente degenerativa, imprópria e herética. Pablo Christiani, um judeu convertido e frade dominicano, devotou sua vida à conversão de seus antigos correligionários, empreendeu extensas missões de pregação em Aragão e argumentou de maneira sistemática que a heresia era inerente às práticas judaicas correntes. Raimundo Lúlio, um terceiro franciscano, escreveu *O livro da pregação contra os judeus* (1305) para uso dos missionários, estabelecendo os argumentos para refutar a falta de crença dos judeus na Trindade e na Encarnação e esclarecendo as "interpretações errôneas" dos judeus dos mandamentos de Moisés. Segundo Lúlio, havia somente duas opções: conversão ou expulsão. O judeu não tinha lugar na sociedade cristã.

Não eram somente os eruditos polemistas que expunham estas opiniões, mas também os sermões populares. Por exemplo, o aclamado pregador franciscano Bertoldo de Regensburgo (morto em 1272), que viajou através da Europa pregando desde a década de 1240 até a de 1270, e que atraía grandes audiências, apresentava a mesma mensagem básica com imagens e linguagem acessíveis. Ele atacou agressivamente os judeus, equiparando constantemente judeus, pagãos e hereges em sua sabotagem da doutrina cristã e da cristandade: "Vós judeus, vós pagãos, vós hereges (...) vós dizeis tudo que é contra a doutrina cristã, assim como vosso senhor, o Diabo." Rejeitava os ensinamentos rabínicos medievais como um afastamento do judaísmo bíblico, denunciava o Talmude como "completamente herético" e se queixava do solapamento da moralidade cristã pela usura praticada pelos homens judeus e pela indumentária imodesta das mulheres judias. As denúncias de são Vicente Ferrer (1350-1419) e de são João de Capistrano (1386-1456) contra os judeus eram tão repetidas e ferozes que ambos ganharam o apelido de "flagelo dos judeus".

A imputação de heresia trouxe os judeus para o raio de ação da Inquisição. A Inquisição não tinha *per se* jurisdição sobre os judeus, mas teve sobre aqueles judeus que promoviam as idéias heréticas e que ajudavam hereges, sobre os judeus convertidos ao cristianismo que cometiam deslizes e sobre os cristãos que se convertiam ao judaísmo. Em 1267, o papa Inocêncio III editou uma bula ordenando que a Inquisição procedesse contra os cristãos que se tinham convertido e contra os judeus que os haviam convertido. Esta bula foi publicada novamente em 1274, 1288 e 1290.

Existia ainda no período central da Idade Média um grande medo dos poderes proselitistas dos judeus, e há algumas evidências de que os cristãos medievais podiam achar o judaísmo atraente. Segundo Friedrich Heer, havia cônegos que eram atraídos pelo judaísmo, que encontravam no Deus do Antigo Testamento uma aproximação mais acertada de sua própria idéia de divindade. Em 1270, dois cristãos convertidos ao judaísmo foram mortos em Weissenberg, na Alsácia, sendo um deles prior de uma ordem de mendicantes. Mas só sabemos sobre indivíduos isolados, e não há certamente evidências de conversões em massa de populações inteiras. Mas uma tal perspectiva era temida. O núncio papal no Concílio de Breslau, em 1267, deu voz a este medo:

> Visto que os polacos são a nova semeadura no solo da cristandade, nós precisamos estar continuamente em guarda, a fim de que a população cristã daqui, onde a religião cristã ainda não fixou raízes profundas no coração dos fiéis, não sucumba à influência da fé falsificada e dos maus hábitos dos judeus que vivem em seu seio.

O papado medieval continuou a advogar oficialmente a proteção aos judeus, mas somente àqueles judeus que se conformavam ao conceito agostiniano de "defensores do Antigo Testamento", e esta proteção era cada vez mais ineficaz. Os frades estavam mais próximos da opinião popular em formação, e seus sermões de agitação demagógica acompanhavam as mudanças nas representações artísticas e populares do judeu e a maré montante de violência contra eles.

OS JUDEUS E AS AUTORIDADES SECULARES

Os principais centros de colonização judaica no período central da Idade Média eram Espanha, França e Renânia. Havia mais de 200 comunidades judaicas no reino da França. Na Inglaterra, havia cerca de 3.000 judeus; havia ainda uns poucos na Itália setentrional. Mas a vulnerabilidade dos judeus ao ataque, tão cruelmente evidenciada pelos massacres que começaram no final do século XI, levou a um novo desenvolvimento, no século XII, da idéia de judeus "pertencentes" a governantes cristãos. Cartas que definiam os direitos e o papel dos judeus e asseguravam sua proteção foram outorgadas por reis, condes e bispos. Em troca, os judeus pagavam, e, é claro, uma das principais motivações para as ações das autoridades era explorar a riqueza judaica. Na Inglaterra, o rei "era proprietário" de todos os judeus. Na França, o rei "era proprietário" somente dos que estavam nos domínios da coroa; em qualquer outro lugar, os barões "eram proprietários" dos judeus. O imperador alemão reivindicou a jurisdição definitiva sobre os judeus que residiam em seu território, mas freqüentemente cedeu a outros este direito em função de sua necessidade de dinheiro. Deste modo, os judeus podiam ser comprados, vendidos, penhorados e trocados como qualquer outra propriedade. O termo "servidão judaica" apareceu pela primeira vez em decretos da década de 1230 e efetivamente resume sua posição.

Paradoxalmente, este *status* era compatível com o fato de serem cidadãos livres das municipalidades, o que muitos eram. Mesmo assim, os judeus não podiam ocupar cargo público municipal e eram submetidos a impostos especiais para judeus, ainda que desfrutassem de autonomia comunal. Eles se assemelhavam a mais uma dentre as numerosas corporações que existiam no seio da estrutura corporativa da sociedade medieval. Contudo, sua posição legal se deteriorou gradualmente em todos os países, à medida que o peso do preconceito aumentou.

Num primeiro momento, a outorga de cartas de direitos aos judeus foi positiva e esclarecida. Em 1084, de modo a promover o desenvolvimento econômico da cidade, o bispo Rudiger de Speyer convidou os judeus, tendo em vista a formação de uma comunidade de mercadores engajados no comércio local ou geral, com suas próprias leis e costumes e a possibilidade de empregar cristãos. Além disso, num claro reconhecimento da vulnerabilidade dos judeus, foi garantida a proteção em relação à comunidade majoritária e um bairro murado para morarem. A carta de Speyer foi confirmada seis anos depois pelo imperador Henrique IV, que publicou uma carta semelhante para os judeus de Worms. Em 1236, o imperador Frederico II aplicou a proteção a toda a Alemanha, garantindo liberdade de culto, deslocamento, disponibilidade de propriedades e a proteção contra constrangimentos ilegais e contra a conversão forçada de seus escravos e crianças ao cristianismo.

Mas, entre os séculos XIII e XV, o controle sobre os judeus da Alemanha se deslocou gradualmente das mãos da coroa para a dos vários príncipes e cidades. A Peste Negra levou a extensos massacres, com a aniquilação, no Sacro Império Romano, de aproximadamente 300 comunidades judaicas. Tão essenciais eram os judeus, em sua atividade de emprestadores de dinheiro, para a condução dos negócios, que foram readmitidos na década de 1350 em Erfurt, Ulm, Nuremberg, Worms, Speyer e Trèves. Mas eles se tornaram joguetes na disputa de poder das cidades-Estado, disputa esta agravada pela luta de classes entre patrícios e artesãos e envenenada pelo fluxo contínuo de propaganda antijudaica. Assim, as expulsões começaram novamente, e os judeus deixaram a Saxônia (1432), Speyer (1435), Mainz (1438), Augsburgo (1439), Würzburgo (1453), Brünn e Olmütz (1457), Salzburgo e Württemberg (1498) e Ulm (1499).

Na Inglaterra, os cartas judaicas foram outorgadas pelos reis Henrique I, Ricardo I e João. Estas cartas, como aquelas dos governantes alemães, visavam a formação de uma comunidade de mercadores. Mas também — significativamente — reconheciam as necessidades especiais de uma classe devotada ao empréstimo de dinheiro. Ricardo I garantiu a liberdade de residência, liberdade de passagem, o direito de possuir e herdar terras, empréstimos e propriedades, e direitos judiciais. Na Inglaterra, os judeus passaram a ser exclusivamente identificados com a atividade de empréstimo de dinheiro e eram sistematicamente explorados pela coroa. Mas a hostilidade contra eles cresceu, e, em 1290, Eduardo I os expulsou; os judeus não retornaram à Inglaterra até a instauração do protetorado de Oliver Cromwell.

Na França, parece que pouco foi feito para regulamentar os privilégios legais e comunais dos judeus antes que a hostilidade popular atingisse um ponto no qual foi necessário tomar medidas no sentido de preservá-los como uma fonte de lucro. As comunidades judaicas da França setentrional eram pequenas, coesas, disciplinadas internamente, criativas intelectualmente e economicamente prósperas. Seus membros tendiam a viver em ruas ou bairros separados e, no século XII, elas floresceram, beneficiando-se da revitalização econômica.

Os judeus sofreram danos durante as convulsões sociais que acompanharam as Primeira e Segunda Cruzadas. Mas sua posição começou a se deteriorar seriamente depois da ascensão do rei Filipe Augusto. Filipe inaugurou um padrão de expulsão e readmissão dos judeus que servia a um duplo propósito. O padrão demonstrava a liderança moral da coroa, ao reagir ao ódio popular contra as atividades de empréstimo de dinheiro dos judeus, e servia para encher os cofres reais. Em 1180, Filipe prendeu todos os judeus residentes em seu reino e forçou-os a pagar um resgate de 15.000 marcos de prata por sua liberdade. Em 1182, ele os expulsou e tomou sua propriedade. Mas em 1198, Filipe Augusto readmitiu os judeus, criando um departamento de tesouraria para supervisionar suas atividades de empréstimo de dinheiro e concluindo tratados com os condes da Champagne, Saint Paul e Nevers, de modo a assegurar o retorno forçado dos judeus exilados que tivessem fixado moradia nessas províncias vizinhas.

A primeira das cartas é a de 1315, outorgada pelo rei Luís X, quando autorizou os judeus a retornar em seguida à sua expulsão de 1306, a qual havia sido realizada por Filipe IV com o intuito de ajudar a combater a bancarrota. Os judeus deveriam retornar por doze anos, se instalar em qualquer das áreas onde antes tivessem existido comunidades judaicas, praticar seu culto e administrar eles mesmos seus negócios, mas não praticar a usura. Mesmo assim, a pressão popular no sentido de que reassumissem suas atividades de empréstimo de dinheiro era tão forte que, dois anos mais tarde, o rei Filipe V permitiu novamente a atividade. Mas, em 1322, os judeus foram novamente expulsos, depois de sua implicação na "Conspiração dos Leprosos" para envenenar os poços da França. Em 1360, foram readmitidos, principalmente para ajudar no pagamento do enorme resgate exigido pela Inglaterra para libertar o rei cativo, João II. Prometeram-lhes proteção e segurança, mas, em 1394, foram novamente expulsos, desta vez para sempre.

Nos reinos espanhóis, as cartas transformaram os judeus em propriedade da coroa. Eles tinham permissão para emprestar dinheiro e desfrutavam de igualdade legal. Mesmo assim, os governantes espanhóis cristãos recebiam constantes petições para restringir ou abolir os direitos garantidos aos judeus. Houve massacres generalizados em 1391, instigados pelo arquidiácono Ferrant Martinez de Sevilha, que denunciou os judeus por sua usura e fez apelo ao sentimento nacional espanhol contra este grupo estrangeiro. Muitos se converteram; muitos mais foram chacinados. Em 1492, o rei Fernando e a rainha Isabel de Espanha, sucumbindo à pressão e sem dúvida capitalizando o preconceito popular, expulsaram os judeus da Espanha. Esta expulsão foi seguida por sua expulsão também de Portugal em 1497.

Durante um bom período na Idade Média, os judeus puderam confiar nas autoridades seculares, ansiosas por manter o controle sobre eles e sobre sua riqueza, para poderem se manter fora dos tribunais eclesiásticos e, mais tarde, longe do alcance da Inquisição, e para se proteger do batismo forçado. Mas, no final do século XV, o valor financeiro dos judeus já tinha sido drasticamente reduzido em função da série de massacres, expulsões e espoliações. Além disso, a onda de sentimento antijudaico, alimentada por rumores, difamações, calúnias e caricaturas, fez com que defendê-los se tornasse politicamente perigoso.

OS JUDEUS E A CULTURA POPULAR

O processo através do qual a palavra "judeu" tornou-se um termo ofensivo pode ser traçado na vasta literatura popular da Idade Média — peças de mistério, milagre e moralidade, lendas e crônicas, poemas e contos folclóricos. Todas estas formas literárias contribuíram para o desenvolvimento da imagem do judeu como "o inimigo inveterado da espécie humana". Ressentimento econômico e xenofobia à parte, a base para o sentimento antijudaico cristão reside na crescente aceitação das teorias de conspiração diabólica. Exatamente da mesma maneira como os hereges eram acusados de ser bruxos, os judeus eram crescentemente acusados de traficar com o Diabo. Uma história popular e muito repetida era a de Theophilus, um arquidiácono caído em desgraça que, dizia-se, havia tentado contatar o Diabo através de intermediários judeus. Um dos primeiros desenhos de um judeu, no Forest Roll de Essex de 1277, ostentava a inscrição "Aarão, filho do Diabo". Com caricatos narizes aduncos, sinistros e traiçoeiros, os judeus eram retratados como causadores da eliminação de Cristo nas representações teatrais da Paixão. Essas manifestações levaram a uma visão cumulativa que produziu a imagem resumida por Shakespeare na sua peça *O mercador de Veneza*: "O judeu é a própria encarnação do Diabo."

No seu estudo definitivo *The Devil and the Jews*, Joshua Trachtenberg traça o crescimento do estereótipo do judeu demoníaco. Este estereótipo deriva de várias fontes. Havia a lenda do Anticristo. Os teólogos do período final da Idade Média argumentavam que, posto que o Messias havia chegado na pessoa de Jesus Cristo, o Messias que os judeus continuavam esperando teria necessariamente que ser o Anticristo. Tanto santo Tomás de Aquino quanto santo Alberto Magno concordaram que ele devia ser judeu, nascido na Babilônia, e que persuadiria os judeus de que era o Messias, estabeleceria seu domínio e acabaria por ser derrubado pelo arcanjo Miguel, enviado por Cristo. A lenda popular adornava a história com detalhes que a tornavam paralela à história da vida de Cristo. Assim, o Anticristo é transformado no filho da união entre o Diabo e uma prostituta judia; cresce na Galiléia, é educado por feiticeiros e iniciado na magia negra; adquire poder e governa por três anos e meio (período que se pensava ter sido o da duração do ministério de Cristo), sustentado por sua magia, sua força e pelo terror, antes de ser destruído pelo arcanjo. Peças, historietas e gravuras retratavam os judeus como seguidores do Anticristo. Eram freqüentemente apresentados portando a marca da infâmia e o chapéu pontudo dos judeus. R.K. Emmerson, em seu estudo sobre o Anticristo na Idade Média, observa que "uma das crenças mais difundidas sobre o Anticristo é a de que ele nascerá judeu". Argumentava-se que uma horda secreta de judeus no Oriente esperava o sinal para se espalhar sobre a cristandade e aniquilá-la. Rumores sobre o nascimento do Anticristo tornaram-se cada vez mais freqüentes depois do século XIII e mantiveram a Europa em suspenso.

Uma idéia incorporada era a de judeus que tinham chifres e caudas. A versão Vulgata da Bíblia traduziu erroneamente o hebraico de Êxodo 34 vv. 29, 35, de tal modo que "viam que a pele de seu rosto resplandecia" tornou-se "sua cara tinha chifres". Pinturas e talhas de judeus os mostravam com chifres, e os chifrudos judeus eram, é claro, imediatamente associados ao Diabo chifrudo. Filipe III da França obrigou os judeus a costurar uma figura de chifres à marca costumeira dos judeus. Outras imagens relacionadas com a figura do Diabo vinculavam-na com a do judeu. Na Idade Média, o bode, símbolo de devassidão, era retratado como o animal favorito do Diabo, e os judeus eram comumente representados montados sobre bodes. Assim como o Diabo tinha um cheiro característico de enxofre e virago, também os judeus, acreditava-se, emitiam um odor desagradável e característico (*foetor judaicus*), em oposição aos santos e homens santos que emitiam o "odor de santidade". O *foetor judaicus* só podia ser removido através do batismo cristão.

Os judeus eram encarados como especialistas da magia desde os tempos antigos, e a magia era cada vez mais associada ao Diabo. Os feitiços hebraicos eram utilizados na magia. Salomão era famoso como um senhor dos demônios e da magia. Importantes obras de bruxaria eram imputadas a judeus: Salomão, Adão, Enoc, Noé, Moisés etc. No folclore, feiticeiros sinistros recebiam nomes judeus ou de sonoridade judaica: Zabulão, Chediaque e Zambri. Quando a propaganda cristã conseguiu vincular a magia à adoração do Diabo, isso contaminou os judeus. Dizia-se que os judeus tinham os olhos do mal, e foi por isso que foram proibidos de testemunhar a coroação do rei Ricardo I na Inglaterra em 1189. As atitudes tradicionais e costumeiras dos judeus eram vistas com suspeita e, algumas vezes, tiveram que ser abandonadas. As práticas de lavar as mãos depois de voltarem dos cemitérios, de jogar um punhado de terra atrás de si depois do funeral, o ritual de purificar fornos em preparação para a Páscoa judaica eram vistas como magia. O *mezuzah*, uma inscrição bíblica fixada no batente da porta, tornou-se objeto de suspeita. Os judeus eram também famosos como médicos; mas isso significava que eram suscetíveis de lançar mão da bruxaria se qualquer coisa saísse mal.

O envenenamento era uma acusação que pesava freqüentemente sobre os médicos judeus, que eram impotentes para refutá-la. Em 1161, na Boêmia, oitenta e seis judeus foram queimados como cúmplices de uma alegada conspiração de médicos judeus para envenenar a população. A faculdade de medicina de Viena relatou que um código privado dos médicos judeus exigia deles que assassinassem um paciente em dez. Em 1246, o Concílio de Béziers proibiu os cristãos de recorrerem aos cuidados médicos dos judeus, "pois é melhor morrer do que dever sua vida a um judeu". Esta injunção foi repetida através dos séculos XIII, XIV e XV, mas foi amplamente ignorada. Mesmo alguns dentre os governantes mais antijudaicos utilizavam com freqüência os serviços de médicos judeus.

Pensava-se que não somente os médicos judeus, mas que todos os judeus eram adeptos do uso de venenos. O judeu como envenenador era uma figura familiar na literatura e nas lendas, culminando com o Barrabás de Christopher Marlowe em *O judeu de Malta* (*c.* 1592). A freqüentemente reiterada legislação secular e eclesiástica que proibia os cristãos de comprar carne e outros alimentos dos judeus era motivada em parte pela suspeita de que pudessem estar envenenados, como afirmaram explicitamente os concílios de Viena e Breslau, em 1261, e os estatutos de Valladolid de 1412. Uma suspeita popular presumia que os judeus obrigavam suas crianças a urinar sobre a carne antes de vendê-la para cristãos. O medo do envenenamento era parte de um crescente e mais generalizado horror à poluição. Passou-se a pensar que tudo em que os judeus tocavam estava contaminado e, já no século XIV, este sentimento chegou a um ponto em que as cidades de Avignon e Bolzano decretaram que os judeus deveriam comprar tudo aquilo que tocavam.

Dada a situação geral de alimentos estragados, de águas contaminadas e de higiene deficiente, situação essa exacerbada pela fome e pela escassez, não é de se estranhar que ocorressem ondas de histeria que atribuíssem as epidemias locais ao envenenamento das fontes de água. As acusações surgiram de pronto. Vinte e sete judeus foram executados por envenenamento das nascentes em Troppau, na Boêmia, em 1163. Acusações semelhantes foram feitas em Breslau em 1226 e em Viena em 1267. Houve um caso espetacular em 1321, quando os judeus foram acusados de cooperar com leprosos e muçulmanos numa conspiração para envenenar todos os poços da França. Isto aconteceu num contexto de fome prolongada e devastação causada pela "Cruzada dos Pastores", cujos participantes tinham destruído 120 comunidades judaicas em seu avanço violento através da França. A "Conspiração dos Leprosos" levou o Parlamento de Paris a exigir dos judeus uma gigantesca multa de 150.000 *livres*, judeus esses que foram subseqüentemente expulsos *en masse* pelo rei Carlos IV, mas não antes que 160 deles tivessem sido queimados em Chinon e 40 cometido suicídio na Champagne.

Mas esta era somente uma prévia da histeria antijudaica do período da Peste Negra. A catástrofe era tão grande que uma busca de bodes expiatórios começou imediatamente. O cirurgião francês Gui de Chauliac, que combateu a peste em Avignon, observou:

> Em alguns lugares mataram os judeus, pois acreditava-se que eles tinham envenenado o mundo; em outros obrigaram os indigentes deformados a partir; em outros expulsaram os nobres. As coisas chegaram finalmente a um ponto em que guardas eram postados de modo a zelar para que ninguém que não fosse bem conhecido entrasse na cidade ou povoado. E, se encontrassem alguém que transportasse poções médicas, o obrigavam a engoli-las para provar que não estavam envenenadas.

Mas os bodes expiatórios mais comuns eram de longe os judeus. O movimento antijudaico começou em Chillon, no lago de Genebra, onde um cirurgião judeu asseverou que vários judeus no sul da França tinham preparado venenos a partir de corações de cristãos, juntamente com aranhas, sapos, lagartos, carne humana e hóstias consagradas, e distribuído sua poção para ser depositada em fontes e riachos desde Toulouse até a Calábria. A história se espalhou, e conspirações similares foram "desmascaradas" em toda a parte. Uma delas envolvia um plano para envenenar todos os mananciais desde Dassel na Westfália até Lübeck e, além, na Prússia, Livônia e Suécia. Judeus foram presos e torturados para confessar sua cumplicidade. Como se não bastasse, os flagelantes contribuíram para a miséria dos judeus através do incentivo regular aos habitantes dos burgos e cidades para exterminar os judeus como parte de uma estratégia para aplacar a ira divina, de modo a evitar a peste.

Na Basiléia, os judeus foram cercados, conduzidos para uma ilha no Reno e queimados vivos. Todos os 2.000 judeus de Estrasburgo foram queimados em fevereiro de 1349. Na primavera de 1349, as grandes colônias judaicas de Frankfurt, Mainz e Colônia foram dizimadas. *Pogroms* semelhantes ocorreram em Bruxelas, Stuttgart, Freiburg, Ulm, Gotha, Dresden, Worms, Baden, Erfurt e Speyer. No momento em que a fúria dos habitantes da Renânia arrefecia, ela irrompia novamente no litoral do Báltico, à medida que a peste atingia as cidades hanseáticas, e os massacres de judeus continuaram. Segundo Philip Ziegler, já em 1351, 60 dentre as maiores e 150 dentre as menores comunidades judaicas tinham sido eliminadas, e mais de 350 massacres separados tinham ocorrido. Tudo isto se deu a despeito do fato de que as faculdades de medicina das Universidades de Paris e de Montpellier terem declarado os judeus inocentes de causarem a peste, e do papa Clemente VI ter editado uma bula negando a culpa dos judeus e instando o clero a proteger suas comunidades judaicas locais, como ele próprio tinha feito com sucesso no enclave papal de Avignon.

Mesmo depois da Peste Negra, os judeus foram acusados de envenenar mananciais em Halle (1382), Magdeburgo (1384), Durkheim e Colmar (1397), e Freiburg (1401). O papa Martinho V publicou, em 1422, uma bula papal proibindo a disseminação de histórias de envenenamento de nascentes por parte de "todos os pregadores clericais ou leigos, qualquer que fosse seu posto, escalão, ordem, religião ou circunstância". Mas as acusações de envenenamento continuaram (1448, 1472, 1475).

Acreditava-se que os judeus eram capazes de atos ainda mais blasfemos e maldosos, que violavam os princípios básicos da cristandade. Um deles era a profanação da hóstia. A transubstanciação foi estabelecida como uma doutrina da Igreja pelo Quarto Concílio Lateranense de 1215, e foi depois disso que a idéia da profanação da hóstia pelos judeus se desenvolveu. A primeira ocorrência de profanação da hóstia se deu nas proximidades de Berlim, em 1243. Em conseqüência, todos os judeus locais foram queimados. Estas acusações não se tornaram comuns até o final do século, mas, a partir de então, continuaram por 200 anos. A última ocorrência séria na Europa ocidental se deu em Berlim, em 1510, ocasião em que vinte e oito judeus foram executados.

As acusações surgiram principalmente na Alemanha e na Áustria, e, mais raramente, na França e na Holanda. Supunha-se que o objetivo por trás da profanação da hóstia era encenar uma repetição da crucificação, perfurando a obreia com facas e pregos; a finalidade era demonstrar que o Cristo não estava presente nela e, assim, solapar a fé cristã; ou ainda utilizar este gesto como parte de um ritual de bruxaria, ou de oferenda ao Diabo. A alegada descoberta de obreias ensangüentadas (por exemplo, em Wilsnack) parecia confirmar tanto a transubstanciação quanto a infâmia judaica. Não é necessário dizer que hóstias "ensangüentadas" eram forjadas com relativa freqüência por cristãos para fomentar o conflito. Apóstatas judeus tinham freqüentemente um papel na instigação destes incidentes. Em 1338, diversas comunidades judaicas da Baixa Áustria e da Morávia foram exterminadas, quando uma hóstia "ensangüentada" foi encontrada na casa de um judeu. Mas investigações realizadas pelo duque Alberto da Áustria revelaram que ela havia sido colocada ali por um cristão. Os judeus eram igualmente acusados de despedaçar, cuspir, apedrejar ou, de algum outro modo, corromper crucifixos e imagens sagradas. Uma história comum era a de que os judeus jogavam estes objetos sagrados nas latrinas. Estas histórias resultavam freqüentemente em violência. Uma alegada profanação da hóstia por judeus de Rottlingen, na primavera de 1298, detonou a violência antijudaica em 146 comunidades.

Mas a mais duradoura, mais notória e mais danosa das acusações contra os judeus foi a de assassinatos rituais. Esta alegação ocorreu pela primeira vez no século XII. Em 1144, depois que um menino, Guilherme de Norwich, desapareceu, um judeu convertido, Teobaldo de Cantuária, surgiu em cena para dizer que os judeus eram obrigados a crucificar uma criança cristã anualmente, na Páscoa, e num lugar escolhido por uma conferência anual de rabinos. Quando a criança foi achada morta, houve uma explosão de violência contra os judeus. O túmulo da criança tornou-se um lugar de peregrinação, e o menino foi canonizado.

Histórias de assassinatos de crianças cristãs por judeus tornaram-se, então, uma ocorrência sistemática, e acusações semelhantes foram feitas em Gloucester em 1168, em Blois em 1171, em Bury St. Edmunds em 1181, em Pontoise, Braisne e Saragoça em 1182, em Winchester em 1192 e em Lincoln em 1255. Não houve julgamento em nenhuma destas ocasiões. Mas as histórias tinham credibilidade, tornaram-se parte do folclore popular e, geralmente, eram acompanhadas por manifestações de violência contra judeus. Por exemplo, trinta e oito judeus foram mortos na fogueira em Blois. A primeira acusação de assassinato de criança na Alemanha ocorreu em Lauda, em 1235, e, depois disso, aconteceram regularmente com resultados terríveis. Em 1285, os judeus de Munique foram acusados de assassinar uma criança cristã, e a turba forçou-os a se refugiar numa sinagoga, a qual incendiou. Sessenta e oito judeus pereceram.

O caso mais famoso foi o de Hugo de Lincoln, um garoto encontrado morto numa fossa sanitária. Afirmou-se que ele havia sido engordado durante dez dias, antes de ser crucificado diante de todos os judeus da Inglaterra. Uma centena de judeus foi presa; dezenove foram enforcados sem julgamento, mas o restante foi solto quando Ricardo, conde da Cornualha, que tinha todos os judeus da Inglaterra sob hipoteca, interveio em favor deles. Aproximadamente na mesma época, o elemento do sangue foi introduzido: a idéia de que o sangue de crianças cristãs era necessário para as cerimônias judaicas. Isso se manifestou primeiramente em 1235. A recorrência desse tipo de acusação levou o imperador Frederico II a criar uma comissão de intelectuais para investigar a verdade das histórias. A comissão rejeitou sua veracidade, e o próprio imperador, em 1236, inocentou os judeus de tais acusações. O papa Inocêncio IV publicou uma bula em 1247 denunciando as histórias de judeus envolvidos em assassinatos de crianças e na utilização de seu sangue e, em 1271, o papa Gregório X proibiu o clero de promover tais idéias. Mas estas intervenções não funcionaram, e durante toda a Idade Média o clero denunciou os judeus por seu envolvimento em assassinatos rituais.

Em 1475, o importante pregador Fra Bernardino da Feltre proferiu os sermões da Quaresma em Trento, na Itália setentrional, denunciando assassinatos rituais perpetrados por judeus. Na Quinta-Feira Santa, um menino de dois anos de idade, Simão, desapareceu. Residências judaicas foram revistadas e, quando o corpo da criança foi achado boiando num rio, judeus foram presos e torturados. Os membros proeminentes da comunidade foram mortos, e os demais expulsos. Acreditava-se que o corpo desta criança era capaz de fazer milagres, e os habitantes locais passaram a reverenciá-lo como a um santo. Embora o papa tivesse proibido isso, a pressão dos fiéis foi tão forte que Simão de Trento acabou por ser beatificado.

Imagens de Simão e panfletos que falavam sobre seu assassinato e seus milagres circulavam amplamente, e sermões sobre ele foram proferidos em toda a parte. Ainda que o governo de Veneza e o duque de Ferrara proibissem tais sermões e tivessem colocado os judeus sob sua proteção, Bernardino continuou a pregar sua mensagem envenenada, e teve sucesso ao ocasionar a expulsão dos judeus de Perúgia, Bréscia e Gubbio, assim como ao inspirar tumultos contra judeus em Florença e em Forli, e o incêndio da sinagoga de Ravena. Esta acusação constante de "violação da inocência" foi um dos mais pesados fardos que os judeus tiveram que suportar. Pois ela completou sua satanização, equiparando-os a hereges e bruxas, como monstros capazes de perpetrar, a sangue-frio, os crimes mais hediondos e revoltantes.

SEGREGAÇÃO

A percepção cristã do perigo judaico, "o inimigo interno", pode ser encontrada no desejo de identificá-los e isolá-los, atitudes que se tornaram estratégias predominantes em relação aos judeus a partir do século XIII. As proibições de casamentos mistos ou de prática sexual inter-racial foram reforçadas. Sem dúvida, já há muito havia uma aversão por essas práticas. Os casamentos mistos já haviam sido proibidos pelos códigos de leis de Teodósio e de Justiniano. A proibição foi renovada em muitos códigos de leis da Idade Média, mas com tal ferocidade que é difícil encará-la somente como resultante do temor do proselitismo judaico em relação aos cristãos. De modo suspeito, estas proibições se parecem com o tipo de temor sexual que os racistas brancos sentem em relação aos negros — a idéia de conspurcação e também a inveja da potência sexual. Acontece que os judeus se opunham igualmente aos casamentos mistos, mas muitos dentre eles tinham concubinas cristãs. O rei João I de Aragão (1387-95) prescreveu a pena de morte para as relações sexuais entre judeus e cristãos, e o código de leis inglês do século XIII, *Fleta*, declarava: "Cristãos apóstatas, bruxos e outros desta mesma laia devem ser arrastados e queimados. Aqueles que coabitam com judeus e judias e aqueles que se dedicam à bestialidade e à sodomia devem ser queimados vivos." Isso equiparava claramente o sexo inter-racial ao mais sério dos crimes sexuais. A postura nunca era inequívoca, e uma complexa combinação de sexo, classe e gênero pode por vezes ser vista atuando nestas regulamentações. Em 1420, a cidade de Pádua decretou, para a prática do sexo inter-racial, um leque de penalidades que iam desde o açoitamento até a morte, dependendo do judeu ter tido relações com uma prostituta ou com uma senhora casada de bom nível social; a distinção de classe moderava, neste caso, o preconceito racial. Mas para um homem cristão que praticasse o sexo com uma judia, a pena era somente de açoitamento e prisão ou multa. Neste caso, a desigualdade entre os sexos mitigava a questão racial.

O papado estava igualmente preocupado com os aspectos sexuais das relações judaico-cristãs. Esta foi a justificativa específica que foi dada para a imposição de roupas distintivas para os judeus no Concílio Lateranense de 1215:

> Em algumas províncias da Igreja, uma diversidade de maneiras de vestir distingue judeus ou sarracenos dos cristãos, mas em certas outras, insinuou-se uma tal confusão que nenhuma diferença é perceptível. Daí algumas vezes acontecer que, por erro, cristãos tenham relações com mulheres judias ou sarracenas, e judeus e sarracenos com mulheres cristãs. Doravante, a fim de evitar que estes (infratores) apresentem a desculpa de tal engano para dissimular o pecado desta relação condenada, decretamos que estas pessoas de qualquer dos sexos sejam distinguidas das outras pelo tipo de roupa usada em público, em todas as províncias cristãs, a qualquer momento.

Numa carta a Filipe Augusto em 1205, o papa Inocêncio III denunciou as "abominações" que supostamente ocorriam entre empregadores judeus e as amas-secas cristãs; o temor repercutiu na decisão da cidade de Regensburgo, em 1393, de proibir os judeus de manter amas-secas cristãs de menos de cinqüenta anos de idade.

Sempre houve, desde os tempos de Roma, acusações de devassidão contra os judeus. São João Crisóstomo (*c.* 347-407) havia denunciado as práticas "obscenas" dos judeus e equiparado as sinagogas a bordéis. Na Europa ocidental, os judeus eram sistematicamente proibidos de freqüentar bordéis. Em 1289, o conde Carlos de Anjou justificou a expulsão dos judeus de Anjou e do Maine com a acusação de subversão dos cristãos e de redução das pessoas à pobreza por intermédio da usura. Mas também acrescentou: "O que é mais terrível de aceitar é que eles maldosamente coabitam com muitas donzelas cristãs." Foi por causa de sua "notória promiscuidade sexual" que, em 1317, o rei Filipe V ordenou que os judeus usassem marcas que os distinguissem dos cristãos.

O meio mais efetivo de segregação era o gueto. O termo deriva de uma área à qual foram confinados, por decisão do senado veneziano, os judeus de Veneza em 1516. É verdade que a separação dos bairros onde moram os judeus já tinha uma longa história, embora seu propósito — nas cidades cristãs espanholas, por exemplo — fosse mais proteger do que segregar os judeus. Os muros tornaram-se certamente necessários em torno das áreas judaicas depois dos massacres que acompanharam a Primeira Cruzada.

Entretanto, o papado estava ansioso para assegurar a segregação dos judeus e evitar que eles "contaminassem" os cristãos. Em 1179, o Concílio Lateranense ordenou que, em todo o Ocidente, os cristãos que vivessem com judeus deveriam ser excomungados, pois a segregação era exigida. Em 1339, o papa Bento XII queixou-se ao rei Pedro IV de Aragão que a prática ordenada de segregação dos judeus e sarracenos em bairros separados havia sido negligenciada nos anos anteriores, e sinagogas e mesquitas estavam sendo construídas em meio a áreas de população cristã. Em 1442, o papa Eugênio IV declarou:

"Os judeus não podem viver entre os cristãos, mas, ao contrário, devem residir entre si mesmos, separados e segregados dos cristãos, no interior de certas distinções ou lugares, fora dos quais não poderiam, em nenhuma hipótese, ter a permissão de possuir casas." Esta passou a ser a política oficial.

Todavia, foi somente depois de 1391 que se sucederam esforços sistemáticos para estabelecer guetos ou bairros de judeus e para excluir os que não eram judeus destas áreas na Espanha. Os reis João II de Castela e Fernando I de Aragão ordenaram, em 1413, que judeus e mouros fossem segregados em bairros cercados por muros, contando somente com um portão, mas esta determinação foi amplamente ignorada. Em outros países medievais, as regulamentações variavam. Os bairros judeus tenderam a se originar de costumes e hábitos mais do que de exigências legais. Os judeus na Inglaterra já tinham um bairro, em Londres, em 1115, mas não existia bairro judeu em York, onde os judeus viviam dispersos na comunidade. Na Alemanha, onde o bairro de Speyer foi estabelecido em 1084 como um privilégio distinto para judeus, a segregação foi cada vez mais reforçada pela sanção legal, particularmente depois de 1348. Em Colônia, em 1330, tumultos antijudaicos forçaram os anciãos da cidade a cercar o bairro judaico com um muro para sua melhor proteção. Houve poucos protestos das comunidades judaicas relativamente a seu confinamento em setores judaicos, pois isso servia para protegê-los.

Desde o começo do século XIII, os judeus eram obrigados a vestir roupas distintivas, de modo a evitar que se misturassem livremente com pessoas cristãs. Tal postura foi prescrita pelo Concílio Lateranense de 1215, e equiparou os judeus às prostitutas, aos mouros, aos leprosos e aos hereges arrependidos. Não era especificado que tipo de roupa, mas na França, na Espanha e na Itália, a marca do judeu devia ser um círculo costurado sobre as roupas (a *rouelle*). Esta "marca da infâmia", originária da França, era usada na diocese de Paris antes mesmo do Concílio Lateranense. Desde o Concílio de Narbonne (1227), esta era a marca especificamente exigida pela Igreja. A exigência foi reiterada sistematicamente através dos séculos XIII e XIV, em nove concílios da Igreja entre 1215 e 1370, em nove decretos reais, depois que o rei Luís IX ordenou que tal atitude fosse adotada pelos judeus em 1269, e, progressivamente, nos estatutos municipais de cidades como Avignon, Nice e Marselha.

Na Espanha, a marca judaica foi introduzida pelo rei Jaime I de Aragão, em 1228, e pelo rei Teobaldo de Navarra em 1234. Afonso X de Castela (1252-84) introduziu a obrigação de ostentar a *rouelle* em seu código legal, e impôs uma multa para os que a desrespeitassem. Todavia, a determinação foi amplamente ignorada, e teve que ser reiterada sistematicamente, com multas cada vez mais pesadas por seu não cumprimento.

Na Inglaterra, os judeus foram obrigados em 1218 a portar tarjas de linho costuradas em suas roupas. No reino da Sicília, os judeus foram obrigados a usar roupas distintivas em 1221. Na Alemanha, na Áustria e na Polônia, os judeus usavam tradicionalmente um chapéu cônico (*Judenhut*). Por conseguinte, o Sacro Império Romano relutava em impor a *rouelle*, e o papa Gregório IX queixou-se disso numa carta aos bispos alemães. Mas, no século XV, houve uma tentativa articulada para obrigar os judeus a usar a *rouelle*, e aqueles que residiam em Colônia, Augsburgo e Nuremberg foram obrigados a adotá-la.

A marca era comum a ambos os sexos e, normalmente, era usada no peito. A idade em que passava a ser usada variava (com freqüência, logo depois dos dez anos de idade). O material variava (feltro, linho, seda). Havia também variações de cor, mas a mais comum era o amarelo açafrão, cor especificada tanto por são Luís quanto pelo papa Gregório IX. Tratava-se, portanto, da antecessora direta da infame estrela amarela nazista. Houve algumas variações de cor. O rei João II da França mudou a cor para vermelho e branco em 1363. A razão para as mudanças eram freqüentemente relacionadas ao desejo de cobrar uma taxa pela nova *rouelle*. O papado continuou a prescrever o amarelo, como foi ordenado pelos papas Pio II, em 1459, e Alexandre VI, em 1494. A Igreja não recomendava punição para os que não portavam a marca, mas são Luís impôs uma multa de 10 *livres tournoises*, e seus sucessores a fizeram oscilar para cima e para baixo. Indivíduos favorecidos recebiam uma dispensa real especial de porte do distintivo. Mas os judeus eram obrigados a pagar ao tesouro real uma taxa anual por suas *rouelles*, e isto se transformou em mais uma maneira de explorá-los. Rendas extras para as autoridades advinham do pagamento de isenções pelos judeus. Embora os regulamentos fossem freqüentemente ignorados, é claro que a marca fez dos judeus um objeto de hostilidade. Em 1273, os judeus da Provença pleitearam que suas marcas faziam deles objeto de hostilidade, particularmente em viagens, e Carlos de Anjou, governante da Provença, concedeu-lhes uma isenção irrestrita contra o pagamento de uma soma anual. Alfonso X de Castela também concedeu aos judeus uma permissão para viajar sem a marca.

A imposição da "marca da infâmia" não era uniforme, e foi aplicada em diferentes áreas e em diferentes épocas. Havia comparativamente poucos judeus na Itália setentrional até o século XIV, provavelmente em função da crescente hostilidade da classe emergente dos mercadores nos Estados urbanos. Mas, depois da Peste Negra, os judeus deslocaram-se para lá para preencher o vazio provocado no mundo comercial pela devastação da peste e, em alguns casos, para escapar aos massacres histéricos que a população judaica sofria nos demais lugares da Europa, na esteira dos rumores de que tinham causado a peste. Já no começo do século XV, havia 200 comunidades judaicas na Itália setentrional, vinte vezes o número do século XII, povoadas por refugiados da Alemanha e da Áustria e por migrantes da Itália meridional e central. Os judeus passaram a ser parte totalmente integrante da vida urbana italiana, viviam misturados com os cristãos e, em alguns casos, tornaram-se plenamente cidadãos, até mesmo ocupando cargos públicos. Em meados do século XV, os judeus falavam a mesma língua, vestiam as mesmas roupas e viviam em casas semelhantes àquelas dos seus vizinhos cristãos.

Mas as pressões para que se fizessem cumprir os regulamentos de roupas distintivas do Concílio Lateranense começou a crescer na Itália por influência dos frades. Seus sermões de agitação demagógica criaram uma atmosfera de sentimento antijudaico. A campanha do inquisidor-geral dominicano Fra Bartolomeu de Áquila já tinha provocado, em 1292, a destruição do bairro judeu da Apúlia, em função das fugas em massa, massacres ou conversão forçada. São Bernardino de Siena e os franciscanos retomavam sempre a temática judaica em seus sermões no século XV. Eles condenavam sistematicamente a mistura de judeus e cristãos, relacionando a impureza dos judeus à impureza da vida da cidade, e insistiam continuamente na imposição da marca e na introdução da segregação. São Bernardino confessava que, embora pudesse conversar alegremente com ladrões e assassinos, não poderia obrigar-se a comer ou beber com judeus. "Como amor genérico, podemos amá-los, mas em termos de amor específico, não podemos." Foi devido à influência direta dos franciscanos que a marca para os judeus foi introduzida nas cidades italianas no século XV: Ancona em 1427, Pádua em 1430, Perúgia em 1432, Florença e Siena em 1439 e Assis em 1452. Tratava-se geralmente de um círculo de cor vermelha ou amarela.

O círculo só era ostentado por homens judeus. Diane Owen Hughes demonstrou que o uso de uma argola na orelha era a imposição equivalente para as judias da Itália setentrional, o que as assinalava como estrangeiras exóticas. No período inicial da Idade Média, brincos eram igualmente utilizados por aristocratas e plebeus. Mas, já no século XII, eles haviam sido em grande parte abandonados. O frade franciscano Giacomo della Marca disse que os brincos eram jóias que "mulheres judias portavam em vez da circuncisão, de modo a poderem se distinguir de outras mulheres." O brinco também possibilitava à retórica franciscana identificar os judeus à vaidade e à concupiscência, particularmente num tempo em que as leis suntuárias restringiam a quantidade de enfeites que as mulheres cristãs podiam utilizar.

Havia também uma outra identificação que podia ser feita — entre mulheres judias e prostitutas. No século XIV, as prostitutas de Siena e Florença eram instruídas no sentido de usar guizos em seus chapéus, marcando-as igualmente como exóticas. Em 1499, uma mulher judia em Recanti foi forçada a usar a mesma faixa amarela de linho em torno da cabeça que as prostitutas de Pisa foram condenadas a usar no século XIV, e as bolonhesas no século XVI. Em 1494, Bréscia expulsou os judeus com a seguinte declaração:

> Embora a Igreja cristã possa tolerar os judeus, de modo algum ela decretou que devessem ser tolerados em Bréscia; eles devem ser tratados como prostitutas públicas, que, por sua imundície, são toleradas (somente) enquanto viverem num *bordello*; mesmo assim, estes judeus deveriam levar sua vida fedorenta em algum lugar fedorento, separado dos cristãos.

A equiparação dos judeus às meretrizes e a inferência de que as mulheres judias se equivalem às prostitutas é clara. Em sua retórica, os frades vinculavam continuamente todos os males da sociedade italiana aos judeus. Jogo, luxúria e sodomia eram sistemática e severamente criticados pelos frades. A luxúria e o jogo eram relacionados à usura judaica, que os financiava. De modo semelhante, pensava-se que a sodomia era o resultado do adiamento do casamento, atitude que poderia ser atribuída à relutância dos homens em financiar a extravagância feminina, a qual, por sua vez, também era financiada pelos judeus.

CONCLUSÃO

Já em 1500, depois de 400 anos de hostilidade e violência crescentes, os judeus haviam sido eliminados de boa parte da Europa ocidental. Eles foram completamente removidos da Inglaterra, Espanha e França. Dado que a Alemanha e a Itália ainda não estavam unificadas, os judeus conseguiram se manter em algumas áreas: Veneza, Nápoles e nos Estados papais. O Sacro Império Romano nunca os baniu inteiramente, mas as comunidades judaicas sofreram ali explosões regulares de hostilidade popular. Já no final da Idade Média, o grosso da população judaica da Europa havia sido empurrado em direção ao Oriente, para se estabelecer principalmente na Polônia e na Rússia.

Que fator é responsável pela persistente hostilidade em relação aos judeus durante a Idade Média? Em primeiro lugar, havia a preocupação contínua com a iminência do fim dos tempos. As obras de Joaquim de Fiore e um influente *corpus* de autoria ignorada, mas a ele atribuído, infundiram em boa parte da Europa cristã a expectativa de uma transição iminente para a idade final perfeita do espírito, e concentraram a atenção na necessidade de purificar e cristianizar a Europa, em preparação para a Segunda Vinda. Conseqüentemente, a necessidade de converter os judeus tornou-se premente, e desenvolveu-se gradualmente a opinião segundo a qual eles deveriam ser fisicamente removidos da cristandade se não fossem convertidos.

Em segundo lugar, havia a necessidade de encontrar bodes expiatórios para calamidades generalizadas, tais como a Peste Negra, para desastres específicos, como a fome e a quebra de colheitas localizadas, e para a vida de pobreza e subsistência que atingia a muitos na Idade Média. Isso foi vinculado à hostilidade contra os judeus tanto em função de sua atividade de emprestadores de dinheiro quanto por sua riqueza. Quando o biógrafo de Filipe Augusto apresentou as razões pelas quais este último havia expulsado os judeus da França em 1182, mencionou o hábito judaico de sacrificar um cristão na Páscoa, a judaização dos criados cristãos pelos judeus, e a profanação de utensílios sagrados da Igreja, retidos como caução pelos empréstimos: uma combinação de preconceito popular e temor do proselitismo. Mas acrescentou:

> Quando sua permanência se alongou, tornaram-se tão ricos que passaram a reivindicar como sua quase a metade de toda a cidade (...) e tomaram o dinheiro dos cristãos através da usura. E tão pesadamente sobrecarregados estavam os cidadãos, soldados e camponeses nos subúrbios e nas várias cidades e povoados, que muitos foram obrigados a se desfazer de seus pertences. Outros eram mantidos sob juramento nas casas dos judeus em Paris, retidos como se fossem cativos na prisão.

A cobiça por sua riqueza e o rancor por seu sucesso econômico foi um elemento permanente do sentimento antijudaico. Em 1233, o papa Gregório IX, a quem judeus franceses hostilizados haviam apelado, escreveu ao rei Luís IX, ordenando que estendesse sua proteção aos judeus. Eles se tinham queixado de ser oprimidos por vários senhores franceses que "dominando de modo incontrolado e cruel e ansiando por suas propriedades, os torturavam horrivelmente por meio da fome e da sede, pelas privações do encarceramento e por torturas intoleráveis do corpo". Este sentimento existia em quase todos os níveis da sociedade. Os pogromistas de 1336 são descritos como "pessoas afligidas pela pobreza", e fazia-se referência, nos relatos dos *pogroms*, à queima dos livros de contabilidade e dos registros financeiros dos judeus, de tal modo que as informações sobre os débitos incorridos por elementos de todas as classes se perdessem. A hostilidade inicialmente não era universal, e cidadãos de algumas cidades tentaram proteger os judeus contra os ataques. Mas a hostilidade cresceu à medida que crescia a rivalidade entre os mercadores cristãos e os emprestadores de dinheiro, e, na Inglaterra, por exemplo, a permissão para expulsar os judeus de uma série de cidades foi concedida: Bury St. Edmunds em 1190, Leicester em 1231, Newcastle em 1234, Southampton em 1236, Berkhamstead em 1242 e Derby em 1263.

No cerne da difícil situação dos judeus estava a usura, uma atividade a que foram forçados, mas que atraiu para eles interminável ignomínia. A usura, o empréstimo de dinheiro a juros, era um pecado. Isso era claramente afirmado no Levítico 25 vv.25-38 e no Deuteronômio 23 vv.19-21. E foi reforçado por pronunciamentos papais sistemáticos. O papa Urbano III (1185-7), por exemplo, citou Cristo em Lucas 6 v.35: "Emprestai sem esperar nenhuma paga." Inocêncio IV (1243-54) condenou a usura por produzir conseqüências malignas: em termos morais, avareza; em termos sociais, pobreza. Santo Tomás de Aquino declarou que a usura era uma impossibilidade lógica, visto que se vendia uma coisa duas vezes (o dinheiro e o uso do dinheiro). Em 1179, o Concílio Lateranense condenou a prática da usura e sua generalização, e ordenou que os usurários fossem excluídos da comunidade. Rejeitou também suas almas e se recusou a conceder-lhes enterro cristão. Por centenas de anos, a proibição foi reiterada pelos concílios da Igreja. O pecado da usura era comparado ao assassinato, ao perjúrio, à sodomia, ao incesto e ao parricídio. Não era remissível pelo padre local, e necessitava ser encaminhado ao bispo. Em 1275, Alexandre IV publicou uma bula identificando oficialmente a prática da usura com a heresia e colocando-a sob a jurisdição da Inquisição, e, em 1311, o Concílio de Viena declarou que qualquer pessoa que afirmasse que a usura não era pecaminosa era um herege.

Todavia, o crédito era fundamental no emergente mundo comercial e financeiro da Idade Média. As próprias catedrais eram construídas com a utilização de empréstimos, e os judeus se mobilizavam para preencher o vazio deixado pelos cristãos. Eles eram contaminados pelo pecado, mas não eram passíveis de punição por causa dele. O elo entre judeu, usura e heresia estava estabelecido. Já no século XII, os termos "judeu" e "usurário" eram sinônimos e, em 1212, o Concílio de Paris declarou: "Em quase todas as vilas, cidades e aldeias da França, a malícia arraigada do Diabo estabeleceu firmemente sinagogas de usurários e extorsionários." Toda a malícia aí identificada se relacionava com os judeus.

Luís IX da França (1214-70), como parte do programa abrangente de moralização do seu reino, buscou eliminar a usura. Relata-se que teria dito dos judeus: "Que eles abandonem a usura, ou terão que se retirar totalmente de minhas terras para que não sejam por mais tempo poluídas por sua imundície." Em 1235, ele proibiu completamente a prática da usura pelos judeus. Na tarde de sua partida para uma cruzada, em 1248, Luís ordenou o confisco geral de todos os seus fundos, e das obrigações devidas a eles, com o objetivo declarado de restaurar os bens daqueles a quem "os judeus os tinham extorquido em sua depravação usurária". Na grande Reforma Geral de 1254, Luís ordenou que os judeus desistissem da "usura, blasfêmia, magia e necromancia" e que vivessem do pequeno comércio e do trabalho manual, ameaçando expulsar os que desobedecessem. Isso não funcionou, e os judeus continuaram profundamente envolvidos com o empréstimo de dinheiro. Quaisquer que fossem as regras decretadas, os judeus praticaram o empréstimo a juros enquanto este foi necessário. Mas, no século XIII, teólogos dominicanos e franciscanos começaram a desenvolver uma justificativa para a usura e para a realização do lucro em geral, o que possibilitou a participação dos cristãos nestas atividades com menores problemas de consciência. Assim, o predomínio judaico das finanças do empréstimo decaiu, ainda que o legado de ressentimento e de estereótipo econômicos não.

A terceira razão para o aumento do sentimento antijudaico foi o crescimento do nacionalismo medieval, o qual insistia na sua situação de estrangeiros, algo cuja ocorrência pode ser observada, por exemplo, nos reinos da França e da Inglaterra, dos quais os judeus acabaram por ser expulsos. Esse sentimento foi aguçado pela luta contra o islã, que chamou a atenção para os judeus como "aliados dos muçulmanos". O vínculo indubitável entre o sentimento antijudaico e o antiislâmico na Europa ocidental levou Allan e Helen Cutler a afirmar em *The Jew as Ally of the Muslim* (1986) que o antijudaísmo medieval existia "primordialmente em função do antimuçulmanismo". Eles apontam para a associação dos dois grupos no espírito popular. Os judeus eram proeminentes no serviço dos regimes muçulmanos da Espanha; havia existido uma tradição de imigração de judeus para a Europa a partir do Oriente Médio muçulmano; judeus e muçulmanos foram associados pelo papa Inocêncio III, quando este lhes prescreveu roupas distintivas. Os boatos originais que provocaram os massacres do começo do século XI giravam em torno da colaboração entre judeus e muçulmanos. Os judeus, argumentam os Cutler, eram vistos como a quinta-coluna dos muçulmanos, o inimigo interno. Há alguma força neste argumento. Judeus e muçulmanos eram claramente associados no espírito popular, como quando da implicação de ambos na "Conspiração dos Leprosos" de 1321. Mas isto precisa ser colocado num contexto mais amplo. Cronistas hebreus da época relembram o raciocínio das turbas antijudaicas do tempo da Primeira Cruzada:

> Marchamos uma grande distância para procurar o nosso Santuário e para nos vingarmos dos muçulmanos. Vejam só, vivem entre nós judeus cujos antepassados O mataram [Jesus] e crucificaram sem motivo. Vamos nos vingar deles primeiro, e eliminá-los do seio das nações, de modo a que o nome de Israel não seja mais lembrado, ou então que eles passem a ser como nós e que acreditem no filho de [Maria].

Isto deixa claro que a hostilidade contra os judeus e a contra os muçulmanos eram fenômenos distintos, ainda que vinculados, produto da ascensão do expansionismo cristão e do fervor religioso. O objetivo era eliminar todos os elementos não-cristãos, seja pela conversão ou pelo extermínio, de tal modo que, na Segunda Vinda, Cristo encontraria um mundo de fiéis.

Em quarto lugar, a atitude defensiva da Igreja no século XIII, manifesta na tentativa de regulamentar o pensamento humano e de eliminar o diferente e a dissidência, enfatizava o perigo de que idéias e crenças em desacordo com a ortodoxia poderiam evoluir no sentido de minar a autoridade da Igreja e ameaçar destruir a unidade cristã. A cruzada, a Inquisição, o esforço missionário para converter judeus e hereges, "a marca da infâmia", o ataque contra o Talmude, tudo isso fazia parte deste estado geral de espírito. As ordens mendicantes eram particularmente proeminentes em todos estes movimentos, atuando como tropa de choque da Igreja.

Todos estes desdobramentos levaram ao isolamento dos judeus, à sua segregação, rotulação e perseguição. Eles também eram decisivamente vinculados a todos os outros grupos dissidentes no espírito do público. O uso do distintivo os vinculou aos leprosos, prostitutas, muçulmanos e hereges. Como supostos especialistas da magia e como acólitos do Diabo, eles foram associados aos bruxos. Estavam maculados pela "heresia" através da prática da usura e pela campanha intelectual contra o Talmude. Em resumo, eles foram vistos como uma ameaça religiosa, moral, econômica e sexual, e como tais, objetos prontos para uso do ódio e da histeria populares enquanto suas comunidades sobreviveram na Europa medieval.

6
PROSTITUTAS

As prostitutas eram parte integrante da vida urbana na Idade Média, figuras familiares na literatura que sobreviveu — poemas, histórias, canções, crônicas e registros de tribunais. Quase não existia uma cidade que não tivesse sua "boa casa", como era às vezes conhecido o bordel. Ivan Bloch (1912-25) identificou setenta e cinco cidades e vilas alemãs que possuíam bordéis. Um observador do século XV estimou que havia de cinco a seis mil prostitutas em Paris, dentro de uma população de 200 mil pessoas. Foram identificadas cem prostitutas na Dijon do século XV, dentro de uma população de menos de dez mil pessoas. O cronista Jacques de Vitry, do século XIII, pintou um quadro vívido das prostitutas parisienses de sua época:

> As prostitutas estavam em toda parte nas ruas e bairros da cidade, tentando arrastar clérigos passantes à força para dentro de seus bordéis. Se os clérigos se recusassem a entrar, elas imediatamente lhes gritavam pelas costas: "Sodomita!" Num mesmo único edifício, poderia haver uma escola no andar de cima e um bordel no de baixo. Enquanto os mestres ensinavam a seus pupilos na parte de cima, as prostitutas dedicavam-se a seu comércio nefando na parte de baixo. Numa parte, as prostitutas batiam boca umas com as outras e com seus cafetões; na outra parte, os eruditos discutiam sobre assuntos eruditos.

As prostitutas procuravam fregueses nas tavernas, praças, casas de banhos, até mesmo nas igrejas. Mas havia também zonas conhecidas como da "luz vermelha". Até os dias de hoje, muitas cidades medievais antigas possuem uma Rua da Rosa, sua fragrante associação horticultural ocultando um passado mais sórdido. "Colher uma rosa" era um eufemismo comum para "copular com uma prostituta", e a Rua da Rosa era geralmente um antro de meretrizes.

Na Idade Média, as mulheres entravam para a prostituição por razões basicamente iguais às que as levam a fazê-lo em qualquer época: pobreza, inclinação natural, perda de *status,* um passado familiar perturbado, violento ou incestuoso. O trabalho de Jacques Rossiaud sobre a prostituição na Borgonha nos dá algumas estatísticas precisas. Na Dijon do fim do período medieval, quatro em cada cinco prostitutas pertenciam aos setores mais pobres da população, sendo dezessete anos a idade mais comum de entrada para a prostituição. Um quarto delas havia sido colocado na prostituição pela família ou havia entrado nela para fugir a uma situação familiar intolerável. Apenas 15% das prostitutas haviam abraçado a profissão por livre e espontânea vontade.

No período posterior da Idade Média, havia surgido uma hierarquia de atividades no negócio da prostituição. No topo da hierarquia encontrava-se o bordel municipal em plena atividade, cujas residentes prestavam juramento às autoridades, pagavam um aluguel semanal à cafetina e muitas vezes contribuíam para os custos de aquecimento e proteção por parte da vigilância. Em seguida vinham as casas particulares menores (*bordelages*), geralmente dirigidas por mulheres com uma equipe residente de "jovens servas". Existia uma prostituição generalizada nas casas de banhos. A correlação dessas atividades era tal, que o mesmo termo (*stews*) acabou por ser aplicado em inglês tanto às casas de banhos quanto aos bordéis. Isso acontecia a despeito do fato de que o regulamento das casas de banho proibia sistematicamente as prostitutas. Finalmente, havia as prostitutas autônomas que operavam ao ar livre. Em Paris, as muralhas, os descampados, os jardins públicos, as vielas, as margens do rio, as pontes e os terrenos baldios serviam todos como lugares de prostituição — qualquer lugar, em suma, onde a prostituta pudesse conseguir um momento de privacidade com o cliente. Privacidade não era coisa fácil de se obter no mundo medieval urbano, e as atividades das prostitutas eram freqüentemente expostas à observação pública. Por exemplo, num caso judicial em Florença, em 1400, quando uma certa Salvaza estava sendo processada por prostituição ilegal, diversas testemunhas oculares forneceram evidências sobre o seu estilo de vida, uma delas declarando que "havia freqüentemente olhado por uma janela da casa de Salvaza e a tinha visto nua na cama com homens, realizando esses atos indecentes que são praticados por prostitutas".

Provavelmente o maior grupo de clientes servidos pelas prostitutas da Europa medieval era o dos homens jovens e não-casados. Não importa o que a Igreja pudesse dizer sobre sexo, havia uma tolerância social generalizada da atividade sexual masculina pré-marital e extraconjungal no mundo medieval. Um pregador do século XV queixava-se aos pais de sua comunidade: "Vocês dão a seus filhos dinheiro e permissão para ir ao bordel, às casas de banho e às tavernas." Mas a prostituição era vista como um meio prático de permitir que os jovens de todas as classes afirmassem sua masculinidade e aliviassem suas necessidades sexuais, enquanto evitava, ao mesmo tempo, que se aproximassem de esposas e filhas respeitáveis, desestimulando-os dos estupros em gangues e desencorajando-os em relação à homossexualidade. Isso era particularmente importante devido à tendência dos homens a adiar o casamento até quase trinta anos. Os aprendizes, jornaleiros e estudantes universitários desejavam completar seu treinamento ou firmar suas carreiras; outros jovens eram desincentivados pelos custos dos dotes e das recepções de casamento. Assim, permitia-se que os jovens usassem os bordéis a partir dos dezesseis-dezoito anos. A necessidade dos serviços fornecidos pelos bordéis para os jovens do sexo masculino foi reconhecida explicitamente pelo rei Carlos VII da França, quando ele autorizou a presença de um bordel em Castelnaudary, em 1445. Agiu assim, disse, por causa da existência na cidade de tantos jovens não-casados.

Clérigos, homens casados, judeus e leprosos não deveriam usar os bordéis e muitas vezes eram especificamente excluídos pelos regulamentos que os regiam. Mas, na realidade, os freqüentavam não obstante. Humberto Romano, mestre-geral dos dominicanos, observou que as prostitutas urbanas profissionais "recebem não apenas poucos, mas um número muito grande de homens; uma hora seus próprios parentes; outra hora até monges e frades". Rossiaud calcula que o clero constituía 20% da clientela das casas de banhos e bordéis privados de Dijon. Mas ele sugere que isso especificamente não lhes angariava desaprovação, porque se esperava que todos os homens não-casados fornicassem, e os pais e maridos preferiam que clérigos jovens e bonitos usassem as prostitutas em vez das mulheres de suas famílias. Em conseqüência, o clérigo lascivo se tornou uma fonte de humor na cultura popular. Camponeses, mercadores, peregrinos, trabalhadores migrantes, soldados em visita a uma cidade, assim como os homens em geral que estivessem longe de sua casa e família, figuravam também na clientela habitual dos bordéis.

Há poucas referências à prostituição nos penitenciais medievais do período inicial, e isso parece não ter sido um problema na época. A prostituição foi essencialmente um produto das cidades, e, à medida que as cidades cresceram e se expandiram a partir dos séculos XI e XII, a prostituição passou a ser cada vez mais vista como um fenômeno social que precisava de regulamentação. Como seria de se esperar, a Igreja, as monarquias nacionais emergentes e as municipalidades urbanas tomaram medidas para lidar com isso. A Igreja estabeleceu o arcabouço dentro do qual a prostituição deveria ser encarada, e suas atitudes revelam a medida do seu realismo no que diz respeito aos impulsos sexuais dos fiéis.

A definição fundamental de uma prostituta, segundo a Igreja, era a que foi cunhada por são Jerônimo no começo do século V: "Uma meretriz é aquela que se encontra disponível para atender os desejos de muitos homens." Isso foi incorporado à lei canônica, a qual, portanto, via a promiscuidade como o fator chave. A lei canônica distinguia a prostituição (envolvendo sexo com muitos homens) do concubinato (envolvendo sexo com uma pessoa, mas fora do casamento formal). Os canonistas denunciavam a prostituição, mas, seguindo santo Agostinho, a viam como um mal necessário, algo cuja existência tornava possível manter padrões sexuais e sociais estáveis para o resto da sociedade. Agostinho escreveu: "Se as prostitutas forem expulsas da sociedade, tudo estará desorganizado em função dos desejos". Um glossarista de Agostinho do século XIII acrescentou a seguinte observação expressiva: "A prostituta na sociedade é como o esgoto no palácio. Se se retirar o esgoto, o palácio inteiro será contaminado." Teólogos de destaque, como santo Tomás de Aquino e Tomás de Chobham, repetiam a analogia, argumentando que a prostituição evitava males maiores, tais como a sodomia e o assassinato. Tomás de Chobham chegou ao ponto de argumentar que:

> as prostitutas devem ser incluídas entre os assalariados. Com efeito, elas alugam seus corpos e fornecem mão-de-obra. Se se arrependerem, podem guardar os lucros da prostituição para propósitos caridosos. Mas, se elas se prostituem por prazer e alugam seus corpos de modo a obter deleite, isso então não é trabalho, e o salário é tão vergonhoso quanto o ato.

Ele estava reiterando a hostilidade cristã fundamental à atividade sexual vista puramente como uma fonte de prazer, mas também reconhecendo a existência de algo que havia se tornado uma classe sócio-econômica distinta na sociedade.

Mesmo assim, a Igreja procurava lidar com o problema da prostituição através de uma contenção muito cuidadosa. Usava, na realidade, alguns dos mesmos meios que adotava para os leprosos. Primeiro, as prostitutas tinham que ser diferenciadas da população decente pela prescrição de uma marca de infâmia, e segundo, elas tinham que ser segregadas. Os canonistas do século XIII argumentavam que as prostitutas deveriam ser assinaladas pelo uso de vestes distintivas, e o Concílio de Paris (1213) decretou: "Nós proibimos as prostitutas públicas (com quem a coabitação freqüente é mais eficiente do que a peste para trazer danos) de serem permitidas a viver na cidade ou *bourg*, mas, ao contrário, [elas] devem ser colocadas à parte, como é costume com os leprosos." Esta disposição de espírito levou ao surgimento, a partir do século XIII, de códigos de vestimenta distintivos e de zonas da "luz vermelha".

Em muitos lugares, a *aiguillette*, uma corda com nós pendente do ombro e de cor diferente da do vestido, era a marca da infâmia. Era inspirada na corda vermelha jogada da sua janela por Raab, a meretriz, no Livro de Josué. Tornou-se portanto o equivalente direto da *rouelle* dos judeus e do guizo dos leprosos. A *aiguillette* vermelha era comum no reino da França, mas a marca variava em outros lugares. Em Toulouse era um nó branco; em Viena, um lenço amarelo; em Leipzig, uma capa amarela com adornos azuis; em Berna e Zurique, um chapéu vermelho; em Dijon e Avignon, uma braçadeira branca de quatro dedos de largura. Em Milão, era uma capa branca; em Bérgamo, uma capa amarela; em Marselha, uma túnica listrada; em Bristol, um capuz listrado. Em Estrasburgo, era um chapéu do tipo pão de açúcar preto e branco; em Nîmes, uma manga de cor diferente da do vestido; em Florença, luvas e um sino no chapéu. Qualquer que fosse a forma assumida, algum tipo de veste distintiva era considerado crucial como modo de diferenciar a prostituta das mulheres respeitáveis, protegendo dessa maneira estas últimas de constrangimento. Este objetivo também estava por trás da proibição do uso de véus pelas prostitutas em Avignon, Arles e Nîmes.

Além disso, a Igreja colocava ênfase na perspectiva da regeneração e instava as prostitutas a casarem e abandonarem a profissão. O papa Inocêncio III incentivou todos os verdadeiros cristãos a ajudarem a recuperar as prostitutas e ofereceu remissão dos pecados aos que se casassem com tais mulheres. Foram criadas casas religiosas para prostitutas regeneradas. O convento das Filles-Dieu foi fundado em Paris, em 1226, com este propósito. A maioria das cidades do Languedoc possuía um estabelecimento dessa natureza no final do século XIII. Em 1227, o papa Gregório IX aprovou a Ordem de Santa Maria Madalena, estabelecida para administrar casas para prostitutas regeneradas. Havia também diversas santas cujos cultos eram promovidos como modelos de vida para prostitutas regeneradas: santa Maria Madalena, santa Taís, santa Pelágia, santa Afra e santa Maria, a Egípcia, em particular.

As monarquias nacionais emergentes começaram a ter interesse na regulamentação da prostituição como parte do seu processo gradual de assumir cada vez maiores responsabilidades pelas vidas de seus súditos. Um dos governantes que tomou providências mais cedo foi o rei Henrique II da Inglaterra, que, em 1161, estabeleceu regulamentações para os bordéis de Southwark. Southwark, fora das muralhas da cidade, havia evoluído para se tornar a zona da "luz vermelha" de Londres; as extensas propriedades do bispo de Winchester na área levou a que as prostitutas passassem a ser conhecidas como "Winchester Geese"*. Henrique viu a necessidade de regulamentar a área depois da perturbação causada à sociedade e à moral pela prolongada guerra civil, a qual havia terminado com sua ascensão ao trono. Não poderia haver bordéis abertos em dias santos ou de festas religiosas, nos dias em que o Parlamento estivesse reunido ou em que o rei estivesse realizando reuniões de conselho. Mulheres grávidas, casadas ou freiras não poderiam ser aceitas como prostitutas. Nenhuma mulher poderia aceitar dinheiro de um homem se não se tivesse deitado com ele por toda a noite. Nenhuma mulher poderia ser impedida de desistir da profissão se desejasse. Não poderia haver o aliciamento aberto de fregueses. Não poderia ser servida comida ou bebida alcoólica aos fregueses. As mulheres não poderiam residir no local, mas apenas trabalhar lá. Não poderia ser cobrado mais do que 14 *pence* por semana por um quarto. Teriam que ser feitos exames de saúde regulares nas mulheres.

O objetivo era criar centros ordeiros e eficientes para a satisfação sexual que, na medida do possível, não ofendessem a decência pública. Isso se tornou o objetivo tanto da coroa quanto das autoridades municipais. Inicialmente centrava-se numa política de manter as prostitutas fora das muralhas da cidade, confinadas em zonas da "luz vermelha" conhecidas. Mas os registros dos tribunais revelam a tendência inexorável da prostituição a se espalhar. Novas zonas da "luz vermelha" surgiram no norte da cidade de Londres, em Moorgate e Cripplegate, e no oeste, em Holborn, na Fleet Street e em Chancery Lane. Estas zonas eram toleradas porque ficavam fora da cidade propriamente dita, embora dentro da jurisdição do prefeito e dos vereadores. Mas a prostituição enraizou-se dentro da cidade também. Assim, em 1285, o rei Eduardo I ordenou que todas as prostitutas passassem a residir fora das muralhas da cidade, sob pena de quarenta dias de prisão. A ordem foi repetida em 1307, 1383 e 1483.

Além de procurar manter a segregação, tanto a coroa quanto o conselho municipal buscavam fazer cumprir a regulamentação do vestuário. Em 1345, Eduardo III revalidou o decreto regulamentador de Henrique II de 1161, acrescentando o dispositivo de que as meretrizes teriam que usar uma marca distintiva, o que até então ainda não havia sido de regra em Londres. Em 1351, os anciãos da cidade ampliaram isso, publicando um edital que protestava contra a adoção, por mulheres devassas, do vestuário de "damas boas e nobres", e ordenaram que elas não usassem qualquer roupa adornada com peles e forrada de seda ou qualquer material rico, mas que usassem um capuz de pano listrado e vestes simples. Estas regras foram revalidadas em 1382 e em 1437, quando o capuz prescrito passou a ter que ser vermelho.

* Gansas de Winchester. (N.T.)

Mas as prostitutas e os bordéis eram claramente vistos como constituindo um perigo para a ordem pública, tanto quanto para a moral pública. Com o apoio da coroa, o conselho municipal de Londres impôs um toque de recolher em 1393, proibindo qualquer homem de circular pela cidade ou subúrbios depois das nove horas da noite. Nenhum estrangeiro poderia circular depois das oito horas da noite, sob pena de multa e prisão. Ninguém poderia circular mascarado. A regulamentação prosseguia, destacando as prostitutas e os bordéis como uma fonte de desordem:

> Uma vez que muitas e diversas refregas, tumultos e dissensões surgiram em momentos do passado, e muitos homens foram mortos e assassinados, pelo fato de recorrerem freqüentemente a meretrizes comuns, e relacionarem-se com elas em tavernas, cervejarias de *hucksters* e outros lugares de má fama, dentro da dita cidade, e dos subúrbios dela; e mais especialmente com mulheres flamengas, que professam e seguem tal vida vergonhosa e dolorosa — nós, por nossa ordem, proibimos, em nome de nosso Senhor o Rei, e do Prefeito e dos Vereadores da Cidade de Londres, que quaisquer de tais mulheres circulem ou se alojem na dita cidade, ou nos subúrbios dela, à noite ou de dia; mas elas devem se manter nos lugares a elas designados, o que quer dizer, os Lupanares do outro lado do Tâmisa e Cokkeslane [Cock Lane, Smithfield].

A punição por descumprir o toque de recolher era o confisco das roupas da prostituta, o emblema de sua profissão, o que, portanto, em teoria a impedia de trabalhar.

Em 1417, o conselho foi mais uma vez suficientemente pressionado pelo perigo de desordem pública para decretar o fechamento de todos os bordéis dentro da cidade, queixando-se que sua presença levava a "muitos agravos, abominações, danos, perturbações, assassinatos, homicídios, furtos e outros prejuízos comuns" e,

> o que é ainda pior, de um dia para o outro, as esposas, filhos, filhas, aprendizes e servos de homens respeitáveis da Cidade são muitas vezes (...) atraídos e aliciados para lá; e lá eles, assim como outras pessoas, tanto regulares quanto seculares, são permitidos a fazer e a realizar os atos ilícitos de sua carne devassa, para o grande desprazer e abominação de Deus e para o grande dano e desonra de toda a Cidade.

Isso se repetiu em 1422.

Em 1460, o rei Henrique VI, preocupado com o número de homicídios, saques e impropriedades que ocorriam em Southwark devido à grande concentração de prostitutas lá, indicou uma comissão para remover todas estas prostitutas e seus cúmplices para a prisão. A recorrência de tais ordens a intervalos regulares no decorrer da Idade Média mostra que o controle firme e permanente do problema da prostituição era na maior parte uma esperança vã. A copulação ilícita grassava dentro e fora das muralhas da cidade.

Na França, o rei Luís IX (1226-70), como convinha a um homem que viria a ser canonizado em 1297, assumiu uma perspectiva extremamente elevada do seu dever de moralizar o reino e procurou eliminar a prostituição. Isto contrastava marcadamente com o realismo do seu avô, o rei Filipe Augusto (1180-1223), que, dizia-se, havia incentivado a prostituição em Paris, a fim de desencorajar a homossexualidade entre os estudantes. Luís, porém, iniciou um vasto programa de reforma moral, incluindo, na sua legislação de 1254, uma denúncia clara da prostituição e uma ordem para que as prostitutas públicas fossem expulsas das cidades e de seus arredores rurais. Ele também ordenou o confisco da casa de qualquer pessoa que conscientemente alugasse um quarto a uma prostituta. Mas isso se mostrou tão impraticável, que em 1256 Luís fez modificações. Ele ordenou que as prostitutas fossem simplesmente postas fora dos muros e mantidas longe de todos os lugares santos. Mas retornou à questão numa carta escrita em 1269, às vésperas de sua partida para as Cruzadas. Como parte da purificação do reino, em preparação para o empreendimento santo, ele ordenou que "todos os bordéis notórios e manifestos" dentro e fora das cidades fossem fechados. Fundou retiros para prostitutas regeneradas e prometeu uma pensão para todas as mulheres da rua que se regenerassem; apenas duzentas se apresentaram para reivindicá-la.

O filho de Luís IX, Filipe III (1270-85), seguindo o caminho de seu pai, ordenou que os meirinhos reais, em 1272, eliminassem a blasfêmia, o jogo e os bordéis. O neto de Luís, Filipe IV (1285-1314), colocou os funcionários reais no Languedoc à disposição dos cidadãos que quisessem expulsar prostitutas de áreas respeitáveis. Porém, em seguida, não houve mais iniciativas reais por quase um século, talvez porque, durante grande parte deste tempo, os reis franceses estivessem às voltas com a Guerra dos Cem Anos. Foi no reinado do rei Carlos V (1364-80) que foi adotada uma nova política. Em 1367, o Preboste de Paris, Hugo Aubriot, como parte de uma política geral de restabelecer a ordem depois das convulsões políticas e sociais da guerra, ordenou que as prostitutas se limitassem a determinadas ruas designadas; se fossem encontradas em outros lugares, seriam banidas da cidade. Isso se tornou política real oficial nos 150 anos seguintes. A legislação de 1254 de são Luís foi freqüentemente citada para justificar a política, mas o texto foi cuidadosamente modificado para fazer com que sancionasse as zonas da "luz vermelha".

Foram feitas tentativas de restringir a prostituição a oito ruas específicas, e decretos municipais dos séculos XIV e XV sistematicamente reiteravam os limites a serem impostos à prostituição: a área na qual deveria ser praticada, as horas do dia, a roupa a ser usada, o comportamento esperado. As prostitutas não deveriam operar em nenhum outro lugar que não os bordéis claramente identificados, e teriam que deixar os bordéis ao entardecer e não praticar seu comércio em casa. Mas as regras eram solenemente ignoradas, e a prostituição prosseguia em toda parte em Paris. Uma área, o Clapier, tornou-se tão notória que propiciou um apelido ("clap") para uma doença sexualmente transmitida, a gonorréia.

Tal como aconteceu com as monarquias, também se deu com as municipalidades; as cidades e vilas em ascensão começaram a interferir nas vidas particulares de seus cidadãos no interesse da moralidade pública. Num estudo exemplar, Leah Lydia Otis delineou a trajetória da regulamentação da prostituição no Languedoc, e ela vê um processo de transformação desde a tolerância do início da Idade Média até a institucionalização no final da Idade Média, antes da repressão do século XVI.

A primeira reação ao que era visto como um problema crescente da vida urbana foi a expulsão. Em 1212, Simão de Montfort, legislando para os territórios meridionais capturados na cruzada albigense, nos Estatutos de Pamiers, ordenou que "as prostitutas públicas devem ser colocadas fora dos muros de todas as cidades". Tem sido sugerido que ele estava aplicando ao sul a convenção dominante na França setentrional, mas, se assim foi, isso foi recebido com simpatia. As leis municipais de Carcassone e Toulouse, do início do século XIII, ordenavam que as prostitutas residissem fora das muralhas da cidade, mas não faziam nenhuma designação de zona. Os estatutos municipais em Avignon, Arles e Marselha meramente proibiam as prostitutas nas áreas respeitáveis. Em 1299, as prostitutas e seus intermediários foram expulsos de Narbonne. A última referência a este procedimento no Languedoc veio em 1321, quando a carta de Bourg-Saint-Andéol confirmou o direito do conselho municipal de expulsar prostitutas. Essa política inevitavelmente levou à criação de bordéis e zonas da "luz vermelha" fora das cidades, à semelhança da segregação decretada pela Igreja e já em vigor em Londres. A expulsão das prostitutas teve lugar em outras localidades também como o primeiro estágio da ação para controlar a prostituição: Bolonha em 1259, Veneza em 1266 e 1314, York em 1301 e Modena em 1327.

Mas a mera expulsão não acabava com o problema. O passo seguinte foi o estabelecimento de zonas da "luz vermelha" oficialmente licenciadas, uma política que fazia sentido, dada a necessidade das autoridades de supervisionar as áreas que eram redutos freqüentes de criminosos, viajantes e espiões, além de fontes habituais de desordem. Em Montpellier, em 1285, foi decidido designar uma rua suburbana, a "Rua Quente", como a residência oficial para as prostitutas que haviam sido expulsas dos bairros respeitáveis pelos cidadãos e pelo clero. Elas ficariam garantidas contra expulsão enquanto ficassem na "Rua Quente". Narbonne, que havia expulsado suas prostitutas em 1299, incorporou a política das zonas da "luz vermelha" em 1335, adotando explicitamente o modelo de Montpellier. As zonas da "luz vermelha" oficialmente licenciadas apareceram em Toulouse, em 1296, Uzès, em 1326, e Lacaune, em 1337.

Um outro passo foi o estabelecimento de bordéis de propriedade municipal. Toulouse estabeleceu um entre 1363 e 1372. Castres estabeleceu um em 1391, quando o conselho assumiu o controle de um bordel já existente nos subúrbios, e depois construiu um novo bordel municipal dentro dos muros da cidade em 1398. Em Albi, havia sido construído um bordel municipal já em 1380. A municipalização de bordéis de propriedade privada continuou no decorrer do século XV no Languedoc — em Pézenas, em 1399, Lodève, em 1455, e Castelnaudary, no período final do século XV. Somente Avignon e Arles mantiveram ruas inteiras de prostitutas, uma prática que permaneceu típica das cidades italianas no século XV. Onde não existia uma população suficientemente numerosa ou tolerância bastante para com a prostituição para que se instalasse um bordel municipal, era observado o costume de "uma vez por semana". As prostitutas tinham permissão para pernoitar na cidade uma vez por semana, um costume que corrobora o fato de que seu lugar costumeiro era fora dos muros. Esta política recebeu aprovação oficial. Em 1425, o rei Carlos VII colocou o bordel de Toulouse, que havia sido atacado e danificado, sob proteção real e ordenou que o emblema real da flor-de-lis fosse afixado na casa como sinal disso. Em 1445, quando os cônsules de Castelnaudary pediram a permissão do rei para construir um bordel municipal, ele ordenou que os juízes reais escolhessem uma localização adequada e forçassem as prostitutas a viver lá, expulsando aquelas que não quisessem fazê-lo.

Portanto, o princípio da expulsão das prostitutas tornou-se o de definir zonas da "luz vermelha" e depois de estabelecer casas únicas oficialmente sancionadas. O mesmo padrão que pode ser visto no Languedoc parece ter sido seguido também no sudeste da França. O bordel municipal em Dijon estava em operação já em 1385, e foi aberto um segundo no início do século XV. O bordel de Pernes abriu em 1430, o de Sisteron em 1424, o de Cavaillon em 1437, o de St. Flour em 1402, o de Villefranche-sur-Saône em 1439, o de Bourg-en-Bresse também em 1439, o de Tours em 1448, e o de Amiens por volta do mesmo período.

Na França central e setentrional, a prostituição ficou sob o controle de um funcionário municipal, o Rei dos Libertinos (*Le Roi des ribauds*). Tal figura está atestada em Cambrai, Tournai, Arras, Lille, Noyon e Douai, como também mais ao sul em Toulouse e Bordeaux. Os deveres do funcionário estão definidos no juramento feito pelo Rei dos Libertinos em Arras: "Registrar as meninas e mulheres de má reputação e conduzi-las e obrigá-las a viver em lugares públicos e também descobrir quais delas são leprosas e levá-las a julgamento e conduzilas para fora de nossa mencionada cidade de Arras quando tiverem sido julgadas." Seus deveres eram essencialmente segregadores e regulamentadores, exigindo que ele assegurasse que todas as prostitutas residissem no bordel oficial e levasse a cabo a exclusão da cidade de quaisquer delas que estivessem doentes. O Rei dos Libertinos freqüentemente combinava estas responsabilidades com deveres relacionados com outros malfeitores. Em Lille, ele ficava encarregado de prender, açoitar e expulsar loucos violentos; em Tournai, de prender blasfemos; em Guyenne, de chicotear ladrões. Em vários lugares, ele era o carrasco público. De 1214 a 1449, houve um Rei dos Libertinos na casa real em Paris, que supervisionava as prostitutas ali residentes para uso dos empregados e convidados do palácio. Era um funcionário de nível modesto que tomava parte nos grandes eventos cerimoniais da corte. Muitas outras casas nobres e principescas possuíam um funcionário semelhante.

Em 1403, foi estabelecido um bordel oficial em Florença, e, em 1360, Veneza abriu o seu. Para Veneza, isso assinalou uma mudança de política decisiva, pois o Grande Conselho havia ordenado a expulsão das prostitutas da cidade em 1266 e novamente em 1314. A partir de 1316, os donos de tavernas haviam sido proibidos de dar comida, bebida ou alojamento para a noite a prostitutas. Mas, em 1358, o Grande Conselho declarou a prostituição como sendo "absolutamente indispensável ao mundo" (portanto fazendo eco ao ensinamento dos canonistas e teólogos) e autorizou uma casa oficial de prostituição para servir ao grande número de homens que visitava a cidade. Foi estabelecida num grupo de casas de propriedade de duas famílias aristocráticas, Venier e Morosini, na área chamada Casteletto, paróquia de San Matteo di Rialto. O Rialto tinha a mais alta densidade de albergues e era o centro tradicional da prostituição.

As prostitutas não poderiam morar no bordel, mas apenas trabalhar nele. Os bordéis eram administrados por matronas registradas, e os recintos eram regularmente inspecionados pelas autoridades. Eram obrigados a fechar até as onze horas da noite. Os proventos da prostituição eram postos numa arca que as autoridades esvaziavam no começo de cada mês, pagando os salários dos empregados do bordel e dando às prostitutas sua parte. Os funcionários do Estado encarregados de visitar os bordéis eram proibidos de receber presentes ou de dormir com as prostitutas, sob pena de perderem o cargo, serem multados e postos na cadeia. As prostitutas tinham autorização para deixar o Rialto somente nas manhãs de sábado e eram obrigadas a se vestir com uma capa curta e usar um lenço amarelo amarrado em torno do pescoço.

Todavia, fica claro a partir dos registros legais que as prostitutas desrespeitavam continuamente as regras e poderiam ser encontradas em ação nas casas de banhos, nos pórticos e na saída das igrejas. Já no século XV, todo o Rialto, e não apenas o Casteletto, era área de atuação das prostitutas. Os registros legais também nos permitem traçar a disseminação da prostituição e mostram que as autoridades tiveram que ceder repetidamente e reconhecer o fato. Já em 1421, a prostituição estava estabelecida em Cà Rampani. As prostitutas ali eram freqüentemente ameaçadas de confisco de suas roupas, a não ser que entrassem para o bordel oficial ou saíssem de Veneza definitivamente. Mas, em 1480, já havia aparecido um bordel na área, administrado segundo linhas semelhantes às do estabelecimento oficial do Rialto. Ordenou-se que as prostitutas saíssem do distrito de San Samuele em 1421, e novamente em 1444. Mas, em 1468, o Estado concedeu permissão para que se estabelecessem bordéis na paróquia, embora não perto da igreja. Os bordéis foram fechados em 1485, quando um grande número de casas foi adquirido, a fim de construir um novo convento. Também se registrou a ação de prostitutas na Piazza San Marco, e ordenou-se sua saída em 1448, 1489 e 1490. Mas elas continuaram a freqüentar a área.

Os bordéis municipais assumiram três formas. Podiam ser arrendados a quem oferecesse mais, sendo a receita obtida utilizada para sua manutenção e para benefício dos cofres municipais. Podiam ser administrados por uma organização municipal de caridade com os lucros indo para a caridade. Quando eram pequenos demais para dar lucro, podiam ser administrados como empresas de caráter não-lucrativo, assim como um serviço público. De toda maneira, a cidade era responsável pela sua proteção e segurança.

Era possível obter lucros com a manutenção de bordéis, como pode ser visto na virtual dominação da manutenção de bordéis privados pela nobreza e a *haute bourgeoisie*. Foi o fato de os bordéis de Southwark serem de propriedade de vereadores proeminentes que levou Wat Tyler e seus rebeldes a queimá-los em 1381. A Igreja também arrendava lucrativamente propriedades a mantenedores de bordéis e, próximo ao final da Idade Média, o papado faturava 28 mil ducados por ano com os imóveis que arrendava com este propósito.

Por que ocorreu esta municipalização dos bordéis, que atingiu o auge no período de 1350-1450? Richard Trexler, no seu estudo sobre a prostituição em Florença, sugere que isso era parte de um esforço oficial para combater a incidência de homossexualidade, através da introdução dos jovens nos deleites da heterossexualidade. A homossexualidade era certamente percebida como um problema pelas autoridades da Florença do século XV no contexto de um declínio populacional, o qual pode ser atribuído tanto aos efeitos da peste quanto à prática de adiamento do casamento por parte dos rapazes. A opinião popular, reforçada por pregadores como são Bernardino de Siena e Savonarola, acreditava que tais jovens encontravam satisfação sexual na homossexualidade.

Em 1403, conseqüentemente, o governo de Florença estabeleceu um Serviço de Decência (*Onestà*) para supervisionar a moral pública e instituiu uma série de medidas planejadas para promover o casamento e o nascimento de crianças. Os solteiros com mais de trinta anos eram sujeitos à taxação. Foram introduzidas leis suntuárias para restringir a extravagância feminina, a qual era vista como um desincentivo ao casamento. Os pais eram encorajados a investir de modo a permitir que os filhos tivessem capital suficiente para se casar até os vinte e cinco anos e as filhas possuíssem dotes até os dezoito. Foram tomadas medidas punitivas contra a homossexualidade e, em 1432, o Serviço da Noite foi estabelecido para perseguir homossexuais.

Como um corolário, em 1403 o governo procurou construir ou comprar uma construção adequada para uso como bordel e a recrutar prostitutas estrangeiras para trabalharem nele. Seus motivos foram explicados quando, em 1415, autorizaram mais dois bordéis municipais. Estavam, eles disseram, "desejando eliminar o pior mal por meio de um mal menor". No contexto das preocupações dos florentinos, o "pior mal" parecia poder ser interpretado como a sodomia. Mas também existia uma preocupação com a manutenção do decoro público. Pois as localizações deveriam ser escolhidas "em lugares onde o exercício de atividade tão escandalosa pudesse ser ocultado da melhor maneira, a fim de preservar a honra da cidade e daqueles que morem nas vizinhanças nas quais as prostitutas terão que ficar". Parece que estes dois bordéis adicionais não foram construídos. Mas, na realidade, pode perfeitamente ser que os florentinos simplesmente tenham substituído um problema por outro. Pois, enquanto, no século XV, os pregadores sistematicamente deploravam a carência de homens casados e culpavam a propensão florentina para a sodomia, no século XVI eles se queixavam do excesso de mulheres não-casadas que eram corrompidas e seduzidas para entrar na prostituição (jovens viúvas e suas filhas, órfãs, servas, escravas). Em 1498, os paroquianos de San Remigio formaram grupos para livrar a área nas cercanias da igreja de prostitutas.

O problema da homossexualidade entre os rapazes não parece ter sido uma preocupação das autoridades da Borgonha. A partir do seu estudo sobre a prostituição lá, Jacques Rossiaud atribui o fenômeno da municipalização à obrigação de atender às necessidades sexuais da grande população masculina não-casada e de proteger as esposas e filhas respeitáveis do seu assédio. É claro também que as autoridades estavam preocupadas com a questão geral da lei e da ordem no que dizia respeito ao policiamento da prostituição. As regulamentações de Londres indicam que as prostitutas e os bordéis eram focos de violência potencial. Oitenta e três por cento dos casos judiciais envolvendo prostitutas na Florença do século XV se referiam à violência.

Esta preocupação com a ordem pública pode certamente ser vista como subjacente às regulamentações detalhadas que as autoridades elaboravam para governar seus bordéis. As prostitutas deveriam ser mantidas longe das áreas respeitáveis, igrejas, ruas principais e escolas. As prostitutas eram proibidas de trabalhar fora das zonas da "luz vermelha" e freqüentemente proibidas de entrar nas tavernas. Nos próprios bordéis, as mulheres deveriam supostamente permanecer enclausuradas, muitas vezes sob controle de uma administradora conhecida como a abadessa. Os fregueses deveriam entregar suas armas ao entrar, embora muitas cidades italianas autorizassem a administração do bordel a possuir armas para a manutenção da ordem. Muitas vezes se recomendava aos fregueses que deixassem jóias e dinheiro com a abadessa. A admissão era seletiva e poderia ser recusada. Muitos regulamentos de bordéis proibiam o jogo.

A partir do seu estudo do Languedoc, Leah Lydia Otis diz que a municipalização se deveu em parte aos lucros a serem obtidos, em parte à necessidade de regularizar a oferta de prostitutas com a queda da população depois da Peste Negra, mas era principalmente uma reação ao crescente rigor moral. A fórmula clássica presente nos documentos do Languedoc para justificar um centro autorizado de prostituição era que um lugar se fazia necessário para "evitar um mal maior". Este mal maior era o mau exemplo que a prostituição dava, além do perigo das mulheres serem seduzidas para aquela vida por causa de sua frivolidade e sensualidade naturais. A idéia de fazer com que ficassem confinadas em bordéis, administrados pela "abadessa", possuía uma certa simetria. Num extremo da escala, mulheres celibatárias em conventos de freiras levavam vidas que imitavam a da Virgem; no outro extremo, mulheres públicas enclausuradas expiavam o pecado de Eva satisfazendo os desejos masculinos. Assim, os bordéis públicos eram um aspecto não da permissividade moral, mas do rigor moral.

Maiores evidências da justificação moral para a municipalização podem ser vistas no fechamento geral dos bordéis durante a Semana Santa e na ferocidade com que eram perseguidos os bordéis desautorizados, os mantenedores autônomos de bordéis e as prostitutas desgarradas. As prostitutas que agiam fora da área autorizada eram penalizadas com açoitamento na Nîmes do século XIV, assim como em Bolonha, Lunel e Uzès, e com marcação a ferro em brasa em Florença. Os mantenedores autônomos de bordéis também eram freqüentemente chicoteados. A intermediação era punida com particular severidade. Em Londres, em 1383, ordenava-se que intermediários homens e mulheres fossem postos no pelourinho na primeira infração, postos no pelourinho e depois presos por dez dias na segunda, e postos no pelourinho, encarcerados e expulsos da cidade na terceira. Em Paris, em 1416, foi publicado um decreto que ameaçava os intermediários com o pelourinho, a marcação a ferro e o banimento. Os intermediários eram habitualmente ameaçados de espancamento e banimento na França meridional e em várias cidades italianas.

De modo parecido, o recrutamento deliberado de prostitutas estrangeiras pelos anciãos da cidade sugere que eles estavam procurando conseguir que as mulheres locais não fossem conspurcadas. Dois terços das prostitutas em Dijon, entre 1440 e 1540, sobre as quais se sabe alguma coisa eram mulheres locais da cidade ou das cercanias. Mas a maior parte das habitantes do bordel municipal eram estrangeiras. Entre sessenta e seis cujas origens são conhecidas no bordel, cinqüenta e três eram estrangeiras. Todos os bordéis públicos do vale do Ródano tinham mão-de-obra composta principalmente por mulheres do norte da França ou dos Países Baixos. As autoridades de Florença empreenderam especificamente a busca de prostitutas estrangeiras para seu bordel municipal, e 70% das prostitutas citadas nos anais do tribunal de Florença eram estrangeiras (da Flandres, da Renânia e do norte da França). Somente 28% eram sabidamente toscanas. Sabemos também que as mulheres flamengas eram um elemento importante da população dos bordéis de Londres.

A contrapartida da introdução dos bordéis municipais foi o crescimento das instituições municipalmente financiadas para apoiar e abrigar prostitutas aposentadas ou arrependidas. Por exemplo, estas instituições podem ser encontradas em Abbeville, Amiens, Lyon, Avignon e Paris. Elas sugerem também um desejo de estabelecer um limite para a extensão e a duração da vida profissional dessas mulheres.

Apesar da diferença de ênfase, não há distinção substancial entre as razões para a municipalização apresentadas por Trexler, Rossiaud ou Otis. Todas podem ser vistas como aspectos de um desejo de criar uma atmosfera moral na sociedade e de regulamentar a conduta sexual da população, particularmente dos jovens. Juntamente com a sacralização do casamento, o aumento da perseguição aos homossexuais e da preocupação da Igreja com a masturbação, vinha o desejo de canalizar o impulso de fornicação no sentido de um refúgio aceitável — o bordel oficialmente administrado, controlado e inspecionado, cuja mão-de-obra era composta de mulheres estrangeiras e que era mantido fora da vista dos cidadãos respeitáveis.

A posição oficial das prostitutas deste modo se assemelhava à dos judeus ou à dos leprosos. Todos os três grupos eram obrigados a usar roupas especiais. Todos os três eram cada vez mais segregados. Todos os três eram estimulados a se arrepender e a se regenerar. Não foi coincidência o fato de santo Tomás de Aquino ter incluído sua defesa da necessidade da prostituição num capítulo de sua *Summa* que tratava da tolerância para com os judeus. Como os judeus, as prostitutas desafiam o ensinamento da Igreja, mas devem ser igualmente toleradas porque ambos os grupos desempenham uma função necessária, ainda que repulsiva: a usura (os judeus) e o sexo (as prostitutas). A regulamentação da cidade de Avignon de 1243 proibia que tanto os judeus quanto as prostitutas tocassem em frutas e pão no mercado, forçando-os a comprar o que quer que tocassem. Um estatuto semelhante de 1293 em Salon incluía os leprosos. Uma regulamentação de Bagnol liga as prostitutas aos leprosos. Um estatuto de Marselha do século XIII proibia os mantenedores de casas de banhos de permitir que judeus ou prostitutas entrassem nos banhos públicos, exceto em dias especificados. Em Paris, a partir do século XIII, as prostitutas e os leprosos eram especificamente proibidos de usar as casas de banhos. Em Perpignan, as prostitutas da cidade eram tradicionalmente confinadas no leprosário local durante a Semana Santa. Os judeus e as prostitutas eram igualmente proibidos de circular pelas cidades durante a Semana Santa.

Como com os leprosos, a Igreja buscava privar as prostitutas de seus direitos civis. A lei canônica impedia que as prostitutas acusassem outras pessoas de crimes, exceto a simonia, e que comparecessem ao tribunal. As prostitutas eram proibidas de herdar propriedade. Eram consideradas como incapazes de ser vítimas de estupro. Sexo com uma prostituta contra a vontade dela, portanto, não era passível de punição, segundo a lei canônica. Mas a Igreja não exigia punição para o exercício da profissão por parte de uma prostituta.

Contudo, apesar da lei canônica, há claras evidências de uma melhoria na posição legal delas. Otis encontrou exemplos de prostitutas sendo chamadas para servir de testemunhas e levando acusações ao tribunal. Há ocorrências de prostitutas fazendo testamentos e contraindo matrimônio. As restrições legais parecem ter-se tornado impraticáveis já no final do século XIV. Houve também uma moderação das penalidades por infrações de estatutos municipais. No século XIII, elas eram punidas com açoitamento e perda das roupas; nos séculos XIV e XV, meramente com uma multa. Há também evidências de provisões legais crescentes de proteção contra o estupro. O imperador Frederico II, avançado para seu tempo a este respeito como em outros, decretou, nas suas Constituições de Melfi (1231), que os estupradores de prostitutas deveriam ser executados. A legislação local da Alemanha e da Itália variava de cidade para cidade. Algumas cidades (Parma, Bolonha, Ems) não consideravam crime o estupro de uma prostituta. Outras impunham uma pena, mas geralmente mais leve do que a aplicada pelo estupro de uma mulher honesta. Havia uma multa em Roma, Pisa e Perpignan. Em Viena, a posição deslocou-se da ausência de punição por estupro em 1221 para a imposição de uma pena em 1244. As leis municipais da França normalmente determinavam uma multa pelo estupro de uma prostituta.

Rossiaud sugere que este aperfeiçoamento legal da posição das prostitutas era parte de uma mudança de atitude quanto às prostitutas característica do século XV. Elas foram se tornando mais integradas à sociedade. O uso da *aiguillette* foi abandonado, o cargo de *Roi des ribauds* foi gradualmente extinto, e as prostitutas passaram a se submeter aos tribunais comuns ao invés disso, além de serem encontradas participando de festas cívicas, casamentos, funerais e batizados. Além disso, seus dias e horas de trabalho estavam sendo ampliados, à medida que a tradição do fechamento nos dias de festas religiosas declinava. Ainda assim, talvez Rossiaud exagere no significado desta mudança de atitude. As regulamentações de roupa, hora e localização das prostitutas haviam sido continuamente desrespeitadas desde que foram introduzidas. Os rapazes no final da Idade Média tinham a mesma posição quanto à fornicação que haviam tido no início. A posição da prostituta havia melhorado constantemente com o passar do tempo, e pode ser que, depois da Peste Negra, as prostitutas, como os trabalhadores, tenham desfrutado de algo como um mercado de muita procura, com a carência generalizada de mão-de-obra, e isto tenha levado a uma melhoria geral das suas condições de vida. Não obstante, havia uma ênfase maior do que nunca no matrimônio e no nascimento de crianças depois da Peste Negra, e uma filosofia de moderação e temperança em todas as coisas emergiu para contrabalançar a atitude de "comer, beber e ficar alegre, pois amanhã morremos" que em alguns produziu um "culto da diversão".

O estímulo à moralidade propiciado pela Peste Negra deu um novo alento de vida aos movimentos que exaltavam o ascetismo e a renúncia, e estes movimentos forneceram uma potente contrapartida para fazer frente aos rapazes da "diversão" na sociedade. A mudança decisiva, contudo, veio no século XVI. Em 1561, a Ordenação de Orléans fechou todos os bordéis. Mas, a esta altura, quase todos os bordéis municipais do Languedoc já haviam sido fechados. Otis descarta a visão popular de que isto era devido a uma reação à epidemia de sífilis que varreu a Europa no início do século XVI. Ela diz que o fechamento teria acontecido antes de 1561 se a causa fosse esta. Mas não se deve pôr de lado o efeito cumulativo da doença, a aceitação gradual do vínculo, e o reforço que isso dava à pressão moral que crescia em relação aos bordéis. A pressão moral vinha do protestantismo, o qual exigia castidade antes do casamento e visualizava uma sexualidade ativa dentro do casamento, mas não estava absolutamente inclinado à tolerância em relação à fornicação da juventude. Os pregadores luteranos tiveram participação no fechamento dos bordéis públicos em Augsburgo (1532), Ulm (1537), Regensburgo (1553) e Nuremberg (1562). A influência dos protestantes no Languedoc era forte, e a da Contra-Reforma — a resposta católica à Reforma que buscava se equiparar a esta última em rigor moral e na repressão à imoralidade sexual — acabou por ser mais forte ainda. Tanto para protestantes quanto para católicos, então, a prostituição tornou-se algo a ser reprimido e não incentivado, mesmo que dentro de limites estritamente definidos. A reação à prostituição pode ser vista, a despeito das mudanças de estratégia em relação à questão, como tendo permanecido fundamentalmente a mesma no decorrer da Idade Média. As autoridades agiram para controlá-la no início do século XIII, como parte de sua imposição geral de regulamentação e direcionamento que pode ser observada em muitas outras áreas da vida, e houve uma segunda investida de regulamentação e direcionamento como seguimento da Peste Negra. Por tudo isso, a prostituição era vista sistematicamente como um aspecto necessário da sociedade, ainda que repulsivo, o qual tinha de ser tolerado por temor de algo pior.

7
HOMOSSEXUAIS

Ao se discutir o papel da homossexualidade no mundo cristão, é necessário começar pelo trabalho de John Boswell, cujo livro, *Christianity, Social Tolerance and Homosexuality* (1980), é o estudo mais erudito sobre o assunto. É um trabalho brilhante, detalhado e indispensável, que tem estimulado um debate vivo e permanente. Mas para mim ele parece exagerar seriamente sua argumentação e, em alguns momentos, positivamente perder-se no desejo de provar que a cristandade não é fundamentalmente hostil à homossexualidade, e que, no decorrer da Idade Média, uma tolerância inicial deu lugar a uma intolerância posterior por razões não relacionadas com os ensinamentos básicos cristãos.

Não há como polemizar realmente sobre a postura básica da cristandade. Visto que o sexo, segundo os ensinamentos cristãos, foi dado ao homem unicamente para os propósitos da reprodução e por nenhuma outra razão, qualquer outra forma de atividade que não levasse ou não pudesse levar à procriação era um pecado contra a natureza. Os pecados contra a natureza incluíam especificamente a bestialidade, a homossexualidade e a masturbação. Como escreveu santo Agostinho, o mais importante dos padres da Igreja, na definição da atitude dela em relação ao sexo, em suas *Confissões* (III.8):

> Pecados contra a natureza, por conseguinte, assim como o pecado de Sodoma, são abomináveis e merecem punição sempre que forem cometidos, em qualquer lugar que sejam cometidos. Se todas as nações os cometessem, todas igualmente seriam culpadas da mesma acusação na lei de Deus, pois nosso Criador não prescreveu que pudéssemos utilizar uns aos outros dessa maneira. Na realidade, a relação que devemos ter com Deus é ela mesma violada quando nossa natureza, da qual ele é o Autor, é profanada pela lascívia perversa.

Agostinho estava simplesmente desenvolvendo o que está implícito e, algumas vezes, explícito nos primeiros ensinamentos cristãos. O Antigo Testamento (Levítico 18 v.22 e 20 v.13) declarou a homossexualidade uma abominação passível de pena de morte, incluindo-a na mesma categoria que o incesto, a bestialidade e o adultério, e o judaísmo foi a matriz do cristianismo. O próprio Jesus nada diz sobre a homossexualidade. Boswell afirma que são Paulo diz pouco e tenta explicar por que não o vê como importante, mas não chega a convencer. São Paulo em I Coríntios 6 v.9, I Timóteo I v.10, e em Romanos I vv. 26-7 condena claramente a homossexualidade. A passagem dos Coríntios na versão autorizada da Bíblia diz: "Ou não sabeis que os injustos não herdarão o reino de Deus? Não vos enganeis: nem fornicadores, nem idólatras, nem adúlteros, nem efeminados, nem os que abusam de si mesmos com a espécie humana (...) herdarão o reino de Deus." A tradução da Bíblia de Jerusalém apresenta as duas últimas categorias como "catamitos e sodomitas". Boswell sugere que a palavra utilizada por são Paulo, *αρσενokoῖται* significa especificamente prostitutos, mas David Wright, numa análise etimológica cuidadosamente fundamentada, refuta este ponto de vista, demonstrando que significa aqueles que cometem atos homossexuais.

Boswell afirma que, numa passagem semelhante em Romanos, são Paulo não está estigmatizando os atos homossexuais em si, e quando cometidos por pessoas homossexuais, mas condenando atos homossexuais cometidos por pessoas heterossexuais. Mas não é bem assim. Pois, como admite o próprio Boswell, é praticamente improvável que são Paulo aceitasse alguma forma de conceito de alguém que fosse homossexual por natureza. Ele só podia conceber atos homossexuais cometidos por pessoas heterossexuais. Nestas circunstâncias, não é surpreendente que são Paulo tenha traçado um catálogo de condutas sexuais reprováveis que eram pecaminosas, a despeito de quem as cometesse. É igualmente compreensível que ele tivesse atacado as relações homossexuais entre homens, visto que ele, como Cristo, reprovava a promiscuidade, a lascívia e a fornicação, dava valor máximo ao celibato e acreditava que a melhor alternativa fora dele era o casamento heterossexual indissolúvel para toda a vida. Em I Coríntios 7 vv. 1-9, ele foi bastante explícito:

> Quanto ao que me escrevestes, é bom que o homem não toque mulher [isto é, celibato é melhor]. Mas, para evitar a fornicação, que cada um tenha sua própria esposa, e que cada mulher tenha seu próprio marido [isto é, a única alternativa para a fornicação é o casamento heterossexual]. Quero que todos os homens sejam tais como também eu sou. (...) Caso, porém, não possam guardar a continência, que se casem; porque é melhor casar do que viver abrasado.

Não pode haver dúvida, neste contexto, de que quaisquer outras formas de prática sexual são ilícitas, e isto inclui as relações homossexuais.

A visão de são Paulo era, em certa medida, formulada como uma rejeição dos valores morais do Mundo Antigo pagão. Isso era particularmente verdade com respeito a sua atitude em relação à homossexualidade. A opinião profundamente diferente do Mundo Antigo sobre este assunto demonstra conclusivamente que tais coisas são relativas e culturalmente determinadas; e não absolutos morais. Sir Kenneth Dover, em seu estudo definitivo sobre a homossexualidade grega, concluiu que, na Grécia Antiga, as relações homossexuais supriam a necessidade de relações pessoais de uma intensidade não encontrada no casamento ou entre pais e filhos. As mulheres eram encaradas como intelectual, física e emocionalmente inferiores; os homens tendiam a se reunir em grupos onde se realizava a formação dos pares. Em alguns lugares (Esparta, Creta), o homem era fisicamente segregado e, em outros (Tebas, Esparta), os casais de amantes homens eram incentivados como parte do treinamento e da disciplina militar, um reconhecimento ancestral dos estreitos laços entre Ares e Eros.

Entretanto — e isto é crucial — a homossexualidade na Grécia relacionava-se estreitamente com a masculinidade, e é importante captar esta perspectiva de modo a entender seu papel social. A relação homossexual grega básica se dava entre um homem mais velho (*erastes*) e um jovem (*eromenos*). O homem mais velho admirava o mais jovem por suas qualidades masculinas (beleza, força, velocidade, habilidade, resistência), e o mais jovem respeitava o mais velho por sua experiência, sabedoria e comando. O homem mais velho devia treinar, educar e proteger o mais novo e, no devido tempo, o jovem crescia e se tornava o amigo, em vez do amante-pupilo, e procurava seu próprio *eromenos*. Em matéria de sexo, esperava-se que o homem mais velho tivesse papel ativo e o mais jovem passivo. Ambos os machos deveriam, no devido tempo, casar com fêmeas e ter filhos.

A sociedade grega era, portanto, genuinamente bissexual, mas dentro de limites estritamente definidos. A lei grega permitia a prostituição masculina, mas proibia seus praticantes de ocupar cargos públicos. Mas a sociedade grega desaprovava energicamente relações sexuais entre homens da mesma idade. Isto era considerado antinatural, pois significava que um dos homens adotava a posição passiva, traindo assim a masculinidade que dele requeria que assumisse o papel ativo. A equiparação entre mulheres, escravos e jovens na aplicação das proteções legais contra a agressão sexual indica que estes são parceiros passivos nas relações sexuais. Enquanto um homem mantivesse o papel ativo, e seu parceiro fosse uma mulher (naturalmente inferior), um escravo (não-livre) ou um jovem (um homem ainda não completamente desenvolvido), sua masculinidade estava preservada. Mas os gregos também desenvolveram uma filosofia para regulamentar o impulso sexual. Era baseada nas idéias de moderação, decoro e autocontrole, e envolvia o que Michel Foucault chamou de "princípio de esteticismo da conduta para aqueles que desejassem dar à sua existência a forma mais graciosa e acabada possível".

No Império Romano, como na Grécia, as pessoas não eram classificadas como heterossexuais ou homossexuais. A prostituição masculina floresceu, com permissão do Estado, e o homem podia ter relações sexuais com mulheres, escravos, jovens ou prostitutas sem gerar comentários adversos. O que era crucial aqui era a manutenção dos papéis e características culturalmente definidos e socialmente sancionados de masculinidade e feminilidade. É por isso que houve tanta reprovação a imperadores como Calígula ou Nero, que se vestiam como mulheres e assumiam o papel passivo nas relações homossexuais, e nada do gênero em relação ao imperador Adriano, que desfrutou o estilo grego idealizado de caso amoroso professor-pupilo com o jovem Antinoos, depois da morte do qual o pesaroso imperador batizou cidades em sua honra. Havia hostilidade em relação à prostituição de jovens de boa família (por razões de *status* e de esnobismo), ao lesbianismo (que implicava mulheres adotando o papel dominante masculino), à prática do *fellatio* (que envolvia passividade total), à promiscuidade (que implicava falta de decoro) e em relação à efeminação (a qual era uma negação da virilidade).

O advento do cristianismo mudou tudo isto, embora, na tendência de equiparar a homossexualidade com a efeminação e de ver a homossexualidade exclusivamente em termos de pederastia, repercutissem na Idade Média ecos distorcidos de práticas passadas. Há um problema acerca da terminologia. O termo "homossexual" era desconhecido na Idade Média. A condição em si mesma não era vista como inata. Era vista como um hábito adquirido. Os termos usados na Idade Média eram sodomia e sodomita. Embora estes termos fossem com freqüência utilizados para descrever as relações anais masculinas, podiam também ser aplicados à masturbação, à bestialidade e ao sexo não-procriativo em geral, outra evidência de que o espírito medieval somente entendia as práticas sexuais como sendo distintas das orientações sexuais.

A questão que precisamos nos colocar não é qual era, em princípio, a atitude do cristianismo em relação à homossexualidade — uma vez que se lhe opunha claramente —, mas como o cristianismo acreditava que devia lidar com os infratores. Cristo não havia delineado um conjunto abrangente de ética sexual, e não há registro de que tenha encontrado algum homossexual. Mas, quando se deparou com uma adúltera sendo apedrejada — e o adultério era, como a homossexualidade, uma ofensa capital na lei do Antigo Testamento —, disse: "Aquele dentre vós que não tiver pecado, atire a primeira pedra", e, para a mulher, "Vai, e não peques mais". Perdão e compreensão, então, em vez de punição, era a mensagem de Cristo. Mas sua atitude não significa que não encarasse o adultério como um pecado. O que ele busca é o abandono do pecado. Parece razoável supor que sua atitude em relação à homossexualidade teria sido semelhante.

Os primeiros padres da Igreja desenvolveram um código abrangente de ética sexual que o próprio Cristo não tinha providenciado. Clemente, Jerônimo, Orígenes e Agostinho estabeleceram o princípio de que o sexo com qualquer outro propósito que não o da procriação era uma violação da natureza. Estas opiniões foram consagradas em lei no momento em que o Império Romano adotou o cristianismo como sua religião oficial. O grande legislador bizantino, o imperador Justiniano (527-65), que se considerava como o próprio representante de Deus na Terra, dirigiu a imposição de um código de leis morais muito mais rigoroso do que aquele de que dispunha o império pagão. Por exemplo, o divórcio consentido foi proibido e, como parte deste endurecimento moral, foi imposta a pena de morte para os atos homossexuais. Justiniano tinha uma visão dos atos homossexuais como sendo literalmente uma violação da natureza que provocava a retaliação da mesma: "por causa destes crimes ocorrem fomes coletivas, terremotos e pestes", declarou. Este refrão deveria retornar no período posterior à Idade Média, quando uma sucessão de calamidades que surpreenderam a cristandade foi diretamente atribuída pelos pregadores populares e pelos teólogos à existência da sodomia. Jean Gerson (1363-1429), por exemplo, declarou sobre a sodomia:

> por causa deste pecado detestável, o mundo foi uma vez destruído por um dilúvio universal, e as cinco cidades de Sodoma e Gomorra foram queimadas pelo fogo celestial, de modo que seus habitantes desceram vivos ao inferno. Igualmente por causa deste pecado — que suscita a vingança divina —, fomes coletivas, guerras, pestes, enchentes, traições de reinos e muitas outras calamidades acontecem com mais freqüência, como atesta a Sagrada Escritura.

A invasão do Ocidente pelas tribos bárbaras passou ao largo da jurisdição do Império Romano. Seus reinos não estavam de modo geral interessados em uma legislação sobre assuntos morais, e sua atitude quanto à homossexualidade permanece um pouco obscura. Os governantes carolíngios, particularmente o imperador Carlos Magno (771-814), que se considerava a si próprio como o Justiniano do Ocidente, estavam ansiosos para ver os regulamentos morais da Igreja implementados e, assim, produziram sistematicamente denúncias de pecados aos quais definiam como sacrilégio, os quais incluíam a homossexualidade, o adultério, o incesto e o perjúrio. Estes pecados caíram sob a jurisdição da Igreja, à qual os governantes carolíngios rogavam regularmente que elevasse o nível moral da cristandade.

A atitude da Igreja no início da Idade Média em relação à homossexualidade pode ser melhor compreendida nos penitenciais, guias para confessores. O sistema de penitências era uma institucionalização do mandamento de Cristo "Vai, e não peques mais". Eles propiciavam aos pecadores penitentes a chance de expiar seus pecados pela mortificação da carne, pela reflexão sobre sua gravidade e pela decisão de não cometê-los novamente. As penitências variavam em função da idade, do *status* e do sexo do pecador, e segundo fosse leigo ou eclesiástico. Boswell sustenta que os penitenciais sugerem "uma atitude relativamente indulgente com respeito ao comportamento homossexual". Mas Pierre Payer demonstrou que todos os penitenciais têm ao menos um, mas, freqüentemente, muitos cânones que censuram os atos homossexuais e que, com uma consistência impressionante, impõem suas mais pesadas penitências à sodomia.

Uma das mais influentes destas obras foi o *Decretum* de Burchard de Worms (morto em 1025), que buscou referências num sem-número de penitenciais anteriores, e se baseou em sua própria experiência como confessor. No *Decretum*, Burchard tentou se manter o mais próximo possível da moral comum. Impunha as penas mais pesadas à sodomia e à bestialidade. Há variações em diferentes partes do trabalho, as quais refletem as diferentes fontes utilizadas. Mas, numa passagem, um capítulo que circulou separadamente, ele equiparava sodomia e bestialidade. Declarava que, se o ato tivesse sido cometido uma ou duas vezes, e se o penitente fosse solteiro, sendo a desculpa "que não tens esposa para poderes despender tua lascívia", a penitência era de sete anos de jejum e abstinência. Se o penitente fosse casado, a penitência era de dez anos; se a ofensa fosse habitual, quinze anos. Se o pecador fosse um jovem, a penitência era de cem dias a pão e água. Em outra passagem, Burchard distinguiu especificamente entre a sodomia homossexual (dez anos na primeira ofensa, doze anos se habitual) e a sodomia heterossexual (três anos para adultos, dois anos para jovens). Fica então claro que ele encarava a sodomia homossexual como sendo de longe o mais sério pecado sexual. Mas, curiosamente — e aqui se alinha com outros penitenciais —, ele encara outros atos homossexuais como muito menos sérios. A masturbação mútua implicava uma penitência de trinta dias, e o intercurso interfemoral uma de quarenta, a mesma penitência imposta por induzir alguém a uma bebedeira ou por fazer sexo com a esposa durante a Quaresma. A mais provável explicação para esta discrepância é que o ato da penetração, a imitação perversa do coito procriativo, é o que estaria sendo punido. As outras atividades eram vistas como variações da masturbação que, neste período, era punida muito levemente, e parece ter sido encarada como uma imprudência de adolescente inevitável, ou como parte dos percalços sexuais de um jovem libertino não-casado.

A era da reforma eclesiástica e a onda de espiritualidade ascética, juntamente com a revitalização das cidades e da vida urbana, intensificaram a sensibilidade geral em relação à homossexualidade e criaram a percepção de um "problema homossexual". Uma subcultura *gay* distinta surgiu nos burgos e cidades, com lugares de encontro reconhecidos, como casas de banhos e barbearias, e com gírias *gay* (um jovem homossexual era conhecido como um "Ganimedes"; a atividade homossexual era chamada de "o jogo"; "caçar" era o termo aplicado à atividade hoje conhecida como "paquerar"). O ressurgimento do interesse pelos textos clássicos e do estudo deles como parte do Renascimento do século XII inspiraram um florescente gênero de poesia erótica de amor dedicada por homens a outros homens, e de apologia do amor entre rapazes, modelados ambos nas obras gregas pagãs. Há evidências de prostituição masculina nas cidades italianas, e referências à existência de bordéis masculinos em Chartres, Orléans, Sens e Paris. Algumas cidades italianas, particularmente Veneza e Florença, tornaram-se centros homossexuais notórios, a tal ponto que os pederastas na Alemanha eram conhecidos como *Florenzer* (florentinos). Comparativamente, havia poucas evidências de homossexualidade no campo.

Três grupos eram regularmente mencionados como envolvidos em atividades homossexuais. Primeiro, havia a nobreza, particularmente a nobreza jovem. Em meados do século XI, ocorreram acusações sistemáticas de má conduta sexual contra nobres e contra elementos dos círculos reais. A homossexualidade era um dos vícios que alegadamente floresceu nas cortes de Roberto, duque da Normandia, e do rei Guilherme II da Inglaterra, filho de Guilherme o Conquistador. A mesma acusação pesou contra o círculo de amigos de Guilherme, filho de Henrique I, que naufragou no desastre do *White Ship*, pagando assim, segundo o cronista Henrique de Huntingdon, o preço da sodomia. No século XII, João de Salisbury queixou-se da efeminação dos jovens cortesãos, mas parecia que estava mais impressionado por seus longos cabelos e exibicionismo afetado do que por qualquer outra coisa. Há evidências que permitem sugerir que Ricardo Coração de Leão era homossexual.

O clero, tanto o secular quanto o regular, foi acusado de se comprazer na homossexualidade. O cronista Fra Salimbene, no século XIII, assim como santa Catarina de Siena e Benvenuto de Imola, no XIV, afirmaram que o pecado era comum entre os clérigos e os eruditos. Havia mexerico sobre o que acontecia nos mosteiros, e Walter Map preserva uma autêntica anedota de "bar". Ouvindo uma história sobre são Bernardo, relatando que este se jogou sobre o corpo de um rapaz morto para rezar por ele, mas não conseguiu reanimá-lo, Walter gracejou: "Então, era o mais azarado dos monges. Nunca antes ouvi falar de um monge que se tenha jogado sobre um rapaz e que, ao se levantar, o rapaz prontamente não se tenha sempre levantado também." O contato sexual entre monges era um temor muito vívido para as autoridades, as relações de amizade mais íntimas entre eles eram freqüentemente desencorajadas, e foram introduzidos regulamentos para reduzir o perigo dos encontros noturnos. *A regra do mestre*, por exemplo, continha uma cláusula segundo a qual todos os monges deveriam dormir na mesma peça, a cama do abade situada no centro, e *A regra de são Bento* prescrevia que os monges deveriam dormir vestidos, e a luz permanecer acesa no dormitório.

Estudantes eram regularmente acusados de homossexualidade. Os estudantes da Universidade de Paris eram notórios por seu envolvimento nela, e as evidências detalhadas que sobreviveram no caso de Arnaldo de Verniolles, um padre acusado de heresia e sodomia em 1323-24, mostram que teve uma sucessão de casos amorosos com estudantes adolescentes condescendentes. O que chama a atenção sobre estes três grupos é que eram compostos, no caso dos estudantes e dos nobres, por rapazes que adiavam o casamento em nome de seus estudos ou por causa da primogenitura, e, no caso dos clérigos, por elementos que se comprometiam com o voto do celibato. Isso sugere que a percepção medieval popular da homossexualidade era de que se tratava de algo que ocorria na ausência de mulheres ou do casamento, e que não era uma inclinação independente. Em alguns destes exemplos, essa avaliação pode muito bem ter sido verdadeira. A homossexualidade também era vista quase que exclusivamente como um pecado da cidade, da corte, e das classes altas e de profissionais; mas provavelmente isso se deve ao fato de que era mais visível nesses lugares. Os registros dos tribunais de Veneza no final da Idade Média indicam a existência de homossexuais em todos os grupos de idade e em todas as classes: clérigos e nobres, barbeiros e arautos, barqueiros e criados, homens e rapazes.

Os séculos XII e XIII testemunharam uma série de desenvolvimentos cruciais da Igreja que conduziriam à introdução de regras morais mais restritivas. Como no caso das prostitutas e dos leprosos, a Igreja, a coroa e as comunidades urbanas tomaram medidas para lidar com o perceptível problema da homossexualidade num contexto de reforma moral e espiritual geral. A Igreja iniciou um esforço para reformar a vida do clero, declarando guerra aos pecados da simonia e do casamento de padres. A homossexualidade entre os padres era sem dúvida um alvo fundamental dessa campanha. Paralelamente a isso, a Igreja se apressava em assumir o controle da sagrada instituição do casamento e para promovê-lo como instituição leiga central da sociedade civilizada. A homossexualidade seria vista como uma ameaça a esta campanha a longo prazo.

Verificou-se, então, um inevitável impulso no sentido de encarar de frente o problema da homossexualidade, e alguns dos desenvolvimentos dos séculos XII e XIII forneceram os meios para tanto. Sob o estímulo da redescoberta do direito romano, emergiu um código sistemático e coerente de leis da Igreja para substituir o arranjo fragmentário e às vezes contraditório que existia anteriormente. Os tribunais da Igreja e os advogados canônicos podiam se voltar confiantes para um corpo de legislação de caráter oficial. O Quarto Concílio Lateranense de 1215 estabeleceu a máquina da Inquisição para investigar as ofensas morais e autorizou a entrega, uma vez que fossem condenados, de eclesiásticos e leigos às autoridades seculares para punição. Estreitou os regulamentos para orientação e instrução moral, impôs a obrigação da confissão anual e ordenou a realização de investigações sistemáticas.

O século XIII também assistiu ao desenvolvimento das *Summae*, manuais sistemáticos para confessores que substituíram os algumas vezes contraditórios e negociáveis penitenciais do período inicial da Idade Média. Todos estes desdobramentos apontavam para a emergência de uma política mais dura em relação aos homossexuais e para um afastamento da filosofia subjacente ao tratamento que se dispensava à questão no início da Idade Média. O papado no século XI não havia dado prioridade máxima à perseguição dos homossexuais, embora a reforma tenha produzido um texto anti-homossexual clássico. O *Liber Gomorrhianus* (O livro de Gomorra), escrito entre 1048 e 1054, foi a primeira obra de são Pedro Damião relativa aos abusos sexuais do clero. Damião foi uma figura chave no movimento de reforma, e seu livro é ímpar na literatura cristã medieval, pois é o "único tratamento em prosa das várias formas de homossexualidade, das circunstâncias das transgressões clericais e das medidas propostas contra tal comportamento". Pedro via este comportamento como um terrível e hediondo pecado:

> Na verdade, este vício nunca deve ser comparado a qualquer outro, pois ultrapassa a sordidez de todos os vícios. Sem dúvida, este vício é a morte dos corpos, a destruição das almas. Ele polui a carne; ele extingue a luz da mente. Expulsa o Espírito Santo do templo do coração humano; introduz o Diabo, que incita à luxúria. Ele induz ao erro; ele remove completamente a verdade da mente que foi ludibriada (...). Ele abre o inferno, fecha a porta do paraíso (...). Este vício tenta derrubar as paredes da casa celestial e trabalha na restauração das muralhas reconstruídas de Sodoma. Pois este é o vício que viola a sobriedade, mata a modéstia, sufoca a castidade e estripa a irreparável virgindade com a adaga do contágio impuro. Ele conspurca tudo, desonrando tudo com sua nódoa, poluindo tudo. E quanto a si próprio, não permite nada puro, nada limpo, nada além da imundície.

Pedro estava preocupado com a disseminação da homossexualidade no clero. Ele enumerou quatro variações: masturbação, masturbação recíproca, relação interfemoral e relação anal. Condenava especificamente os padres que, depois de enveredados no caminho da atividade homossexual, se confessavam uns aos outros, de modo a receber penas mínimas, e os padres que pecavam com penitentes do sexo masculino que tivessem confessado sua homossexualidade. Ele advogava impedir os pecadores homossexuais de algum dia tornarem-se padres e queria a exoneração indiscriminada dos pecadores do clero.

Damião estabelece uma vinculação direta entre a homossexualidade, a heresia, a lepra e o Diabo. Assim como o Concílio de Ancira (314), muito citado durante a Idade Média, ele compara a sodomia à lepra. Ele se vê a si mesmo como Ambrósio, que denunciou os seguidores de Ário, como Agostinho, ao denunciar donatistas e maniqueus, e como Jerônimo, ao atacar outras seitas heréticas. Ele vê a homossexualidade como o resultado de um impulso demoníaco.

Mas tão interessante quanto o fato de Damião ter escrito o livro é a reação daquele a quem ele é dedicado, o papa Leão IX. O papa toma o cuidado de se distanciar do seu rigor. Declara que agiria "mais humanamente" do que prescreve Pedro. Diz que aqueles que são culpados de masturbação solitária ou mútua, ou de intercurso interfemoral, se não-habituais ou promíscuos, se refrearem seus desejos e cumprirem as penitências apropriadas, poderiam ser readmitidos nas fileiras eclesiásticas. Os que não podiam ser readmitidos eram os pecadores habituais ou promíscuos, e os que fossem culpados de relação anal.

O arcebispo Anselmo de Canterbury assumiu um ponto de vista parecido com o do papa Leão em 1102. O Concílio de Londres, talvez reagindo à imoralidade da corte anglo-normanda, procurou estigmatizar todos os homossexuais, até que tivessem confessado e cumprido penitência, e impôs penalidades para isso: rebaixamento para os clérigos, e perda de direitos civis para os leigos. Mas Anselmo suprimiu este decreto e escreveu para o arquidiácono Guilherme, defendendo um enfoque mais tolerante da questão. Ele pretendia voltar à política tradicional de penitências aplicadas segundo a idade, o *status* conjugal e a duração do pecado, e insistiu para que os clérigos sodomitas fossem admoestados no sentido de desistirem da prática, e que os sodomitas não fossem mais admitidos no clero no futuro. As razões que apresenta para sua política é que "o pecado se tornou tão público que praticamente ninguém se envergonha dele e muitos (...) nele mergulharam sem compreender sua gravidade". Seria um erro interpretar a opinião de santo Anselmo e do papa Leão como tolerância em relação à homossexualidade. Eles estavam simplesmente adotando uma estratégia diferente da dos rigoristas para erradicá-la. A deles era uma política de diferenciar os pecadores ocasionais dos habituais e de proceder de modo cauteloso e tradicional, em vez de desencadear um ataque punitivo relâmpago. Na realidade, eles endossavam o ponto de vista subjacente no *Decretum* de Burchard, o qual fizera uma distinção precisa entre sodomia e delitos homossexuais de menor importância, e entre transgressores menores e maiores.

Mas, se existiam pessoas inconscientes da gravidade da homossexualidade no século XI, elas passariam a ter poucas dúvidas sobre o assunto no século XIII, quando foi publicada uma rica literatura oferecendo textos em prosa e verso dos fundadores da Igreja, dos concílios da Igreja, do Novo e do Antigo Testamentos, o conjunto enfatizando o caráter hediondo desta prática. O *Decretum* de Graciano, pedra angular dos novos desdobramentos legais, aproveitou a definição de Agostinho de pecado sexual, distinguindo entre pecados naturais (fornicação, adultério) e pecados inaturais (homossexualidade, bestialidade). As *Summae* foram elaboradas a partir desta posição básica. Alain de Lille, em seu *Liber Poenitentialis* (1199-1202), definiu o pecado contra a natureza como o despender do sêmen fora do recipiente apropriado, e proscreveu a masturbação, a relação oral ou anal, e a bestialidade, estupro e adultério como incluídos nesta categoria. Em seu *Sermões sobre os pecados capitais*, equiparou sodomia e homicídio como os dois crimes mais sérios, e, em seu poema *O lamento da natureza,* definiu a felicidade como a satisfação do propósito natural de um ser (procriação); uma vez que a sodomia frustrava a concepção de filhos, era, por conseguinte, inatural e pecaminosa, e conduzia à infelicidade.

O dominicano e professor de direito Paulo da Hungria, no seu *Liber Poenitentialis* (1220), definiu, de modo parecido, o pecado contra a natureza como o desperdício do sêmen fora do recipiente normal. Isto era pior do que o incesto, porque violava o relacionamento do Homem com Deus. O pecado contra a natureza (homossexualidade, bestialidade, relação heterossexual inatural) causou a destruição de Sodoma e Gomorra e o Grande Dilúvio. Provocou as fomes, as pestes e as catástrofes naturais, porque perturbou a ordem natural dos assuntos sexuais. Negava a injunção de Deus para que fôssemos férteis e nos multiplicássemos. A punição era inequívoca. O sodomita era consignado irremediavelmente ao inferno. As causas para o pecado contra a natureza, pensava Paulo, eram excesso de comida, excesso de bebida e excesso de lazer, os quais levavam à luxúria e à auto-indulgência. A resposta estava na oração e no jejum. Esta interpretação dá novamente a impressão de que a homossexualidade não era vista como algo inato e inescapável, mas antes como um hábito deliberadamente assumido de contestação e iniqüidade. Sem dúvida, os teólogos ponderavam que a homossexualidade tinha de ser voluntariamente perversa, visto que Deus não dera aos homens inclinações inaturais. Guilherme de Auvergne (*c.* 1180-1249), na sua *Summa de Poenitentia*, declarou que a homossexualidade levava à lepra e à insanidade, que estava ligada ao paganismo e à idolatria, e que seus praticantes eram culpados de homicídio (desperdiçando seu sêmen improdutivamente) e de sodomia (depositando seu sêmen em recipiente impróprio). Caesarius de Heisterbach, em seu *Diálogo sobre milagres* (1220-35), acrescentou outra advertência sobre os perigos de desperdiçar o sêmen. Afirmou que os demônios colhiam sistematicamente o sêmen humano desperdiçado para moldá-lo na forma de corpos masculinos e femininos, os quais usavam nas aparições que faziam para atormentar e perseguir a humanidade.

Santo Alberto Magno (1206-80) considerava a sodomia o pior pecado contra a natureza, e a definia como a prática do sexo entre homem e homem ou entre mulher e mulher. Reclamava uma punição especial por quatro razões: originava-se num arrebatamento ardente que subvertia a ordem da natureza; o pecado se distinguia por sua imundície repugnante, e era, no entanto, mais provavelmente encontrado entre pessoas de alto nível do que de baixo nível; aqueles que se tornavam viciados nessa perversão raramente conseguiam dela escapar; estas perversões eram tão contagiosas quanto uma doença.

O tratamento mais sistemático da homossexualidade encontra-se na *Summa Theologiae*, de santo Tomás de Aquino (*c.* 1266). Ele a via como uma forma inatural de devassidão, pois não podia conduzir à procriação. Concordava com santo Agostinho que o crime contra a natureza era o pior dos pecados, de modo que mesmo o ato inatural praticado através do consentimento mútuo, e que não prejudicasse ninguém, era uma injúria para Deus. Eles violavam a ordem natural determinada por Deus. Por ordem crescente de gravidade, os pecados contra a natureza eram: masturbação, relação inatural com o sexo oposto, relação homossexual e bestialidade. Estas concepções eram amplamente disseminadas, e se, em alguma medida, a literatura for um reflexo da opinião popular, elas predominaram na sociedade secular. Chaucer encarava a homossexualidade como um pecado primário, e Dante consignou os homossexuais no Sétimo Círculo do Inferno, juntamente com os violentos, pois tinham violado as leis da natureza.

Os séculos XII e XIII assistiram a um afastamento decisivo em relação à posição delineada pelo papa Leão IX para lidar com os homossexuais, à medida que uma política muito mais ríspida e rigorosa foi adotada pelos sucessivos concílios da Igreja. O Concílio de Nablus, realizado no reino cruzado de Jerusalém em 1120, estabeleceu que o adulto sodomita persistente e do sexo masculino seria queimado pelas autoridades civis. Esta foi a primeira vez que tal pena foi evocada desde a queda do Império Romano, e colocava os homossexuais no mesmo patamar que os assassinos, hereges e traidores. Michael Goodich sugeriu de maneira plausível que a razão deste novo rigor era o temor de uma onda de homossexualidade, devido à escassez de mulheres cristãs, ao contato com muçulmanos (que eram — segundo a propaganda cristã — viciados em pederastia) e à presença na Terra Santa de um grande número de normandos (dos quais já se dizia estarem manchados por esse pecado).

O Terceiro Concílio Lateranense de 1179 também lidou com a homossexualidade e, embora não tenha seguido a rígida orientação do Concílio de Nablus, deu claras evidências de um endurecimento nos regulamentos, ao decretar rebaixamento e penitências em mosteiros para sodomitas do clero, e excomunhão para os leigos. Os concílios de Paris (1212) e de Rouen (1214) repetiram o cânone, e o Concílio Lateranense de 1215 ordenou sua aplicação estrita. A disposição foi incorporada à nova coletânea de decretos papais, o *Liber Extra*, produzido para o papa Gregório IX em 1234. Foi também Gregório IX quem enviou inquisidores dominicanos para erradicar a sodomia na Alemanha, a qual foi descrita como "tão assolada por vícios inaturais (...) que algumas regiões, especialmente a Áustria, são vistas como se estivessem infectadas pela imundície da lepra". Outra evidência da seriedade com a qual a questão era encarada é o fato de a homossexualidade, no final do século XII, ter sido retirada da jurisdição dos párocos e transformada em crime reservado, com o qual somente o bispo ou seus representantes podiam lidar. Em 1221, os cistercienses decretaram a expulsão da ordem dos sodomitas condenados, e dominicanos, cartusianos e cistercienses exigiram todos a construção de prisões para encarcerar os sodomitas juntamente com os ladrões, falsificadores, assassinos e incendiários. A homossexualidade se tornou um apêndice inevitável das acusações de heresia e bruxaria. Quando o papa Gregório IX incluiu em sua bula *Vox in Roma* (1233) uma descrição das obscenas cerimônias de iniciação dos hereges e bruxos descobertas por Conrado de Marburgo, comentou: "Quando esta cerimônia termina, as luzes são apagadas e os presentes se saciam na asquerosa sensualidade, sem discernir sexo. Se há mais homens do que mulheres, os homens satisfazem seus apetites depravados entre si, e as mulheres fazem o mesmo umas com as outras." Sodomia, bestialidade e outros crimes inaturais tornaram-se, a partir do século XIV, uma parte cada vez mais importante das acusações de bruxaria.

O próximo passo foi o interesse que a lei secular passou a ter nestes assuntos. Até o século XII, o direito tribal e costumeiro predominou nesta área, embora essa tradição na realidade deixasse os assuntos morais nas mãos da Igreja. Já no século XIII, a redescoberta do direito romano, que determinava um papel moral aos legistas da monarquia e impunha sentenças capitais, havia tido um impacto marcante sobre os legisladores. O direito romano era visto pelos monarcas centralizadores como um caminho ideal para impor a uniformidade nacional e enfatizar o papel do monarca como fonte da justiça, reportando os crimes capitais aos tribunais reais. O código de Justiniano tinha prescrito a execução pública na fogueira para os homossexuais, e isto configurou o modelo para os códigos de leis introduzidos pelas monarquias nacionais. O rei Eduardo I da Inglaterra (1272-1307) e o rei Luís IX da França (1226-70) decretaram a morte pelo fogo para os homossexuais; Afonso X de Castela (1252-84) decretou que os homossexuais deviam ser castrados e pendurados pelas pernas até a morte. A punição espanhola foi alterada para morte na fogueira pelo rei Fernando e pela rainha Isabel, no final do século XV. A exceção para esta tendência geral foi o imperador do Sacro Império Romano, Frederico II, cujas Constituições de Melfi (1231) proibiam a heresia, mas eram notáveis pela ausência de restrições aos judeus, muçulmanos e homossexuais. Posto que seu reino dependia destes dois primeiros grupos para sua administração, e visto que a pederastia era entendida como uma característica da vida muçulmana, considerações políticas podem ter ditado este curso legal.

A utilização de acusações de prática desviante para se livrar de inimigos era parte habitual da política medieval, e a sodomia era freqüentemente vinculada à bruxaria e ao culto do Diabo. No primeiro julgamento político que envolvia acusações de magia, o papa Bonifácio VIII foi postumamente acusado, em 1310-11, de heresia, simonia, comunhão com demônios e sodomia. Mas talvez o caso mais espetacular envolvendo acusações de sodomia tenha sido o processo dos templários. Os templários, uma ordem monástica de cavalaria fundada pouco depois da Primeira Cruzada, tinham-se retirado para a França depois da perda da Terra Santa em 1291. Devendo obediência somente ao papa, e baseados em seu quartel-general, uma fortaleza chamada de O Templo, em Paris, os templários tornaram-se um "Estado dentro de um Estado", ricos, poderosos, arrogantes e crescentemente impopulares. Foi provavelmente a riqueza da ordem que chamou a atenção do rei Filipe IV da França. Enfrentando a bancarrota, devido ao custo de suas guerras com a Inglaterra e com a Flandres, ele já havia desvalorizado a moeda, taxado a Igreja, extorquido seus súditos mais ricos através de empréstimos forçados, confiscado os bens dos lombardos e expropriado e expulso os judeus.

Em 1307, Filipe prendeu os templários e os acusou dos piores crimes imagináveis — rejeitar o Cristo e cuspir na cruz, fazer falsas oferendas a ídolos, adorar gatos (uma imagem usual do Diabo), praticar ritos obscenos de iniciação que envolviam beijar o pênis e o ânus do Grão-Mestre, e se saciarem uns com os outros, a pedido, sem direito de recusa, em atos homossexuais. Assim, temos aqui a equiparação familiar entre culto ao Diabo, heresia e sodomia. Trinta e seis templários morreram sob tortura; pelo menos setenta e dois outros (inclusive o Grão-Mestre) foram queimados, seja por se recusarem a confessar, seja porque, confessos, se retrataram. Somente três chegaram a admitir que tinham participado de atos homossexuais. Filipe mobilizou habilmente a opinião pública contra os templários, e pediu ao papa Clemente V para extinguir a ordem. O Concílio de Viena (1311) votou contra a dissolução da ordem, com base no fato de que as acusações não foram comprovadas, mas Clemente, temeroso das repercussões na França, foi em frente e a suprimiu. Tribunais designados para investigar a culpa dos templários em outros países fora a França — Inglaterra, Escócia, Portugal, Castela, Aragão, Chipre e Alemanha — os consideraram inocentes, ou arquivaram o caso por falta de provas. Mas o caso contribuiu para a satanização dos homossexuais.

Finalmente, as cidades, sob a crescente influência puritana e moralista das ordens mendicantes, mobilizaram-se para reprimir a homossexualidade. Os mendicantes fizeram campanhas sistemáticas nas cidades para a implementação da moralidade cristã, e isto envolvia a denúncia do jogo, da bebida, da prostituição e da sodomia. Estes princípios tornaram-se parte integrante de uma mentalidade burguesa emergente. Humberto Romano, mestre-geral dos dominicanos, escreveu, em meados do século XIII, aos irmãos de Bolonha, Mântua e Faenza, instando-os a se preocuparem com a heresia e com esta "conspurcação do mal", a sodomia. No decorrer dos séculos XIII e XIV, uma cidade após a outra decretou a morte na fogueira e, algumas vezes, decapitação e confisco das propriedades dos sodomitas habituais: Ancona, Belluno, Bérgamo, Bolonha, Cremona, Faenza, Florença, Lucca, Modena, Parma, Reggio, Emilia, Siena, Spoleto, Todi, Urbino. Aplicavam-se freqüentemente penas mais leves para menores e infratores esporádicos, de modo a incentivá-los ao arrependimento antes que fosse muito tarde. Perúgia impôs pesadas multas para as duas primeiras condenações, e a fogueira para a terceira. Todi multava infratores com menos de trinta e três anos e queimava aqueles que tinham idade superior a esta. Em Florença, infratores menores de dezesseis anos levavam uma surra e eram multados. Isto provavelmente refletia o julgamento de que os jovens eram naturalmente lascivos, e que o casamento na idade madura os acalmaria. Se, já adultos, persistissem na ofensa, estariam numa posição além de qualquer redenção. Mas a medida do desejo de perseguir homossexuais pode ser percebida na resolução do Concílio de Siena, de 1234, de designar homens para caçar sodomitas "de modo a honrar o Senhor, assegurar a paz verdadeira e manter os bons costumes e uma vida louvável para o povo de Siena". Em meados do século XIII, os dispositivos da repressão sexual tinham-se estabelecido de maneira firme. A Inquisição e as irmandades leigas associadas com as ordens mendicantes tornaram-se instrumentos de perseguição de hereges e de sodomitas.

A preocupação nas cidades com o problema da homossexualidade foi exacerbada pela peste pandêmica e pelo conseqüente declínio da população. Este foi certamente o caso de Florença, onde o problema se combinava com o hábito dos homens se casarem tarde ou sequer fazê-lo, em parte devido ao alto custo dos dotes e do casamento, e onde, segundo comentaristas contemporâneos, os jovens rapazes estavam se tornando efeminados em virtude de serem educados por suas mães, ou exclusivamente dentro de ambientes femininos. Parece também que ocorreu um modismo de afetação de comportamento homossexual, inspirado na admiração pelos textos gregos clássicos que era uma característica do Renascimento florentino em expansão. A poesia popular satirizava a alegada propensão à sodomia do jovem florentino, e este tornou-se um tema recorrente dos pregadores.

Em 1415, uma série de tratados condenando a inclinação florentina para a sodomia foi publicada por clérigos, e foi criado o Ofício do Decoro para policiar a moral pública. Uma de suas tarefas era o estabelecimento e a contratação do pessoal de um bordel municipal, o qual afastaria o jovem florentino da prática da sodomia. Em 1432, foi criado o Ofício da Noite para suprimir "o vício que não pode ser nomeado". Uma escala crescente de multas de 50 a 500 florins foi instituída para as quatro primeiras transgressões, seguidas pela morte na fogueira no caso de uma quinta. Uma mudança de qualidade também pôde ser observada na natureza das causas nos tribunais florentinos que envolviam a homossexualidade. No século XIV, uma amostragem de casos revelou que eles se preocupavam exclusivamente com o defloramento homossexual. Mas, depois de 1432, os amantes homossexuais começaram a ser presos. Documentos da corte listavam a duração da relação homossexual, e os processos mostram infratores indicando o nome de seus amantes. Em 1461-2, um tecelão da seda e um trapeiro entregaram respectivamente oito e nove de seus amantes. Os mesmos infratores estavam sempre sendo rondados, e esta evidência sugere o intento definido de extirpar o pecado.

Toda esta atividade deve ser firmemente inserida num contexto de pregação constante contra a sodomia realizada pelos mais importantes pregadores do momento. O mais notável dentre eles foi são Bernardino de Siena (1380-1444), o franciscano que atraía regularmente imensas multidões e que, com o incentivo do governo, esbravejava contra a prática da homossexualidade. Ele afirmava que Florença era pior do que Sodoma e Gomorra, que a Toscana tinha a mais baixa população do mundo por causa disso, e que o miasma da homossexualidade causava a peste de que Florença sofria. Ele repetiu o mesmo refrão em Siena, declarando que, se tivesse filhos, os enviaria para longe desde os três até pelo menos os quarenta anos, pois esta era a idade vulnerável à homossexualidade. Ele culpava, pelo predomínio do pecado, a indulgência dos pais, as modas provocativas, a negligência com a confissão e com a comunhão, e o estudo dos clássicos, os quais exaltavam o erotismo, o paganismo e a pederastia:

> Ouvi falar em alguns meninos que maqueiam suas faces e andam por aí gabando-se de sua sodomia e praticando-a por dinheiro (...). Em grande parte, é culpa de suas mães e de seus pais por não puni-los, mas especialmente das mães, que esvaziam as bolsas desses filhos sem perguntar de onde vem o dinheiro. E é um grande pecado fazer-lhes um gibão que lhes chega somente ao umbigo, e calções com uma pequena peça de pano na frente e outra atrás, de modo a que mostrem carne o bastante para os sodomitas. Vós fazeis economia de pano e despendeis a carne!

A sodomia faz com que seus praticantes se inclinem para a cobiça, a inveja e o enfado. Ela destrói suas energias e sua fibra moral:

> Pode existir um jovem rapaz de raros talentos, alguém de grande inteligência, feito para realizar maravilhas, mas uma vez corrompido pela sodomia, ele se transforma numa criatura do Diabo. Ele rejeita todas as coisas naturalmente boas, todos os pensamentos de Deus, do Estado, de sua família, rejeita seus negócios, sua honra, sua própria alma (...) ele só pensa em assuntos malignos.

Os sodomitas devem ser afastados da sociedade. "Assim como o lixo é retirado das casas, de modo a que não as infecte, os depravados devem ser afastados do comércio humano pela prisão ou pela morte." O pecado tem que ser destruído pelo fogo e extirpado da sociedade. "Ao fogo!" esbravejava são Bernardino em sua assembléia. "Eles são todos sodomitas! E vós estareis todos em pecado mortal se tentardes ajudá-los." Estabeleceram-se irmandades de adultos e adolescentes em Florença para combater o declínio cívico e a desordem, sendo a homossexualidade motivo para expulsão. Em 1425, são Bernardino colaborou tanto com Siena quanto com Perúgia no sentido de estruturarem novos códigos de leis mais rígidos para lidar com os deslizes morais, incluindo a morte na fogueira para sodomitas recalcitrantes.

Uma visão igualmente séria da ameaça da sodomia desenvolveu-se em Veneza. Lá ela era considerada como uma prática capaz de solapar a organização básica da sociedade — a família, a união homem/mulher e a reprodução. Segundo a retórica veneziana, este foi o pecado que fez com que Deus destruísse Sodoma e Gomorra e provocasse o Grande Dilúvio. Os pregadores invariavelmente atribuíam o início da Peste Negra à sodomia.

Havia em Veneza uma subcultura homossexual bem definida e reconhecível, centrada nas boticas, nos ginásios, nas casas de massa e nas escolas, sem dúvida os lugares onde os jovens se reuniam e onde havia jogo, bebida e todo tipo de companhia masculina. O clero também estava implicado. Em 1408, as autoridades se queixaram ao papa que os esforços para eliminar a sodomia era dificultado pelo clero que, ou simplesmente escapava da punição, ou era tratado com clemência pelos tribunais. Há clara evidência do extenso envolvimento de clérigos e de monges em atividades homossexuais. Aparentemente, os augustinianos apresentavam um quadro particularmente problemático e, em 1422, seu vigário-geral decretou a prisão perpétua a pão e água para os augustinianos sodomitas.

A masturbação não era criminalizada em Veneza, e era vista como completamente normal entre homens, embora, é claro, não fosse aprovada. A sodomia era definida como atos homossexuais, relação anal com mulheres e bestialidade. Já em meados do século XV, a penetração anal de meninos e mulheres era encarada como algo tão sério, que uma regulamentação foi aprovada em 1467, insistindo para que médicos, barbeiros e outros curandeiros relatassem os ferimentos anais às autoridades, de modo a "eliminar o vício da sodomia desta nossa cidade".

Veneza desenvolveu o ponto de vista de que o parceiro passivo era menos culpado e, assim, o parceiro ativo era punido. O parceiro passivo era geralmente mais jovem, e adolescentes com idade inferior a quatorze anos estavam abaixo da idade legal de acusação. O parceiro ativo era considerado mais responsável e mais culpado, em parte porque preservava sua masculinidade, enquanto o parceiro passivo penalizava a si próprio, em virtude de ter feito o papel da fêmea na relação sexual. Algumas vezes, amantes masculinos afirmaram ter forçado seus parceiros, a fim de salvá-los dos rigores da lei: um eco tocante de uma devoção que chega até nós graças aos registros que restaram dos tribunais.

Houve um crescimento dramático dos processos por sodomia em Veneza no século XV. Houve nove condenações no período de 1348-68, mas este número se elevou para 110 no período de 1448-69. Os venezianos fora do território de Veneza antes estavam fora do alcance da lei. Mas a partir de 1420, foi declarado que qualquer um que cometesse a sodomia numa embarcação veneziana deveria ser punido como se tivesse cometido a ofensa em território veneziano. Na década de 1450, foi realizado um censo da sodomia, com dois nobres de cada paróquia destacados para passar o ano investigando suas vizinhanças. Em 1444, as autoridades, temerosas das atividades homossexuais, determinaram que nenhum mestre estava autorizado a dar aulas depois do pôr-do-sol, decreto que se repetiu em 1477, com o objetivo de "eliminar este vício abominável que nos dizem ser cometido diária e publicamente nesta nossa cidade". Em Veneza, assim como em Florença, os homossexuais se tornaram bodes expiatórios para a peste e para o declínio populacional, e eram claramente vistos como um ultraje para o código da respeitabilidade burguesa, recém-estabelecido e influenciado pelas ordens mendicantes. Até que ponto os homossexuais foram processados em outras regiões ainda não está inteiramente claro. Os registros da corte de Londres, por exemplo, mostram uma incidência notavelmente baixa de casos. Entre 1420 e 1518, somente um entre 21 mil réus diante dos Tribunais da Igreja de Londres foi acusado de sodomia.

O que causou o crescimento do sentimento anti-homossexual a partir do século XII? Boswell aponta para dois fenômenos relacionados. Primeiro, havia uma xenofobia exacerbada pelas cruzadas. A propaganda antimuçulmana ressaltava o predomínio da homossexualidade entre eles e destacava histórias de atrocidades homossexuais contra cristãos, crianças e clérigos. O forjado "Apelo do Imperador Oriental" para ajudar a salvar a Terra Santa, que circulou no Ocidente para angariar apoio para a Primeira Cruzada, ressaltava o seqüestro das virgens cristãs e a sodomização de meninos de todas as classes. Jacques de Vitry, no seu *História oriental* chegou a alegar que o profeta Maomé tinha popularizado a sodomia entre seu povo. A sodomia também era associada com a heresia, e isto parece igualmente significativo. O celibato dos cátaros *perfeitos* deu lugar ao surgimento de rumores persistentes de que eles se abstinham somente do sexo com mulheres e, em vez disso, o praticavam uns com os outros. A máxima cátara "se todas as coisas são proibidas, então todas são permissíveis" foi tomada como uma justificativa para a promiscuidade e a sodomia. Outros grupos heréticos foram sujeitos a acusações semelhantes e, em alguns casos, funcionou. Uma vez que se concebia que as duas maiores ameaças para a cristandade eram o islã, externa, e a heresia, interna, e dado que ambas eram associadas à sodomia, a homofobia recebeu um poderoso impulso.

Igualmente importante é o puritanismo da revitalização evangélica dos séculos XI e XII, que inspirou tentativas sistemáticas de definir e lidar com os pecados, e a preocupação crescente de policiar a vida moral tanto do clero quanto do laicado. À medida que uma subcultura homossexual tornou-se mais visível nas cidades em expansão, a Igreja, a coroa e as autoridades municipais, fortemente influenciadas pelo direito romano e pela espiritualidade pregada pelas ordens mendicantes, mobilizaram-se para reprimi-la. Estas tentativas se intensificaram com a chegada da peste em meados do século XIV, tanto pela razão prática do declínio populacional quanto pela razão moral de que Deus estava punindo o povo em virtude da proeminência da sodomia.

Por toda a luz inestimável que o livro de Boswell projeta sobre o tema das atitudes em relação à homossexualidade e sobre a prática da homossexualidade na Idade Média, suas duas teses principais me parecem ser contrárias à evidência. O cristianismo era fundamentalmente hostil à homossexualidade. A mudança na Idade Média não foi um deslocamento da tolerância para a intolerância por razões não-intrínsecas às crenças cristãs, mas uma alteração nos meios de lidar com a questão. No período inicial da Idade Média, a punição era a penitência; no período posterior, a fogueira. Mas nunca foi questão de permitir aos homossexuais prosseguir em sua atividade homossexual sem punição. Eles eram obrigados a desistir dela ou arriscar a danação.

8
LEPROSOS

Talvez não exista na história nenhuma doença que tenha causado tanto medo e asco quanto a lepra. O próprio termo "leproso" tornou-se sinônimo de rejeitado. Na Idade Média, esta reação derivava em parte das deformidades físicas, das feridas supurativas e do odor mefítico causados pela doença. Mas emanava mais ainda da certeza reconhecida de que a lepra era o sinal externo e visível de uma alma corroída pelo pecado e, em particular, pelo pecado sexual.

Sabe-se agora que a lepra é uma doença infecciosa causada pelo bacilo *Mycobacterium leprae*, o qual é parente da bactéria da tuberculose. Ela se dissemina através do contato pessoal, abrasões e mordidas de insetos. Tem um período de incubação longo, chegando às vezes a anos, e existe uma resistência natural alta a ela. Esta resistência natural pode ser minada por uma dieta pobre, habitação ruim e condições de vida insalubres; daí a incidência da doença em áreas subdesenvolvidas como a Europa medieval e o Terceiro Mundo de hoje em dia. A doença surgiu tanto na sua forma altamente resistente quanto na pouco resistente. A lepra de baixa resistência é caracterizada por caroços e manchas na pele, que se desenvolvem até se tornarem feridas; danos nos olhos, que resultam em cegueira; e rouquidão da voz, uma vez que a doença ataca a garganta. A de resistência alta significa que a pele não é seriamente afetada, mas o sistema nervoso é atingido, os músculos ficam paralisados e há perda de sensibilidade. Os membros se tornam deformados, e a mutilação de dedos do pé e da mão ocorre com freqüência.

Hoje a lepra pode ser curada; na Idade Média, era incurável. O influente médico e escritor de livros de medicina do século XIV Gui de Chauliac registrou: "Todos estão de acordo que a lepra é uma doença muito injuriosa (...) e é quase impossível de erradicar." Embora houvesse uma tentativa de dividir a lepra em tipos, com base num desequilíbrio de humores, terra, ar, fogo e água, isto não se relacionava às variações da doença atualmente reconhecidas, e, na sua maior parte, "lepra" foi um dos termos de amplo espectro da Idade Média, como "escrófula" e "febre pútrida", cobrindo uma grande diversidade de estados clínicos. Era difícil, nos estágios iniciais, distinguir entre a lepra genuína e uma ampla variedade de outros problemas de pele, sobretudo impetigo, psoríase, dermatite, doença de Raynaud, escabiose e infecções causadas por fungos. Dadas as insuficiências de dieta e higiene endêmicas na época, as infecções da pele eram bastante comuns. Mas geralmente elas não conduziam às deformidades físicas características da lepra propriamente dita.

Os escritores médicos medievais confiavam muito mais na tradição do que na observação, recorrendo ao trabalho dos grandes médicos árabes, os quais, por sua vez, tomaram informações de empréstimo dos gregos. Portanto, tratava-se muitas vezes de sabedoria antiqüíssima que vinha sendo passada de geração a geração, um conjunto de princípios médicos e fisiológicos que não foram questionados até o século XVI. Não obstante, eles de fato continham elementos de verdade, e detalhes específicos foram modificados por experiência médica. Quando, por exemplo, Bartholomaeus Anglicus enumera, como causas da lepra, associação com outros leprosos, a mordida de um verme venenoso, comida e bebida estragadas, infecção hereditária, relações sexuais com mulheres infectadas e ar poluído, ele se aproxima de alguns dos meios de infecção identificados pelo conhecimento moderno (contato físico prolongado com outros leprosos, mordidas de insetos, dieta pobre).

Para que alguém fosse identificado como leproso, o procedimento normal era a denúncia formal, geralmente por vizinhos, e depois uma investigação. No começo da Idade Média, isto era realizado sob os auspícios das autoridades da Igreja. Mas, à medida que as cidades e vilas foram crescendo e desenvolveram mecanismos de auto-regulamentação, no período central da Idade Média, o procedimento era freqüentemente assumido pelos magistrados locais. No início da Idade Média, não havia nenhuma garantia de que o procedimento envolvesse a participação de um médico. Às vezes eram clérigos, outras vezes guardas de portões ou policiais familiarizados com uma ampla variedade de viajantes. Em uns poucos lugares, os internos do hospital de leprosos local eram chamados para se pronunciar quanto ao caso. Mas foi se tornando cada vez mais um caso para médicos. Eles procuravam os sinais.

Gui de Chauliac listou os sinais infalíveis da lepra: um arredondamento dos olhos; perda de cabelo, particularmente das sobrancelhas e pestanas; aparecimento de manchas e pústulas na cabeça; dilatação das narinas; engrossamento dos lábios; uma aspereza da voz; hálito fétido e um horrível odor corporal; e o olhar fixo e malicioso do sátiro. Sinais equívocos, que poderiam também se aplicar a outras doenças, incluíam depauperação dos músculos, insensibilidade à dor e retração dos membros.

Uma vez que havia grande perigo de confinar alguém num hospital de leprosos erroneamente, e os médicos queriam ter certeza de que seu diagnóstico estava correto, Gui de Chauliac prescrevia quatro procedimentos alternativos para os investigadores: identificar os indivíduos e emitir um certificado com este efeito; adverti-los para que levassem uma vida mais saudável, devido ao perigo de contraírem a doença; confiná-los em suas casas se apresentassem sintomas iniciais; ou isolá-los da sociedade em um hospital de leprosos, se os sinais fossem incontestáveis. Tanto Bernard de Gordon quanto João de Gaddesden também exortaram os médicos a adiar a internação dos pacientes em hospitais até que as evidências da aparência e da deformação dos membros típicas da lepra fossem claras e incontestáveis.

Há alguns dados que sugerem que a maioria dos leprosos nos hospitais era composta genuinamente de pessoas acometidas da lepra. A imensa maioria dos esqueletos enterrados no cemitério de leprosos em Naestved, na Dinamarca, revelou, nas escavações realizadas em 1957, as deformações ósseas características, enquanto escavações em cemitérios gerais revelaram poucos destes esqueletos. O cemitério de leprosos de South Acre, em Norfolk, muito menor, produziu, de modo semelhante, uma preponderância esmagadora de esqueletos de leprosos autênticos.

A lepra não respeitava distinções pessoais e podia acometer tanto os de mais alta posição na região quanto os de mais baixa. O rei Balduíno IV, de Jerusalém, e o rei Magno II da Noruega, o abade Ricardo de St. Albans, e o bispo Aelfweard de Londres, o conde Teobaldo VI de Chartres, e o conde Raul de Vermandois, morreram todos, segundo se relata, leprosos, embora seja possível que alguns deles sofressem de doença venérea ao invés de lepra propriamente dita. A ordem da cavalaria de são Lázaro foi fundada em 1120, na Terra Santa, para abrigar cavaleiros leprosos e para cuidar de outros leprosos. Ela cuidou do rei leproso Balduíno IV (1160-84).

Costumava-se acreditar que a lepra havia sido introduzida na Europa ocidental na época das Cruzadas, em conseqüência do aumento de contato com o Leste, onde era endêmica. Mas existem evidências claras de sua presença na Europa ocidental antes das Cruzadas. Foram encontrados esqueletos de leprosos que datavam do século VII nas ilhas Scilly e em Cambridgeshire. A doença é mencionada nas leis lombardas do século VII, nas leis francas do século VIII e nas leis norueguesas do século XI. Quase todas elas incluem dispositivos para a segregação das vítimas da doença, um procedimento que remonta à Bíblia.

Os capítulos 13 e 14 do Levítico foram inteiramente devotados à identificação da doença e seu tratamento ritual. Os acometidos pela doença eram considerados como sendo ritualmente "impuros" e não podiam, conseqüentemente, entrar em lugares sagrados. Embora esteja tratando de fazer uma distinção ritual entre pureza e impureza, há uma implicação clara de medo da infecção no pronunciamento bíblico (Levítico 13 vv. 45-6):

> O leproso portador desta enfermidade trará suas vestes rasgadas, e sua cabeça raspada; cobrirá o bigode e clamará: impuro, impuro. Enquanto durar a sua enfermidade, ficará impuro e, estando impuro, habitará só: a sua habitação será fora do povoado.

A segregação para longe dos outros e o tampar da boca para evitar a emissão do hálito infecto, o qual se acreditava ser capaz de disseminar a doença, são procedimentos tanto higiênicos quanto religiosos. Os procedimentos de lavagem e purificação também têm um valor higiênico. Somente quando o sacerdote pudesse presumir que a doença se foi, e fossem realizados os rituais e sacrifícios apropriados, o leproso poderia reintegrar-se à comunidade. Estas idéias básicas (segregação, hálito infecto) permaneceram sendo o padrão no decorrer de toda a Idade Média.

O medo da doença era baseado particularmente em seu contágio. A idéia, outrora defendida, de que o homem medieval não tinha idéia do que fosse infecção é errada. Talvez ele não compreendesse como funcionava, mas a transmissão de uma infecção de uma pessoa para outra através do manuseio de objetos tocados pela pessoa doente, por contato sexual ou pela inspiração de hálito infectado eram todas idéias bem estabelecidas. A natureza muito precisa dos regulamentos que regiam as colônias de leprosos vinculadas a mosteiros saudáveis demonstram a que dimensões chegavam seus temores. Os leprosos não tinham permissão para tocar suprimentos de comida destinados aos monges. Havia uma proibição de que os doentes circulassem de pés descalços, com as úlceras dos pés tocando os lugares onde os monges passariam. Eram proibidos também de ferver suas roupas durante a preparação de comida. Não tinham permissão para tirar água dos poços, por causa do medo de que suas mãos infectassem as cordas das cacimbas.

A visão convencional da doença é que a incidência da lepra aumentou para proporções endêmicas a partir do século XI e continuou em um nível alto até o século XIV, quando declinou de novo. Mas esta visão se baseia quase que inteiramente nas expressões intensas de preocupação das fontes e nas evidências de fundação de hospitais para leprosos. Nas áreas que foram estudadas em detalhe, por exemplo a Inglaterra, Paris, Normandia, Pas-de-Calais, há um padrão semelhante de aumento rápido nas fundações nos séculos XII e XIII e um declínio drástico no século XIV. Mas tudo isso pode ter sido causado por circunstâncias sociais em transformação e percepções alteradas, em vez de uma reação a uma epidemia.

Estimou-se, a partir do número de leprosários na Inglaterra, que não havia mais de dois mil leprosos em instituições em nenhum momento, numa população de cerca de três milhões. Terão existido também leprosos que não se encontravam em instituições. Mas W.H. McNeill, no seu livro *Plagues and Peoples*, calcula que havia algo da ordem de dezenove mil vítimas de lepra na Europa no período central da Idade Média, comparados a uma população de sessenta a setenta milhões de pessoas. Não se trata de nada parecido à escala da Peste Negra, por exemplo, que matou pelo menos um terço da população da Europa.

O que explica, portanto, o aumento dessa preocupação? No final do século XII, foram fundados três leprosários em Toulouse, as primeiras instituições do gênero vistas na cidade. Mais quatro foram fundados no início do século XIII, perfazendo sete ao todo. Eram principalmente o resultado da ação caritativa por parte de indivíduos. O número médio de internos de tais estabelecimentos era de cerca de dez, sugerindo instalações para cerca de setenta leprosos, numa época em que a população de Toulouse chegava a ser de vinte a vinte cinco mil habitantes.

O crescimento do número de leprosários correspondeu ao crescimento do número de hospitais gerais — foram acrescentados mais cinco novos, no início do século XIII, aos sete existentes. J.H. Mundy sugere que o crescimento do número de instalações correspondia ao crescimento populacional, ao aumento do poder e da independência das cidades e ao desenvolvimento dos sentimentos religiosos, que incentivavam as fundações de caridade. Parece provável que essas razões possam ser aplicadas de modo geral.

Provavelmente houve um aumento do número de leprosos na sociedade proporcional ao crescimento da população. Mas, com a maior mobilidade social e o crescimento das cidades e vilas, que agiam como pólos de atração para os desenraizados, eles também se tornaram mais visíveis. O crescimento das fundações de caridade para atendê-los pode ser visto como um aspecto do desenvolvimento do individualismo religioso, abrindo espaço para uma poderosa expressão pessoal de piedade, e também como uma reação positiva aos ensinamentos recentemente articulados pela Igreja sobre a riqueza. Sua acumulação ficava justificada se ela fosse gasta em atividades de caridade.

A percepção de um problema fazia com que as autoridades que vinham desenvolvendo práticas e instintos regulamentadores ampliados — a Igreja, a coroa, as municipalidades — interferissem para lidar com ele. A Igreja agiu primeiro no Terceiro Concílio Lateranense, em 1179, presidido pelo papa Alexandre III. Já foi dito muitas vezes que este Concílio ordenou a segregação dos leprosos. Mas isto é uma simplificação excessiva. Ele autorizou a provisão de capelas especiais, capelães e cemitérios específicos para leprosos em seus locais de confinamento e os isentou do pagamento de dízimos sobre seus produtos e animais. Mas o que fez foi assumir, e não introduzir, o processo de segregação. "Os leprosos não podem viver com aqueles que não foram acometidos e não podem se juntar a eles na igreja", dizia o decreto do Concílio, repetindo meramente uma declaração de fato há muito incorporada às leis e aos costumes. Mas a necessidade de criar provisões especiais para os excluídos assinala um reconhecimento por parte da Igreja de que um número crescente de leprosos estava sendo segregado, e de que eles precisavam de locais para o culto.

A partir daí, a Igreja desenvolveu um programa de ação contínuo e coerente para assegurar a segregação efetiva. Um concílio da Igreja realizado na França meridional em 1368 resumiu seus ensinamentos quanto a estas questões:

> Por ser a doença contagiosa, desejando prevenir o perigo, nós ordenamos que os leprosos sejam apartados dos demais fiéis; que eles não entrem em qualquer local público — igrejas, mercados, praças públicas, estalagens; que suas vestes sejam uniformizadas, suas barbas e cabelo raspados; eles devem ter um lugar de sepultamento especial e devem carregar sempre um sinal através do qual se possa reconhecê-los.

A exigência de roupas distintivas colocou os leprosos na mesma situação dos judeus, prostitutas e hereges regenerados. Mas a natureza das roupas distintivas variava de lugar para lugar. Em alguns lugares esperava-se que eles se vestissem de branco, em outros que usassem uma peça de material vermelho em suas vestes. Na França, eles deviam usar cinza ou preto com a letra L bordada na roupa. Determinados hospitais de leprosos às vezes possuíam uniformes distintivos para seus internos. Em ilustrações, os leprosos são freqüentemente vistos usando túnicas compridas até os tornozelos e capuzes cônicos. Muitas vezes se exigia que eles usassem luvas, outra prova do temor do contágio. Mas ainda mais significativo e universal do que suas vestes era o sinal, o guizo, sino ou trompa através do qual se exigia que anunciassem sua aproximação. Tudo isso simbolizava o fato de o leproso ser membro de uma minoria distinta, uma pessoa à parte.

Ainda mais simbólico de seu isolamento da sociedade era a cerimônia formal de confinamento, pela qual eles eram declarados mortos para o mundo. Isso se desenvolveu nos séculos XII e XIII. Inicialmente, a cerimônia envolvia a colocação física do leproso de pé em um túmulo aberto, onde eram lançadas sobre ele três pás de terra. Mas isto foi se tornando mais simbólico na maioria dos lugares. Era uma ocasião de reverência. O leproso era conduzido pelo padre para a igreja. Era aspergido com água benta e se confessava. Ajoelhava-se sob um pano negro apoiado numa armação, enquanto o padre rezava a missa. Em seguida, dentro da igreja ou do lado de fora, o padre espalhava três pás cheias de terra, ou a seus pés, ou sobre sua cabeça, declarando: "Sede morto para o mundo, mas vivo novamente diante de Deus." Depois, o leproso era conduzido para os campos, e o padre concluía com o conjunto de proibições:

> Proíbo-te que algum dia entres em igrejas ou vás ao mercado, ou a um moinho, ou a uma padaria, ou em quaisquer reuniões de pessoas. Proíbo-te também que algum dia laves tuas mãos ou mesmo quaisquer de teus pertences em fonte ou corrente de água de qualquer tipo; e se tiveres sede, terás que beber água da tua caneca ou de algum outro recipiente. Proíbo-te também que algum dia, a partir de agora, saias sem tua roupa de leproso, para que possas ser reconhecido pelos outros; e não poderás sair de tua casa descalço. Proíbo-te também, onde quer que estejas, de tocar qualquer coisa que desejes comprar, a não ser com um bastão ou cajado para apontar o que queres. Proíbo-te também que algum dia, a partir de agora, entres em tavernas ou outras casas se desejares comprar vinho; e tomes cuidado ainda assim para que o que te seja dado seja posto diretamente em tua caneca. Proíbo-te também de ter relações com qualquer mulher, a não ser a tua própria esposa. Ordeno-te também que, quando estiveres fazendo uma jornada, não responda a qualquer pessoa que te faça perguntas, até que tenhas saído da estrada para ficares contra o vento, de modo que a pessoa não possa sofrer dano por tua causa; e que nunca transites por uma alameda estreita, pois poderias encontrar alguém ali. Também te intimo, se tiveres necessidade de passar por alguma portagem (...) ou qualquer outro lugar, a que não toques em postes ou coisas por onde atravessares, até que tenhas primeiro posto tuas luvas. Proíbo-te também de tocar crianças ou gente jovem, quem quer que sejam, ou de dar a eles ou a quaisquer outros alguma de tuas posses. Proíbo-te também, a partir de agora, de beber ou comer em qualquer companhia, exceto a de leprosos. E saiba que, quando morreres, serás enterrado em tua própria casa, a não ser que seja na igreja, por favor obtido previamente.

Este conjunto de proibições aplicava-se estivesse o leproso recolhendo-se à sua própria casa, ou a uma outra casa fora da comunidade, ou ainda a um hospital de leprosos. Reconhece-se claramente que ele pode ter que sair, a fim de obter suprimentos, e, em alguns lugares, os leprosos tinham permissão para ir às cidades com fins especiais. Em Paris, era permitido que eles saíssem do hospital uma vez por semana para mendigar. Mas o ritual procura reduzir ao mínimo o perigo para o público de tais aparições. A exclusão formal da sociedade privava o leproso de seus direitos civis. Ele se tornava uma não-pessoa, impossibilitado de legar ou herdar propriedade, de defender suas demandas em tribunal etc., embora a igreja reiterasse sistematicamente que a lepra não era motivo para a dissolução do casamento.

Os leprosos não podiam ser admitidos em hospitais comuns, e o custeio de hospitais de leprosos, conseqüentemente, passou a ser visto como uma atitude notável de caridade. Eles ficavam sob o controle da Igreja, que os administrava dentro de diretrizes monásticas. Muitos dos hospitais de leprosos eram dedicados a são Lázaro, daí os termos lázaro e lazareto para leproso e hospital de leprosos. O Lázaro bíblico, ressuscitado por Cristo, havia passado a ser visto tradicionalmente como um leproso, embora não houvesse nenhum fundamento nas Escrituras para tal visão. Na Escandinávia e na Alemanha, muitos hospitais eram dedicados a são Jorge, seu dragão sendo interpretado simbolicamente como a doença.

Na Inglaterra, mais de duzentas casas de leprosos foram fundadas durante o período central da Idade Média. Elas foram — segundo o Levítico — sempre fora das cidades e longe dos centros de atividade. Variavam de tamanho, desde as grandes, habitadas por uma centena de internos, até as pequenas, que continham cerca de dez. As duas mais antigas da Inglaterra foram a de são Bartolomeu, em Rochester, e são Nicolau, em Harbledown, fundadas antes de 1100. Já em 1150, havia hospitais de leprosos em Lincoln, Norwich, Colchester, Newark, Oxford, Northampton, Newcastle, Warwick, Peterborough, Lancaster, Dover, Whitby, St. Alban's, Bury St. Edmunds, York e Wilton. O testamento do rei Luís VIII de França, que morreu em 1226, legava cem *solidi* para cada um dos dois mil hospitais de leprosos do seu reino. A população da França era quatro vezes maior do que a da Inglaterra, mas é impossível dizer se a discrepância entre os números de casas de leprosários da França e da Inglaterra representa uma diferença no tamanho da população de leprosos, ou meramente que eles eram tratados mais caridosamente na França. A maioria das cidades da Itália fundou hospitais de leprosos fora dos muros nos séculos XII e XIII.

As regras nos hospitais variavam, e as prerrogativas dos internos também. O hospital de leprosos em Sherburn, fundado em 1181 pelo bispo de Durham, abrigava até sessenta e cinco leprosos. Homens e mulheres eram alojados separadamente. Cada interno recebia uma fatia de pão e um galão de cerveja por dia. Deviam comer carne três vezes por semana, peixe quatro vezes por semana. Deveriam receber combustível para fazer fogo, um suprimento ininterrupto de água, e pano para roupas, que poderia ser branco ou cor de ferrugem. Em vários momentos do ano, de acordo com a estação, eles deveriam receber ovos, manteiga, queijo, maçãs e feijão. Deveriam ter um capelão para lhes oficiar o culto; permitia-se que amigos e servos os visitassem. Suas roupas deveriam ser lavadas duas vezes por semana e os utensílios uma vez por semana. A desobediência ou violação das regras era punida com espancamento, confinamento a pão e água ou, em última instância, expulsão da casa. Os leprosários de boa dotação geralmente forneciam comida, roupas, banhos e fogo; mas muitos eram pequenos, com rendas irregulares, e as prerrogativas eram menos generosas. Havia também distinção de classe no tratamento dos leprosos. Os ricos podiam providenciar uma reclusão em sua própria casa ou em alojamentos nas áreas dos leprosários. Alguns hospitais de leprosos, Walsingham e Noyon por exemplo, eram reservados aos leprosos de boa família.

Embora presidisse a sua exclusão da sociedade, a Igreja ensinava que os leprosos deveriam ser tratados com compaixão. Divulgava a idéia de que os leprosos eram, em certo sentido, particularmente favorecidos por Deus, porque permitia que sofressem nesta vida, como Cristo havia sofrido. Um dos rituais de separação incluía as palavras: "Nosso Senhor dá-te um grande presente quando te pune pelo mal que fizeste neste mundo." Portanto referia-se, às vezes, aos leprosos como "os pobres de Cristo" (*pauperes Christi*) ou simplesmente "os cristãos" (*Christiani*), fazendo menção a esta emulação de Jesus.

Mas a Igreja nunca foi capaz de superar o asco instintivo pelos leprosos que a maioria das pessoas trazia em si. Uma das marcas particulares de santidade que a Igreja reconhecia era o amor pelos leprosos e a assistência a eles. Histórias de santos cuidando, lavando e beijando leprosos fazem parte do folclore hagiográfico da Idade Média. Especialmente associados à assistência aos leprosos estão santa Catarina de Siena, são Francisco de Assis, santa Elisabete da Turíngia, são Edviges de Neumarkt, são Hugo de Lincoln e a bem-aventurada Maria de Oignies, muitos deles, curiosamente, santos do século XII. Mas isto é um reconhecimento invertido do sentimento popular de medo e repulsa. É a própria repugnância da doença que confirma a santidade dos santos ao enfrentá-la.

A compaixão do santo pelo leproso foi um tema recorrente na arte medieval. As pinturas italianas do século XV destacam a caridade de são Martinho, são Pedro e são João para com os leprosos, e os quadros alemães celebram o envolvimento de santa Elisabete da Turíngia com os leprosos. Os pintores demonstram completa familiaridade com os sintomas clássicos da lepra: a deformação e ulceração dos corpos, a perda de narizes, dedos e visão, e a aparência arredondada dos olhos.

Como a Igreja, as autoridades seculares tomavam medidas para assegurar a reclusão dos leprosos em relação ao meio social. Os registros municipais apresentam ordens regulares excluindo leprosos das vilas e cidades. As cidades-Estados italianas assumiram poderes para excluir os leprosos e instruíam os guardas dos portões para ficarem atentos quanto a eles. Durante o século XIII, Pádua, Bolonha, Modena, Vicenza, Ferrara, Treviso e Ivrea tomaram todas medidas deste tipo. Em 1300, Veneza ordenou que todos os leprosos que ficavam "circulando em torno das igrejas, nas pontes e nos logradouros públicos, e infectando o ar" fossem recolhidos e colocados em hospitais.

A coroa também interveio num momento em que a monarquia estava se tornando cada vez mais consciente do seu papel de guardiã da ordem pública, da saúde pública e da decência pública. Na Inglaterra, um mandado *de leproso amovendo* surgiu já em 1220, autorizando a expulsão de leprosos sob a alegação de perigo de contaminação. Isto poderia ser requerido nos tribunais. Em 1346, o rei Eduardo III emitiu uma ordem proibindo a entrada de leprosos em Londres, a qual acentuava não apenas o perigo do contágio em geral, mas especificamente de contágio sexual:

> Porquanto, como nos foi dado a entender, que muitas pessoas, tanto da cidade antes mencionada, como também outras vindas para a dita cidade, afligidas pelo estigma abominável da lepra, de fato coabitam publicamente entre os demais cidadãos e pessoas saudáveis, e ali permanecem continuamente; e não hesitam em se comunicar com elas, tanto em lugares públicos quanto privados; e que algumas delas, pretendendo contaminar outros com aquele estigma abominável (e assim, para seu próprio consolo maldito, poderem ter mais companheiros de sofrimento), tanto através de comunicações mútuas, quanto pelo contágio de seu hálito poluído, como também por relações carnais com mulheres em lupanares e outros lugares secretos, freqüentando detestavelmente os mesmos, atingem desta forma pessoas que são saudáveis, tanto homens quanto mulheres, para grande dano das pessoas que habitam a cidade antes mencionada e perigo manifesto para outras pessoas que acorrem à mesma cidade.

Ordenava-se que saíssem no período de quinze dias, e eram estabelecidas comissões, a fim de examinar os suspeitos na busca de sinais da doença.

Em 1375, os guardas dos portões de Londres eram instruídos pelo conselho municipal a proibir a entrada na cidade de leprosos e prendê-los se tentassem entrar. Em 1376, os leprosos foram proibidos de mendigar nas ruas, e foi fixada uma data para que leprosos e mendigos partissem igualmente. A recorrência das instruções sugere que os regulamentos quanto à presença dos leprosos eram amplamente ignorados. A mesma situação parece ter ocorrido em Paris. Em 1371, o rei Carlos V da França queixou-se do número de leprosos que vagavam livremente na capital. O rei Carlos VI ordenou que os leprosos ficassem fora de Paris em 1404 e novamente em 1413. O preboste de Paris emitiu ordens proibindo os leprosos de entrarem na cidade em 1388, 1402, 1403, 1488 e 1502. Todas estas evidências tornam perfeitamente claro que nem todos os leprosos estavam confinados em leprosários, e que muitos vagueavam mendigando para sua subsistência. Na França, havia uma categoria de pessoas conhecidas como *cagots*, que eram oficialmente classificadas como leprosos, mas não ficavam confinadas em instituições. Eles eram, contudo, considerados como rejeitados. Existe algum debate quanto ao sentido do termo, mas a interpretação mais provável é que *cagot* é uma gíria que significa sujo ou impuro. Parece provável que estas pessoas fossem gente que sofria de estágios iniciais mais suaves da doença ou de outras moléstias semelhantes à lepra, nenhuma das quais apresentava sintomas de modo suficientemente convincente para permitir que os médicos os enquadrassem. É um termo que também era aplicado a vagabundos e às populações de áreas rurais remotas. Em ambos os casos, elas deviam manter-se afastadas das pessoas saudáveis.

Igreja, coroa e municipalidades estavam igualmente preocupadas com o problema do contágio. Mas também fica claro que este contágio tinha uma conotação tanto médica quanto moral. O vínculo entre a lepra e o pecado era tão antigo quanto a doença, mas isso provavelmente era compreendido. Pois em outras passagens da Bíblia, a lepra é enviada como punição a Uzias, Miriam, Azarias e Geazi. Os comentaristas hebreus do Levítico dão uma variedade de causas para a lepra: adoração de ídolos, grosseira falta de castidade, derramamento de sangue, profanação, blasfêmia, roubo do público, usurpação ilegal de uma distinção, orgulho arrogante, palavras maldosas, o olho da cobiça. Portanto, tornavam claro que a doença resultava do pecado. A tradição hebraica foi transmitida ao cristianismo e, quando a Bíblia foi traduzida para o grego e o latim, as palavras usadas para "impuro" — *akathartos* e *immundus* — de fato tinham conotações morais.

O desejo excessivo por sexo havia sido associado à doença por escritores antigos. Podia ser visto no rosto dos leprosos; por isso a referência de Gui de Chauliac à aparência de sátiro como um dos sinais. Os escritores medievais não faziam distinção entre a lepra e a doença venérea, encarando ambas como equivalentes, e, embora a sífilis fosse desconhecida na Europa medieval, outras doenças sexualmente transmissíveis, envolvendo alterações da pele, eram conhecidas. É compreensível, portanto, que as relações sexuais fossem vistas como uma das causas da lepra. "Se fizeres sexo com leprosos, tornar-te-ás leproso", afirmava um tratado anônimo do século XV peremptoriamente, resumindo a sabedoria médica convencional. Era esse o motivo dos leprosos serem geralmente banidos dos bordéis e casas de banhos.

Este vínculo entre a lepra e o sexo teve o efeito de reforçar a visão geralmente aceita da inferioridade e imoralidade potencial das mulheres. Mais ainda, rotulava as mulheres como uma fonte potencial de infecção. Pois era crença geral que a relação sexual com uma mulher menstruada podia levar à lepra, e que, se uma mulher tivesse relações com um leproso, ela não seria contaminada pela doença, mas poderia passá-la para o próximo homem com quem fizesse sexo. Estas crenças serviram para reforçar as proibições da Igreja quanto a certas formas de atividade sexual.

Comentaristas medievais e pregadores populares sistematicamente definiam a lepra como uma punição por falha moral e particularmente por pecado sexual. Os poetas regularmente, embora não invariavelmente, vinculavam a lepra à lascívia. Orgulho e vanglória, assim como o desafio às leis de Deus e da Igreja, eram também invocados como causas. No poema de Harmann von Aue *Poor Heinrich* (*c.* 1195), o cavaleiro Heinrich é punido por seu orgulho com a lepra enviada por Deus. Mas mais típicos eram *Tristão e Isolda*, de Eilhart von Oberge, e *O Romance de Tristão*, de Béroul, dois romances do século XII. Neles, o líder de um bando de leprosos sugere que se entregue a adúltera Isolda a eles como punição, para que todos a possam estuprar e assim destruí-la pelo sexo. "Dê-nos Isolda e deixe-nos possuí-la em comum. A doença desperta nosso desejo", diz o líder dos leprosos em Béroul. Aqui, a destruição pela lascívia dos leprosos é vista como uma punição simbólica pelo rompimento dos votos.

A associação da lepra ao desejo tornou-se profundamente enraizada na consciência pública. Como escreve Saul Brody, que realizou o estudo mais abrangente da lepra na sociedade medieval:

> Os exegetas judeus afirmam que a lepra pode ser uma punição para a falta grosseira de castidade, editais públicos advertem que os leprosos freqüentam casas de prostituição, e escritores médicos observam tanto que a doença pode ser de origem venérea quanto que ela excita o desejo sexual. Portanto, a ligação entre a lepra e a carnalidade é ubíqua na cultura medieval, e as compreensões religiosa, médica e popular da lepra se influenciam e reforçam mutuamente.

A segregação e exclusão dos leprosos pelas autoridades precisa, portanto, ser vista também em termos de uma vontade de isolar da sociedade em geral um símbolo vivo da lascívia e da promiscuidade e de evitar que ele infecte esta sociedade com sua sexualidade excessiva.

Qualquer que fosse a escala da doença nos séculos XII e XIII, parece de fato ter havido um declínio da sua incidência no século XIV. Este declínio muito provavelmente pode ser explicado por uma melhoria da resistência física da população e por um aumento da freqüência de infecções por tuberculose, afastando o bacilo da lepra com o advento da Peste Negra. A própria Peste Negra provavelmente eliminou os elementos menos saudáveis da população, desse modo aprimorando a espécie. Pode ter havido alguma melhoria na dieta com maior ingestão de vitamina C. A Peste Negra também levou a um aperfeiçoamento nos serviços de saúde pública, ao estabelecimento de conselhos de saúde pública com poderes amplos e a uma maior profissionalização da medicina.

Já em 1342, o hospital de leprosos em Ripon comunicou que não estavam sendo admitidos mais internos, e que os fundos estavam sendo canalizados para fornecer assistência aos pobres em geral. Em 1348, o grande hospital de leprosos em St. Alban's tinha apenas dois ou três internos. O número de internos em Harbledown caiu de cem em 1276 para apenas uns poucos em 1371. Em 1361, os leprosários de são João e são Leonardo, em Aylesbury, já estavam em ruínas. Em Reims, nos séculos XII e XIII, o hospital de são Lázaro tinha leitos para oito leprosos. Em 1336, apenas um se encontrava ocupado; nos séculos XV e XVI, estava freqüentemente vazio por completo. Em 1351, o número de leprosos internados nos cinqüenta e nove hospitais de leprosos da diocese de Paris era de apenas trinta e cinco. Do início do século XV a meados do século XVI, o leprosário em Namur teve uma média de apenas quatro ou cinco internos. A redução no número de hospitais novos sendo fundados e as evidências de decadência nos existentes são reforçadas pelas referências específicas, em trabalhos médicos, a um declínio no número de leprosos e pelo reduzido número de referências à doença em trabalhos gerais. No século XVII, a doença já estava mais ou menos extinta na Europa ocidental, embora subsistisse na Europa setentrional até o século XIX.

A despeito do incentivo da Igreja às atitudes de compaixão, o temor popular dos leprosos deixava-os sujeitos ao mesmo tipo de condição de bode expiatório que assolava outras minorias. Isto ocorreu espetacularmente em 1321, quando os leprosos se viram no centro de uma destas explosões irracionais que convulsionaram a sociedade medieval de tempos em tempos. O inquisidor Bernardo Gui descreveu os acontecimentos:

> Em 1321, foi detectado e desbaratado um plano maligno dos leprosos contra as pessoas saudáveis do reino da França. De fato, conspirando contra a segurança do povo, estas pessoas, insalubres no corpo e insanas na mente, haviam planejado infectar as águas dos rios, fontes e poços em toda parte, colocando veneno e material infectado nelas, e misturando (na água) pós preparados, de modo que os homens saudáveis que delas bebessem, ou usassem as águas desta forma infectadas, tornar-se-iam leprosos ou morreriam, ou quase morreriam, e assim o número de leprosos aumentaria e o de saudáveis diminuiria. E, o que parece incrível dizer, eles aspiravam a se tornarem senhores de cidades e castelos, e já haviam dividido entre eles os títulos e locais, e dado a si mesmos os mesmos nomes de príncipes, condes ou barões em várias terras, se aquilo que haviam planejado se tivesse concretizado.

Esta crença deflagrou uma primavera e um verão de histeria e violência em boa parte da França. Parece ter começado em Périgueux, na primavera de 1321, quando o boato do envenenamento dos poços pelos leprosos se espalhou, provavelmente ocasionado por algum surto menor de insalubridade na área. Os leprosos do local foram detidos, torturados até confessar sua culpa e queimados na fogueira.

A história, todavia, disseminou-se como um incêndio natural, e, em muitos outros lugares, os leprosos foram presos. Em alguns locais, as autoridades agiram contra a ameaça percebida; mas, em muitos outros, a população enfurecida se sublevou e queimou os leprosos em suas casas. As ramificações da conspiração se espalharam. Um leproso de local próximo a Poitiers confessou o envolvimento dos judeus na conspiração, e esta confissão foi enviada ao rei Filipe V. O líder da colônia de leprosos de Estang, em Pamiers, foi preso e torturado. Ele confirmou que existia uma conspiração dos leprosos para envenenar todos os poços da cristandade e matar as pessoas saudáveis ou transformá-las em leprosos. Os judeus estavam envolvidos. Mas ainda mais significativamente, toda a conspiração estava sendo apoiada e financiada pelo rei muçulmano de Granada e o sultão da Babilônia, que prometeu aos leprosos riquezas, honras e propriedades como senhores dos locais onde viviam quando a conspiração fosse levada a cabo com êxito. Os leprosos realizavam reuniões secretas que envolviam a rejeição de Cristo e de sua Igreja, juramentos secretos e a distribuição de poções enviadas a eles pelos muçulmanos. Cento e cinqüenta leprosos, segundo se dizia, estavam envolvidos na conspiração. Apareceram duas cartas, presumidamente enviadas pelos reis muçulmanos de Granada e Túnis confirmando toda a história, nas quais havia determinações específicas para o envenenamento do rei da França. Eram sem dúvida forjadas.

Diante destas evidências, Filipe V ordenou a prisão de todos os leprosos da França. Emitiu instruções detalhadas, que se aplicavam igualmente a homens e mulheres. Esses leprosos que haviam confessado ou viessem futuramente a confessar seu envolvimento na conspiração deveriam ser queimados vivos. Aqueles que não confessassem espontaneamente deveriam ser torturados. Os leprosos que, apesar da tortura, não confessassem, todos os futuramente leprosos e os leprosos de menos de quatorze anos deveriam ser aprisionados em seus locais de origem. Os bens de todos os leprosos condenados deveriam ser confiscados pela coroa. Mas houve protestos de vários bispos, barões e comunidades locais, que alegavam possuir direitos de propriedade sobre os leprosários locais, forçando o rei a ordenar a restauração da posse das propriedades que havia confiscado.

As atitudes tomadas como reação às ordens do rei foram claramente generalizadas, e se encontram referências a elas nas províncias da Flandres, Anjou, Vermandois, Touraine e Aquitânia, e nas cidades de Paris, Amiens, Rouen, Caen, Avranches e Coutances, no norte, Chaumont, Vitry e Mâcon, no leste, Tours, Ouches, Limoges, Poitiers e Périgueux, no centro, e Toulouse, Carcassonne, Albi, Narbonne, Pamiers e Lyon, no sul. O rei não tomou qualquer medida contra os judeus inicialmente, mas o povo o fez, e houve massacres generalizados. Cento e sessenta judeus foram queimados em Chinon, por exemplo, e quarenta cometeram suicídio em Vitry para evitar destino igual.

À medida que o pânico foi se acalmando e a histeria se exauriu, foram tomadas outras medidas. Em 1322, o rei Carlos IV ordenou que todos os leprosos sobreviventes fossem encarcerados permanentemente, um procedimento que Bernardo Gui aprovou:

> Finalmente, tendo sido realizadas advertências e consultas mais amadurecidas, o restante, global e individualmente, que havia permanecido vivo e não tivera culpa descoberta, circunspectamente se prevenindo quanto ao futuro, foi fechado em locais de onde não poderia sair, mas sim fenecer e definhar perpetuamente, de modo que não causasse danos ou se multiplicasse, sendo os homens totalmente separados das mulheres.

No mesmo ano, os judeus foram expulsos da França.

A velocidade com que os boatos se espalharam e a extensão da conspiração, a fim de incluir os elementos mais temidos e odiados da sociedade, reflete o estado de perturbação da França. O país havia sido assolado pela fome e pela doença por sucessivos anos a partir de 1315 e havia sido consideravelmente desestabilizado pela violência e pela desordem que caracterizaram a chamada Cruzada dos Pastores de 1320. Em tais circunstâncias, os medos populares se cristalizaram, e a fúria se voltou contra os grupos que eram vistos como sendo ameaças à vida e à saúde do país. Os judeus e os muçulmanos eram as fontes habituais de tais paranóias, os inimigos interno e externo. Mas desta vez juntou-se a eles um outro grupo de rejeitados, os leprosos, numa conspiração cuja intenção alegada de infectar a população saudável criou um *frisson* peculiar de horror. O envolvimento de rituais anticristãos heréticos e a preparação de poções e venenos completa o quadro. Nada poderia ser mais calculado do que esta ímpia mistura de preconceito e paranóia para provocar o medo e o ódio e colocar as minorias da Europa em gravíssimo risco.

OUTRAS LEITURAS

1. O CONTEXTO MEDIEVAL

Bartlett, R.J. (1986), *Trial by Fire and Water*, Oxford.
Benson, R.L. e Constable, G. (orgs.) (1982), *Renaissance and Renewal in the 12th Century*, Oxford.
Bolton, Brenda (1983), *The Medieval Reformation*, Londres.
Bossy, John (1985), *Christianity in the West 1400-1700*, Oxford.
Bowsky, William (org.)(1971), *The Black Death: a turning point in history?*, Nova York.
Brown, Peter (1975), "Society and the Supernatural: a medieval change", *Daedalus* 104: 135-51.
Chenu, M.-D. (1957), *Nature, Man and Society in the 12th Century*, Chicago.
Cohn, Norman (1975), *The Pursuit of the Millenium*, Londres.
Douglas, Mary (1966), *Purity and Danger*, Londres.
Duby, Georges (1978), *The Three Orders: Feudal Society Imagined*, Chicago.
_______(1981), *The Age of the Cathedrals: Art and Society 980-1420*, Londres.
Ennen, E. (1979), *The Medieval Town*, Amsterdam.
Focillon, Henri (1969), *The Year 1000*, Nova York.
Gilman, Sander L. (1985), *Difference and Pathology: the stereotypes of sexuality, race and madness*, Nova York.
Gottfried, Robert (1986), *The Black Death*, Londres.
Gurevich, Aron (1988), *Medieval Popular Culture*, Cambridge.
Hamilton, Bernard (1986), *Religion in the Medieval West*, Londres.
Haskins, C.H. (1927), *The Renaissance of the Twelfth Century*, Harvard.
Huizinga, Johan (1955), *The Waning of the Middle Ages*, Harmondsworth.
Le Goff, Jacques (1988), *Medieval Civilization*, Oxford.
_______ (1988), *The Medieval Imagination*, Chicago.
Le Roy Ladurie, Emmanuel (1980), *Montaillou*, Harmondsworth.
Lucas, Henry S. (1930), "The Great European Famine of 1315, 1316 and 1317", in *Speculum* 5:343-77.
McCall, Andrew (1979), *The Medieval Underworld*, Londres.
Moore, R.I. (1987), *The Formation of a Persecuting Society*, Oxford.
Morris, Colin (1972), *The Discovery of the Individual*, Londres.
Mullett, Michael (1987), *Popular Culture and Popular Protest in Late Medieval and Early Modern Europe*, Londres.
Mundy, J.H. (1973), *Europe in the High Middle Ages 1150-1309*, Londres.
Murray, Alexander (1978), *Reason and Society*, Oxford.
Origo, Iris (1963), *The World of San Bernardino*, Londres.

Peters, Edward (1985), *Torture*, Oxford.
Robert, Ulysse (1891), *Les signes d'infamie au moyen age*, Paris.
Rörig, F. (1967), *The Medieval Town*, Londres.
Southern, R.W. (1953), *The Making of the Middle Ages*, Londres.
_______ (1970), *Western Society and the Church in the Middle Ages*, Harmondsworth.
Thrupp, Sylvia (org.) (1965), *Change in Medieval Society*, Londres.
Tillmann, Helene (1978), *Pope Innocent III*, Amsterdam.
White, Jr., Lynn (1974), "Death and the Devil", in Robert S. Kinsman (org.), *The Darker Vision of the Renaissance*, Berkeley.
Wolff, Philippe (1968), *The Awakening of Europe*, Harmondsworth.
Ziegler, Philip (1988), *The Black Death*, Harmondsworth.

2. SEXO NA IDADE MÉDIA

Andreas, Capellanus (1941), *The Art of Courtly Love*, trad. e introdução de J.J. Parry, Nova York.
Ariès, Philippe e Béjin, André (orgs.)(1985), *Western Sexuality: practice and precept in past and present times*, Oxford.
Biller, P.A. (1982), "Birth Control in the Medieval West in the 13th and early 14th Centuries", in *Past and Present* 94:3-26.
Boswell, John (1980), *Christianity, Homosexuality and Social Tolerance*, Chicago.
Brown, Peter (1989), *The Body and Society*, Londres. [Ed. bras.: *Corpo e sociedade*. Rio, Zahar, 1990.]
Brundage, James A. (1987), *Law, Sex and Christian Society in Medieval Europe*, Londres.
_______ e Bullough, Vern L. (1981), *Sexual Practises and the Medieval Church*, Buffalo.
Bugge, John (1975), *Virginitas*, Haia.
Duby, Georges (1984), *The Knight, the Lady and the Priest: the making of modern marriage in Medieval France*, Londres.
_______ (1968), "The 'Youth' in 12th century Aristocratic Society" in F.L. Cheyette (org.), *Lordship and Community in Medieval Europe*, 198-209, Londres.
Flandrin, J.-L. (1975), "Contraception, Marriage and Sexual Relations in the Christian West" in R. Forster e O. Ranum (orgs.) *The Biology of Man in History* 23-47, Baltimore.
Goody, Jack (1983), *The Development of the Family and Marriage in Europe*, Cambridge.
Jacquart, Danielle e Thomasset, Claude (1988), *Sexuality and Medicine in the Middle Ages*, Londres.
Le Roy Ladurie, Emmanuel (1980), *Montaillou*, Harmondsworth.
Noonan, Jr., John T. (1965), *Contraception*, Cambridge, Massachusetts.
Payer, Pierre (1984), *Sex and the Penitentials*, Toronto.
Rossiaud, Jacques (1988), *Medieval Prostitution*, Oxford.
Ruggiero, Guido (1985), *The Boundaries of Eros*, Oxford.
Shahar, Shulamith (1983), *The Fourth Estate; a History of Women in the Middle Ages*, Londres.
Shapiro, Norman (1971), *The Comedy of Eros*, Illinois.
Tentler, Thomas N. (1977), *Sin and Confession on the Eve of the Reformation*, Princeton.

3. HEREGES

Bolton, Brenda (1972), "Tradition and Temerity: Papal attitudes to deviants 1159-1216", *Studies in Church History*, 9:79-91.
Brooke, C.N.L. (1971), *Medieval Church and Society*, Londres.
Brown, Peter (1988), *The Body and Society*, Londres. [Ed bras.: *Corpo e sociedade*. Rio, Zahar, 1990.]
Cohn, Norman (1975), *The Pursuit of the Millennium*, Londres.
Evans, A.P. (1958), "Hunting Subversion in the Middle Ages", in *Speculum* 33: 1-22.
Hamilton, Bernard (1981), *The Medieval Inquisition*, Londres.
Haskins, C.H. (1929), "Robert le Bougre and the Beginnings of the Inquisition in Northern France", *Studies in Medieval Culture* 193-244, Oxford.
Kieckhefer, Richard (1979), *Repression of Heresy in Medieval Germany*, Liverpool.
Lambert, M.D. (1977), *Medieval Heresy*, Londres.
Leff, Gordon (1967), *Heresy in the Later Middle Ages*, 2 vols., Manchester.
Lerner, Robert E. (1972), *The Heresy of the Free Spirit*, Berkeley.
Little, Lester K. (1978), *Religious Poverty and the Profit Economy in Medieval Europe*, Londres.
_______ e Rosenwein, Barbara (1974), "Social Meaning in Monastic and Mendicant Spiritualities", in *Past and Present* 63: 4-32.
McDonnel, E.W. (1954), *The Beguines and Beghards in Medieval Culture*, New Brunswick.
Moore, R.I. (1975), *The Birth of Popular Heresy*, Londres.
_______ (1977), *The Origins of European Dissent*, Londres.
_______ (1983), "Heresy as Disease" in D.W. Lourdaux e D. Verhelst (orgs.), *The Concept of Heresy* 1-11, Louvain.
_______ (1987), *The Formation of a Persecuting Society*, Oxford.
Murray, Alexander (1972), "Piety and Impiety in 13th Century Italy", in *Studies in Church History* 8:83-106.
_______ (1974), "Religion among the Poor in 13th Century France", in *Traditio* 30:285-324.
Nelson, Janet L. (1972), "Society, theodicy and the origins of Medieval Heresy", in *Studies in Church History* 9:65-77.
Peters, Edward (1980), *Heresy and Authority in Medieval Europe*, Londres.
Russel, Jeffrey B. (1965), *Dissent and Reform in the Early Middle Ages*, Berkeley.
Wakefield, W.L. e Evans, A.P. (orgs.)(1969), *Heresies of the High Middle Ages*, Nova York.
Wakefield, W.L. (1974), *Heresy, Crusade and Inquisition in Southern France 1100-1250*, Berkeley.

4. BRUXOS

Anglo, Sydney (org.)(1977), *The Damned Art*, Londres.
Baroja, J.-C. (1971), *The World of the Witches*, Chicago.
Cohn, Norman (1976), *Europe's Inner Demons*, St. Albans.
Emmerson, R.K. (1981), *Anti-Christ in the Middle Ages*, Manchester.
Jones, William R. (1972), "The Political Uses of Sorcery in Medieval Europe", in *The Historian* 34:670-87.
Kieckhefer, Richard (1976), *European Witch Trials*, Londres.

Klaits, Joseph (1985), *Servants of Satan*, Indiana.
Kors, Alan C. e Peters, Edward (1973), *Witchcraft in Europe 1100-1700*, Londres.
Kramer, H. e Sprenger, J. (1971), *The Hammer of the Witches*, Londres.
Peters, Edward (1978), *The Magician, the Witch and the Law*, Hassocks.
Russell, Jeffrey B. (1972), *Witchcraft in the Middle Ages*, Ithaca.
_______ (1984), *Lucifer: the Devil in the Middle Ages*, Ithaca.

5. JUDEUS

Bachrach, Bernard S. (1977), *Early Medieval Jewish Policy in Western Europe*, Minneapolis.
Baron, S.W. (1967), *A Social and Religious History of the Jews* vols. 4-12, Nova York.
Chazan, Robert (1973), *Medieval Jewry in Northern France*, Baltimore.
______ (org.)(1980), *Church, State and Jew in the Middle Ages*, Nova York.
Cohen, Jeremy (1982), *The Friars and the Jews*, Ithaca.
Cutler, Allan e Helen (1986), *The Jew as Ally of the Muslim*, Notre Dame.
Eidelberg, Schlomo (org.)(1977), *The Jews and the Crusades*, Madison, Wisconsin.
Emmerson, R.K. (1981), *Antichrist in the Middle Ages*, Manchester.
Guerchberg, Séraphine (1965), "The Controversy Over the Alleged Sowers of the Black Death in the Contemporary Treatises on Plague", in Sylvia Thrupp (org.), *Change in Medieval Society* 208-24, Londres.
Heer, Friedrich (1961), *The Medieval World*, Londres.
Hughes, Diane Owen (1986), "Distinguishing Signs: Earrings, Jews and Franciscan Rhetoric in the Italian Renaissance City", in *Past and Present* 112:3-59.
Katz, Jacob (1961), *Exclusiveness and Tolerance: Studies in Jewish-Gentile Relations in Medieval and Modern Times*, Oxford.
King, P.D. (1972), *Law and Society in the Visigothic Kingdom*, Cambridge.
Kisch, Guido (1949), *The Jews in Medieval Germany*, Chicago.
Lowenthal, Marvin (1970), *The Jews of Germany*, Londres.
Marcus, Jacob R. (org.)(1973), *The Jew in the Medieval World*, Nova York.
Parkes, James (1938), *The Jew in the Medieval Community*, Londres.
Poliakov, Léon (1965), *A History of Anti-Semitism* 2 vols., Londres.
Roth, Cecil (1969), *History of the Jews of Italy*, Filadélfia.
Synan, Edward A. (1965), *The Popes and the Jews in the Middle Ages*, Nova York.
Trachtenberg, Joshua (1943), *The Devil and the Jews*, Yale.
Williams, A. Lukyn (1935), *Adversus Judaeos*, Cambridge.

6. PROSTITUTAS

Basserman, Lujo (1967), *The Oldest Profession*, Londres.
Bloch, Ivan (1912-25), *Die Prostitution* 2 vols., Berlim.
Brucker, Gene (org.)(1971), *The Society of Renaissance Florence*, Nova York.
Brundage, James A. (1987), *Law, Sex and Christian Society in Medieval Europe*, Chicago.
Burford, E.J. (1973), *The Orrible Synne*, Londres.
Bullough, Vern L. (1964), *The History of Prostitution*, Nova York.

______ e Brundage, James A. (1981), *Sexual Practices and the Medieval Church*, Búfalo.
Geremek, Bronislaw (1987), *The Margins of Society in Late Medieval Paris*, Cambridge.
Muchembled, Robert (1985), *Popular Culture and Elite Culture in France 1400-1750*, Baton Rouge.
Otis, Leah Lydia (1985), *Prostitution in Medieval Society*, Chicago.
Pavan, Elisabeth (1980), "Police des moeurs, societé et politique à Venise à la fin du Moyen âge", in *Revue Historique* 264:241-58.
Rossiaud, Jacques (1988), *Medieval Prostitution*, Oxford.
Ruggiero, Guido (1985), *The Boundaries of Eros*, Oxford.
Salusbury, G.T. (1948), *Street Life in Medieval England*, Londres.
Terroine, Anne (1978), "Le Roi des Ribauds de l'Hôtel du roi et les prostitutées Parisiennes", in *Revue d'Histoire de Droit Française et Etranger*, 4ª série, vol. 56:253-67.
Trexler, Richard (1981), "La Prostitution Florentine au XVe siècle: patronages et clientèles", in *Annales* 36:983-1015.
Weiner, Merry E. (1988), "Paternalism and Practice: the control of servants and prostitutes in early modern German cities", in P.N. Bebb e S.Marshall (orgs.), *The Process of Change in Early Modern Europe*, p. 179-200, Atenas.

7. HOMOSSEXUAIS

Bailey, Derrick Sherwin (1955), *Homosexuality and the Western Christian Tradition*, Londres.
Barber, Malcolm (1987), *The Trial of the Templars*, Cambridge.
Boswell, John (1980), *Christianity, Social Tolerance and Homosexuality*, Chicago.
Brundage, James A. (1987), *Law, Sex and Christian Society in Medieval Europe*, Chicago.
Bullough, Vern L., e Brundage, James A. (1981), *Sexual Practices and the Medieval Church*, Búfalo.
Bullough, Vern L. (1976), *Sexual Variance in Society and History*, Chicago.
Cohen, Jr. e Samuel Kline (1980), *The Labouring Classes in Renaissance Florence*, Nova York.
Dover, Kenneth (1978), *Greek Homosexuality*, Londres.
Foucault, Michel (1986), *The Use of Pleasure*, Londres.
______ (1988), *The Care of the Self*, Londres.
Goodich, Michael (1979), *The Unmentionable Vice*, Santa Bárbara.
Karlen, Arno (1971-2), "The Homosexual Heresy", in *The Chaucer Review* 6:44-63.
Kuster, H. e Cornier, R. (1984), "Old Views and New Trends: Observation on the Problem of Homosexuality in the Middle Ages", in *Studi Medievali* série 3 vol. 25:587-610.
MacMullen, Ramsay (1982), "Roman Attitudes to Greek Love", in *Historia* 31:484-502.
Olsen, Glenn W. (verão de 1981), "The Gay Middle Ages", in *Communio* 119-38.
Origo, Iris (1963), *The World of San Bernardino*, Londres.
Partner, Peter (1987), *The Murdered Magicians*, Londres.
Payer, Pierre (1984), *Sex and the Penitentials*, Toronto.
São Pedro Damião, *The Book of Gomorrah*, org. e trad. Pierre Payer (1982), Waterloo, Ontario.

Ruggiero, Guido (1985), *The Boundaries of Eros*, Oxford.
Trexler, Richard (1980), *Public Life in Renaissance Florence*, Nova York.
Wright, David F. (1984), "Homosexuals or Prostitutes? The meaning of *Arsenokoitai*" in *Vigiliae Christianae* 38:125-53.
Veyne, Paul (1985), "Homosexuality in Ancient Rome", in P. Ariès e A. Béjin (orgs.), *Western Sexuality: practice and precept in past and present times* 26-35, Oxford.

8. LEPROSOS

Anderson, J.G. (1969), "Studies in the Medieval Diagnosis of Leprosy in Denmark", in *Danish Medical Bulletin* 16 suplemento 9.
Barber, Malcolm (1981), "Lepers, Jews and Moslems: the Plot to overthrow Christendom in 1321", *History* 66:1-17.
Brody, Saul N. (1974), *The Disease of the Soul: Leprosy in Medieval Literature*, Ithaca.
Cougoul, Jacques-Guy (1943), *La Lèpre dans l'Ancienne France*, Bordeaux.
Clay, Rotha Mary (1909), *The Medieval Hospitals of England*, Londres.
DeMaitre, Luke (1985), "The Description and Diagnosis of Leprosy by 14th century Physicians" in *Bulletin of the History of Medicine* 59:237-44.
Fay, H.M. (1910), *Histoire de la Lèpre en France: lepreux et cagots du Sud-Ouest*, Paris.
Gordon, Benjamin L. (1960), *Medieval and Renaissance Medicine*. Londres.
Gron, K. (1973), "Leprosy in Literature and Art" in *International Journal of Leprosy* 41:249-83.
Jeanselme, E. (1931), "Comment l'Europe au Moyen Age se protégea contre La Lèpre", in *Bulletin de la Societé française de l'Histoire de Médecine* 25: 1-155.
MacArthur, Lt. Gen. Sir William (1953), "Medieval Leprosy in the British Isles", in *Leprosy Review* 24: 8-29.
McNeill, W.H. (1977), *Plagues and People,* Oxford.
Mercier, Charles (1915), *Leper Houses and Medieval Hospitals*, Londres.
Mesmin, S.C. (1978), *The Leper Hospital of St. Gilles de Pont-Audemer*, tese de doutorado não-publicada, Reading University.
Mundy, J.H. (1965), "Hospitals and Leprosaries in 12th and early 13th century Toulouse", in J.H. Mundy, R.W. Emery, e B.N. Nelson (orgs.), *Essays in Medieval Life and Thought* 18-205, Nova York.
______ (1966), "Charity and Social Work in Toulouse 1100-1250", in *Traditio* 22:203-87.
Palmer, Richard (1982), "The Church, Leprosy and the Plague in Medieval and Early Modern Europe", in *Studies in Church History* 19:79-99.
Richards, Peter D. (1977), *The Medieval Leper and his Northern Heirs*, Cambridge.
Rubin, Stanley (1974), *Medieval English Medicine*, Newton Abbot.

Índice de Nomes e Assuntos

Abelardo, Pedro, 18
aborto, 42, 48
Adalberto, bispo, 98
Ademar de Chabannes, 68
Adso, 91
adultério, 32, 69, 139-140, 144; punição por, 39-41, 44-45, 47-48, 136
Aelfweard, bispo de Londres, 155
Afonso X, rei de Castela, 65, 114-115, 147-148
Agnolo di Tura de Grasso, 25
Agobardo, arcebispo de Lyon, 96-97
Agostinho de Hipona, Santo, 31; sobre os judeus, 99; sobre magia, 89; teologia do sexo, 34, 43, 123, 136, 145
Alain de Lille, 49, 69, 144
Alberto, duque da Áustria, 110
Alberto Magno, Santo, 29, 107; teologia do sexo, 36, 38-39; visão da sodomia, 43
albigenses, 57, 59, 71, 72, 75
Alemanha, campanhas de anti-heresia, 67; beguinas, 74; fome e peste, 26; hereges, 22; homossexualidade, 146; judeus, 22, 98-99, 104-105, 109-111, 114-115, 147; lei 22, 147; prostitutas, 121, 124, 134, 135; caça às bruxas, 83; bruxaria, 88-89
Alexandre II, papa, 23
Alexandre III, papa, 60-61, 157
Alexandre IV, papa, 91, 118
Alexandre VI, papa, 115
amalricianos, 71
Amauri de Bène, 71
Ambrósio, Santo, 143
ameaça turca à Cristandade, 79
amor, atitudes quanto ao, 37-38, 46-47; *ver também* amor cortês; literatura sobre o amor
amor cortês, 44, 50; *ver também* literatura sobre o amor
Ancira, Concílio de, 31, 143
André o Capelão, 46, 50
Anônimo de Passau, 58
Anselmo, Santo, 34, 143-144
anti-semitismo; *ver* judeus
anticlericalismo, 79
Anticristo, 14-15, 68, 74-75, 90, 107
Antonino de Florença, Santo, 43, 48
Antônio de Pádua, Santo, 64
apocalíptico, 14-15, 20, 27, 29, 74, 78-79; *ver também* milenarismo
Aquino, Santo Tomás de, 19, 29; sobre a homossexualidade, 42, 44, 146; sobre magia, 90; teologia do sexo, 37-38, 42, 46, 123-124, 133; sobre a usura, 118-119; visão do Anticristo, 107
Aragão, leis contra a heresia, 65
arianos, 143
aristotelismo, 19, 29
Arnaldo Amauri, abade de Cister, 65
Arnaldo de Bréscia, 65
Arnaldo de Verniolles, 142
arquitetura gótica, 15-16, 29
arte, 19, 28, 84, 88, 107, 160
Artois, conde Roberto de, 92
Artois, condessa Mahaut de, 92
ascetismo, dos frades, 63; dos grupos heréticos, 58, 68-69, 81; impulso no sentido do, 15, 19-20, 27, 135, 141
Aubriot, Hugo, 127
Áustria, homossexualidade, 146; judeus, 110-111, 115; prostitutas, 124; caça às bruxas, 82-83
avareza, 81
Avignon, papado de, 92

Balduino IV, rei de Jerusalém, 155
Baron, S.W., 98
Bartholomaeus Anglicus, 154
Bartolomeu, bispo de Exeter, 48
Bartolomeu de Áquila, 115

Basiléia, Concílio de (1436), 77
batismo, 55, 57, 60, 68
batismo de judeus, 98, 106
Beda, 31, 48
beguinas, 67, 71, 72-74, 81
beguinos, 67, 72-74, 81
Beguinos (albigenses), 75
beijo obsceno, 70, 147
Bento XII, papa, 113
Benvenuto de Imola, 141
Bérgamo, concílio valdense de (1218), 58
Bernardino da Feltre, 111-112
Bernardino de Siena, São, 64, 93-94; sobre a homossexualidade, 131, 149-150; sobre os judeus, 116; sobre o casamento, 37, 48
Bernardo de Claraval, São, 51, 59, 80, 99, 141
Bernardo de Gordon, 154
Béroul, 162
Bertoldo de Regensburgo, 64, 103
Bertrando, bispo de Metz, 70
bestialidade, 41, 42, 145, 150; punição para a, 112, 136, 140
Béziers, Concílio de (1246), 108
Biller, Peter, 44
Bloch, Ivan, 121
Boaventura, São, 63
Boccaccio, 26
Boêmia, hussismo, 77; judeus, 108; revolta contra a Inquisição, 74
Bogomilos, 59
Bolton, Brenda, 17, 53
Bonifácio VIII, papa, 15, 91, 147
Bonifácio IX, papa, 74
bordéis, municipais, 122, 127-134, 149
Boswell, John, 33, 136-137, 140, 151-152
Breslau, Concílio de (1261), 108; Concílio de (1267), 103
Brixen, Sínodo de (1080), 90
Brody, Saul, 163
Brown, Peter, 23, 33, 81
Brundage, James A., 33
bruxos e bruxaria, 23, 31-32, 82-94; vínculo com a homossexualidade, 146; vínculos com os judeus, 120
Burchard de Worms, 40-41, 43, 47, 140-141, 144

Caesarius, prior de Heisterbach, 51, 70, 71, 145
Calixto II, papa, 100-101
Canon Episcopi, 84
Capelli, Giacomo, 72-73
Carcassone, 65, 89, 128
Carlos IV, rei da França, 109, 165
Carlos V, rei da França, 127, 162
Carlos VI, rei da França, 162
Carlos VII, rei da França, 122, 129
Carlos de Anjou, 66, 113, 115
Carlos Magno, 96, 140
casamento, visão cristã do, 34-38, 42, 44, 72, 134, 137; clero, 54, 143; consentimento, 18-19, 35, 37, 42, 57; incentivo, 130; amor e, 37-38, 46-47; e interesses de propriedade, 35, 44, 50-51; regras do, 21, 25, 35-36; regras, de casamento entre judeus e cristãos, 112-113; sacralização do, 13, 35-36, 133, 142; sexo dentro do 38, 39, 45-46; ternura dentro do, 45
Castela, Inquisição papal inoperante em, 66
castidade, 54, 81, 83
Catarina de Siena, Santa, 141, 160
cátaros e catarismo, 31, 43, 54-81; *passim,* 85, 88-89, 151
Cavaleiros templários, 91, 148
celibato, 34, 44, 81, 83, 86, 137; do clero, 24, 55
Cent nouvelles nouvelles, Les, 45, 46-47
Chaucer, Geoffrey, 146
Chauliac, Gui de, 109, 153-154, 162
Christiani, Pablo, 103
cidades; *ver* crescimento urbano; vida urbana
cistercienses, 64-65
Clemente IV, papa, 102, 104
Clemente V, papa, 74, 148
Clemente VI, papa, 78-79, 110
Clemente de Alexandria, 34, 139
Clermont, Concílio de (1095), 97
clero, conduta do, 21-22, 24-25, 46, 54; homossexual, 142-145, 146, 150; casamento do, 20, 54; penalidades para o clero incasto, 22, 39-40, 54, 143; pobreza, 57; uso das prostitutas, 46, 121, 123
códigos de Justiniano, 17, 41, 112, 139-140, 146; *ver também* lei, influência do direito romano
Cohen, Jeremy, 101
Cohn, Norman, 15, 77, 85, 89, 92, 94
coitus interruptus, 43, 44, 48
Colônia, 66, 89
combate, julgamento por, 23, 89
comportamento masculino, da juventude, 49-52, 80, 122-123, 141, 148, 150
Concílio Lateranense, Terceiro (1179), 22, 61, 119, 146, 157; e os judeus, 100, 113-114
Concílio Lateranense, Quarto (1215), 20-22, 75, 110, 142; e a confissão, 18,

39; e a heresia, 65; e a segregação de judeus, 100, 113-116
concubinato, 46-47, 112, 123
confissão, 18-25, 38-39, 142; manuais para confessores, 38-39, 142, 144; *ver também* penitenciais; sob tortura, 23-24
Conrado de Marburgo, 66, 85, 87, 146
consciência, 19
Constança, Concílio de (1414-17), 27
contracepção, 40, 42, 43, 48-49, 144
controle da natalidade, 43, 48; *ver também* contracepção
conventos, para prostitutas regeneradas, 124
crescimento demográfico, 14, 16-17, 80, 85
crescimento urbano, 16, 25, 29, 53, 79-80, 85, 157
crime, 23-24, 26, 28
Cristina de Pisa, 45
Cromwell, Oliver, 105
cruzada dos albigenses, 65, 128
cruzadas, 17, 20, 53, 61, 78, 151; sentimento antijudaico, 97-98, 101, 105, 109, 113, 119; relação com a introdução da lepra, 155
cultura popular, 45-46, 85; judeus na, 106-112; *ver também* religião popular
Cutler, Allan e Helen, 119

Damião, São Pedro, 31, 80, 143
Dante, 146
de Monfort, Simão, 128
declínio demográfico, 25-29, 43-44, 131, 151-152, 162-163; *ver também* Peste Negra
delitos sexuais, 38-45; acusações contra os judeus, 112-113; leis do Estado, 44-45, 112
desvio sexual, acusações contra hereges, 66-73, 76, 85-86, 88
Diabo, causa de desvios, 30, 32, 67-68, 143; vínculo com os judeus, 31, 107-108, 110, 120; vínculo com o sexo, 32, 36, 44, 51, 82-84, 92, 143; orgias vinculadas à adoração do, 68-72; representações do, 88; *ver também* dualismo; Lúcifer; satanismo
Dinamarca, leprosos na, 154
divórcio, 139
dízimo, condenado por Tanquelmo, 68
doações de caridade, 27, 156, 158-161
doença, 14, 26; atitudes quanto à, 30; *ver também* lepra, doença sexual
doenças sexuais, confundidas com a lepra, 162-163
Dolcino, Fra, 75
Domingos, São, 62
dominicanos, 62-64, 67; objeções ao judaísmo, 103, 115
donatistas, 143
Donino, Nicolau, 102
Douglas, Mary, 31
Dover, Sir Kenneth, 137
dualismo, 15, 57-60, 70-71, 82-83, 88
Duby, Georges, 35, 50-51
Durando de Huesca, 62

Eberwin, prior de Steinfeld, 59
Eckbert de Schönau, 30, 59
Eckhart, Mestre, 72
Eduardo I, rei da Inglaterra, 102, 105, 125, 147
Eduardo III, rei da Inglaterra, 125, 161
educação, 16-18, 20, 28-29
Edviges de Neumarkt, Santa, 160
Eilhart von Oberge, 162
Elisabete da Turíngia, Santa, 160
Emicho, conde de Leiningen, 98
Emmerson, R.K., 107
envenenamento, acusação contra judeus de, 31, 106, 108-109, 163-166
epidemia de sífilis, 134-135
Escandinávia, bruxaria na, 88
eslavos, 17
Espanha, judeus, 97, 104, 106, 111, 114; leis, 20, 24, 31-32, 147; muçulmanos, 17, 97-98; bruxaria, 88-89
espiritualidade, busca de, 53-55, 152
estereótipos, 29-30
Estrasburgo, 74
estupro, 41, 49-52, 71, 78, 134
Eugênio IV, papa, 114
evangelhos, tradução para o vernáculo dos; *ver* tradução da Bíblia
Eymeric, Nicolau, 69, 91

Filipe III, rei da França, 102, 107, 127
Filipe IV, rei da França, 91, 102, 103, 127, 147
Filipe V, rei da França, 92, 113, 165
Filipe VI, rei da França, 92
Filipe, reitor da Universidade de Paris, 70
Filipe Augusto, rei Filipe II da França, 65-66, 100, 106, 117, 127
Fernando e Isabel, rei e rainha da Espanha, 106, 114, 147
flagelantes, 78-79, 109
Flandres, tortura na, 24; *ver também* Países Baixos
Flandrin, Jean-Louis, 48
Florença, homossexualidade em, 148-149
flutuações demográficas; *ver também* declínio demográfico; crescimento demográfico

folclore, 87, 92, 94, 105; judeu como termo depreciativo, 106
fomes, 14, 26, 78, 93, 117
fornicação, 43-44, 46-49, 69, 137; heresia por sua descaracterização como pecado, 49, 72; necessidade de prostitutas, 123, 134; não permitida pelos protestantes, 135; gravidade da, 40-42, 144
frades mendicantes, 44, 81, 148, 152; papel na heretização dos judeus, 102, 119-120; *ver também* dominicanos; franciscanos; pregadores itinerantes
França, campanhas anti-heresia, 66-69; arquitetura, 16; beguinas, 73; beguinos, 75; catarismo, 59, 65; fome e peste, 26; hereges, 22, 79; homossexualidade, 141-142; Revolta da Jacquerie, 28; judeus, 22, 96-119, 165-166; lei, 21, 23, 31, 32, 146; heresia, 65-66; delitos sexuais, 44-45; clero devasso, 45; conspiração dos leprosos, 31, 106, 109, 163-166; leprosos, 155-160, 162, 164; Montaillou, 46, 48; identidade nacional, 16; prostitutas, 121-124, 126-130, 131-135; sacralização do casamento, 35; bravatas sexuais, 48-51; valdenses, 62; pregadores itinerantes, 57; guerra com a Inglaterra, 17, 27, 127, 147; bruxaria, 88
franciscanos, 62-64, 73-74, 81; Conventuais, 74; objeções ao judaísmo, 102, 115; Espirituais, 74-75
Francisco de Assis, São, 62, 160
Fraticelli, 67, 71
Frederico I (Barba Ruiva), imperador, 61, 65, 70
Frederico II, imperador, Constituições de Melfi, 147; e os judeus, 104, 111, 114-115; leis contra os hereges, 20, 65; proteção para as prostitutas, 134; recusa da Inquisição papal, 66; reputação de feitiçaria, 89

ganhar dinheiro, justificação para, 63
Geraud, bispo Hugo, de Cahors, 92
Gerson, Jean, 38, 42, 43, 47, 139
Giacomo della Marca, 116
Gilman, Sander L., 29-30
Glaber, Raul, 14
Godofredo de Auxerre, 69
Goodich, Michael, 146
Goody, Jack, 35
Gottschalk, 98
Graciano, 36, 47, 63; *ver também* lei conônica, *Decretum de Graciano*
Grande Cisma, 27, 77, 79
Grécia, homossexualidade na Grécia Antiga, 137-139
Gregório VII, papa, 56, 90
Gregório IX, papa, e beguinas, 73; e judeus, 99, 101, 115, 118; e Inquisição papal, 24, 66, 88, 146; e prostitutas, 125; uso da lepra como descrição da sodomia, 31; *Vox in Rama,* 70
Gregório X, papa, 111
Gregório XI, papa, 74
Gregório de Tours, 68
Gregório Magno, papa, 24, 30, 100
Grosseteste, bispo Roberto, 53
Guerra das Duas Rosas, 28
Guerra dos Cem Anos, 27, 127
Gui, Bernardo, 69, 71, 163-166
Gui de Roye, arcebispo de Sens, 42
Guiberto, abade de Nogent, 68
Guichardo, bispo de Troyes, 91
Guilherme, filho de Henrique I da Inglaterra, 141
Guilherme, o Monge, 31
Guilherme II, rei da Inglaterra, 98, 141
Guilherme de Auvergne, 145
Guilherme de Malmesbury, 83
Guilherme de Norwich, 111
Guilherme de Ockham, 29, 75
Gurevich, Aron, 38

Hamilton, Bernard, 66
Harmann von Aue, 162
Heer, Friedrich, 103
Henrique I, rei da Inglaterra, 105
Henrique II, rei da Inglaterra, 125
Henrique III, imperador, 17
Henrique IV, imperador, 98, 105
Henrique IV, rei da Inglaterra, 76
Henrique VI, rei da Inglaterra, 126
Henrique de Huntingdon, 141
Henrique de Lausanne, 31, 56, 69
heresia, 20-21, 27, 53-81, 142; alegações contra os hereges, 76, 85-89; contracepção dentro do casamento, 48; roupas distintivas dos hereges, 22, 66; visão dos hereges quanto às questões sexuais, 25, 151; judeus, 100-104, 118-119, 120; vinculada à homossexualidade, à lepra e ao Diabo, 25, 30-32, 143, 146, 151; reação contra o mundanismo da Igreja, 54-56; descaracterização da fornicação como pecado, 48-72; supressão da, 20-23, 24, 61, 64-67, 147
Hildeberto, bispo de Le Mans, 69
Hincmar, arcebispo de Reims, 96

Homobonus de Cremona, São, 63
homossexualidade, 13, 71-72, 122, 131, 136-152; penalidades contra os homossexuais, 21, 131-132; regulamentação dos homossexuais, 25; *ver também* sodomia
Honório III, papa, 62, 73
Honório IV, papa, 75
Horácio, 95
Hughes, Diane Owen, 116
Hugo de Lincoln, São, 111, 160
Hugo de São Victor, 90
Huguccio, bispo, 38, 47, 49
Huizinga, Johan, 13
Humberto Romano, 93, 122, 148
Humiliati da Lombardia, 61-62, 81
Hungria, bruxos na, 31
Huss, João, 77
hussitas, 15, 24, 76-77, 79

Igreja, lei da, *ver* lei canônica; e prostituição, 130; reforma, 53-54, 143; regulamentos, 20-21
Império Romano, atitude quanto aos judeus no, 95
incesto, 41, 71, 85, 136, 140
individualismo, 18-20, 35, 80, 157
indulgências, 21
Inglaterra, fome e peste, 26; heresia, 75-76, 79; homossexualidade, 141-142, 151; judeus, 98-99, 104-105, 107, 111-112, 114-115, 117-118; lei 23-24, 31, 65, 76, 112, 125-127, 131, 146; leprosos, 155-156, 159-162, 164; lolardos, 75-76; Inquisição papal inoperante em, 65-66, 76; revolta dos camponeses, 28; prostitutas, 122, 124-127, 128, 131; casos de estupro, 51; comunicação de delitos sexuais, 43; guerra com a França, 16, 27, 127, 147; bruxaria, 88
Inocêncio III, papa, 20, 22-23, 61-65, 100, 113, 125
Inocêncio IV, papa, 24, 66, 101, 111
Inocêncio VI, papa, 74
Inocêncio VIII, papa, 83
inquisição, 22-23, 61, 89-90; *ver também* Inquisição papal
Inquisição papal, 58, 64, 67, 74, 85, 91-92; e judeus, 103, 106-107, 118-119; da tortura, 24, 66
intenção, doutrina da, 64
interesses de propriedade, 45, 50, 133
investidura leiga, 20
Irlanda, julgamento de Kyteler, 93; bruxaria, 89
Irmãos Apostólicos, 31
Isidoro de Sevilha, Santo, 30
Itália, impulso de anti-heresia, 66, 148; beguinos, 75; controle de natalidade, 48; catarismo, 60, 65; revolta dos Ciompi, 28; heresia, 79; homossexualidade, 130-131, 141, 148-151; judeus, 104, 112-117; lei, 23-24, 131, 149; leprosos, 160; prostitutas, 122, 124, 127-128, 130-132, 134; tortura, 24; revitalização urbana, 16; valdense, 62; bruxaria, 89

Jacques de Vitry, bispo de Acre, 31, 48, 73, 121, 151
Jaime I, rei de Aragão, 21, 65, 102, 114
Jerônimo, São, 35, 123, 139, 144
Jerusalém, 14, 97, 146
Jesus Cristo, no pensamento de Bogomilo, 59; visão dos cátaros, 60; culpa pela morte atribuída aos judeus, 96, 99, 101, 107; expectativas de uma Segunda Vinda, 14, 77, 117; ideais de ascetismo e pobreza, 54-55, 118; sofrimentos, 18, 78; visão sobre a sexualidade, 34, 136-137, 139
João, rei da Inglaterra, 105
João XXII, papa, 15, 74, 92-93
João I, rei de Aragão, 112
João II, rei da França, 106, 115
João II, rei de Castela, 114
João de Brunn, 71
João de Capistrano, São, 103
João Crisóstomo, São, 113
João de Gaddesden, 154
João, abade de St. Victor, 71
João de Salisbury, 80, 87, 90, 141
João de Tynemouth, 49
João de Winterthur, 71
Joaquim de Fiore, 14, 74, 78, 117
Johann, bispo de Speyer, 98
Johannes Teutonicus, 47, 48
Jordão de Quedlinburgo, 71
Jorge de Florença, 70
Judaísmo, convertidos cristãos ao, 103
judeus, 95-120, 147; acusações contra, 25, 70-72; posição da Igreja sobre os, 99-104, 133; roupas distintivas, 21-22, 32, 101, 107, 113-116, 119; França, 31, 104, 165; hostilidade aos, 19, 25, 56, 78, 79; regras do Concílio Lateranense, 22; leis contra os, 31-32, 96, 133; vinculação à lepra, 31, 133, 165-166; vínculos com os muçulmanos, 120; massacres de, 26, 97-99, 104-105, 109-111, 118; segregação de, 96, 112-117, 121; uso de prostitutas, 113, 123

julgamentos, por combate ou ordálio, 22-25, 89; *ver também* inquisição
Justino I, imperador, 97
Justino Mártir, 68
Juvenal, 95

Kieckhefer, Richard, 92, 94
King, P.D., 97
Kramer, Heinrich, 83, 87
Kyteler, Lady Alice, 93

Lambert, Malcolm, 58
Le Roy Ladurie, Emmanuel, 46
Leão IX, papa, 17, 144-146
lei, 16, 28, 50-51, 89-90; heresia, 65; homossexualidade, 145-148; influência do direito romano, 22, 29, 41, 51, 89, 142, 145-148, 152; judeus, 96, 102, 105, 112; leprosos, 154, 160-161; prostituição, 124-135; leis de Estado, 20, 24, 36; *ver também* lei canônica; códigos de Justiniano; delitos sexuais
lei canônica, alterada pelos Terceiro e Quarto Concílios Lateranenses, 20, 22-23, 142; *Decretum* de Graciano, 17, 23, 39, 41-42, 144; sobre a heresia, 65; sobre prostitutas, 123, 133; sobre o uso da tortura, 23; sobre as mulheres, 36
lei da herança; *ver* interesses de propriedade
lepra, 153-166; acusações contra os leprosos, 25; causada pelo pecado, 31, 162; roupas distintivas dos leprosos, 22, 158; França, conspiração dos leprosos, 31, 106, 109, 163-166; leprosos associados aos judeus, 109, 120, 133; vinculada à homossexualidade, à heresia, ao Diabo, 31-32, 143, 146-147; modo de transmissão, 31; segregação de leprosos, 22-23, 133, 155-159; uso de prostitutas por leprosos, 123; uso da palavra para descrever a heresia, 30-31
Lerner, Robert E., 73
lesbianismo, 41, 139
Little, Lester K., 80
lolardos 56, 75-76
Lombardos Pobres, 62
Londres, 27, 125-127, 132-133, 151, 161; Concílio de (1102), 144
Lucerna, 92
Lúcifer, 59
luciferanos, 88-89
Lúcio III, papa, 22, 23, 61, 62, 70
Luís o Piedoso, imperador, 96
Luís VIII, rei da França, 21, 65, 159
Luís IX, rei da França (São Luís), 99, 102, 114, 117-119, 127, 147
Luís X, rei da França, 106
Luís IV, imperador da Bavária, 75
Lúlio, Raimundo, 103
Lyon, Concílio de (1274), 73, 75

magia, 22, 84-85, 87, 90-94, 147; associação com os judeus, 31, 95, 108-109, 120; necessidades de contracepção, 43; vínculo com a lepra, 31
Magno II, rei da Noruega, 155
Maillard, Olivier, 48
maniqueísmo, 54, 58-59, 143
Map, Walter, 70, 90, 141
"marca da infâmia"; *ver* roupas distintivas
Marenac, Concílio de (1330), 22
Maria, culto da Virgem Maria, 36, 54
Maria de Oignies, 160
Marigny, Enguerrand de, 92
Marlowe, Christopher, 108
Martinez, Ferrant, 106
Martini, Raimundo, 102
Martinho V, papa, 77, 110
masturbação, 40-43, 47, 133, 136, 141, 150
materialismo, 20-21, 80
maternidade, 37
McNeill, W.H., 156
médicos, judeus, 108
Melfi, Constituições de (1231), 134, 147
Menot, Miguel, 48
Miguel de Cesena, 75
Milão, 66
milenarismo, 14-15, 28, 56, 74-75, 77-79, 91, 97, 117; *ver também* minorias apocalípticas
minorias, *ver* homossexuais, leprosos etc.; *ver também* perseguição de minorias
misticismo, 68, 72, 86
moléstia; *ver* doença, leprosos
monaquismo, 16, 17, 19, 53, 55, 142
Moneta de Cremona, 72
Montaillou, 46, 48
Moore, R.I., 24, 30, 54, 79
Morris, Colin, 17
movimento do Espírito Livre, 67, 71, 74
muçulmanos, 147; roupas distintivas, 22, 23, 120; hostilidade aos, 17, 30, 78, 97-98, 146, 151; envolvimento na conspiração dos leprosos franceses, 165; vínculos com judeus, 120
mulheres, atitudes quanto ao amor, 46-47; judias, 116-117; sexualidade, 41, 47-48, 83-84, 163; status, 25, 36-37, 80, 121-122, 132, 137-138, 162;

violência contra as, 50-51; *ver também* estupro; beguinas; prostitutas; bruxas
Mundy, J.H., 156
Murray, Alexander, 19, 64
Murray, Margaret, 94

Nablus, Concílio de (1120), 146
nações-Estados e crescimento do nacionalismo, 16, 24-25, 76, 119, 125
Narbonne, Concílio de (1227), 114
Nelson, Janet, 79
nicolaísmo; *ver* clero, casamento
Nicolau III, papa, 102
Nider, Johan, 48
Noonan, John, 43
Norberto de Xanten, São, 56

obediência, teste fundamental de heresia, 61, 74
Oldcastle, Sir John, 76
Onã, pecado de, 42
ordálio, julgamento por, 24-25, 89
Orígenes, 31, 139
Orléans, mortes na fogueira de (1022), 85, 86; Concílio de (538), 96; Decreto de (1561), 135
Otis, Leah Lydia, 127, 132, 133
Ovídio, 37

padrões duplos de moralidade sexual, 47-48, 113, 122-123
paganismo, 84-85
Países Baixos, beguinas, 73; catarismo, 59-60; fome e peste, 26; heresia, 79; leis, 25, 45; revitalização urbana, 16; bruxaria, 88-89
Pamiers, Estatutos de (1212), 128
papado, 16-18, 25, 55; atitude quanto aos judeus, 99-105; Avignon e o Grande Cisma, 27; reforma, 17, 55; mundanismo do, 55, 66
Paris, 17, 71, 158, 163; Concílio de (1212), 146; Concílio de (1213), 124; prostitutas, 121, 122, 127, 128; Universidade de, 91, 142
Paulo, São, 34, 36, 95, 136
Paulo III, papa, 66
Paulo da Hungria, 145
Paulo de St. Père de Chartres, 67
Payer, Pierre, 33, 39, 140
paz, 16, 54
Pecado original, 34, 36
pecados contra a natureza, 42, 136, 145
peças de mistérios, 27
Pedro, abade de Cluny, 98, 101
Pedro IV, rei de Aragão, 102, 113
Pedro Damião, São; *ver* Damião
Pedro de Bruys, 56
Pedro de Castelnau, 65
Pedro de Grayerz, 93
Pedro Lombardo, 36, 43, 80
Pedro Mártir, São (de Verona), 67
Pedro de Palude, 47
Pedro de Vaux-de-Cernay, 70
penitência, 15, 18, 38-40, 143; para hereges arrependidos, 66-67
penitenciais, 18, 38-45, 47, 48, 85, 123, 140-141
Pepino, 96
''Pequena Idade do Glaciar'', 93
peregrinação, 15, 27, 53
perseguição das minorias, 25, 26, 29; hereges, 55, 60-61, 67, 74; lolardos, 76; valdenses, 58; bruxos, 85-86; *ver também* judeus; prostitutas; etc.
peste, 25-28, 93, 109, 130, 148, 152; *ver também* Peste Negra
Peste Negra, efeitos posteriores da, 28, 78, 132, 134, 163; culpa atribuída aos leprosos, 32; efeito sobre os judeus, 105, 109-110, 115, 117; um julgamento pelo pecado, 43, 150; uma cruz psicológica, 14, 25, 27
Peters, Edward, 89, 94
piedade leiga, 57, 62, 63, 72-73
Pio II, papa, 115
pobreza, 78-80, 117; valor cristão, 58-59, 61-63, 72-75, 81
Polônia, judeus, 114, 117
Porete, Margarida, 73
Portugal, judeus, 106; bruxaria, 88-89
Praga, Quatro Artigos de, 77
pregadores itinerantes, 53, 56-57, 76, 81, 97; *ver também* frades mendicantes
Prim, Bernardo, 62
primogenitura, 44, 80, 141
promiscuidade, 44, 71, 72, 83, 137
prostituição, masculina, 138-139, 141, 149
prostitutas, 31-32, 42, 49-50, 121-135; roupas distintivas, 32, 124, 126, 129, 134; identificação com mulheres judias, 116, 120; regulamentação das, 25
protestantismo, 76, 77, 135
''Pseudo-Apóstolos'', 67, 71, 75
Publicani, 70-71
puritanismo, 15, 76; como heresia, 55, 86-87

quebras de safra, 26, 93, 117
Querela das Investiduras, 16

Rábano Mauro, 31

raça, atitudes quanto à, 30; *ver também* judeus; muçulmanos
Radulfo, 99
Raimundo de Penaforte, São, 39, 102
Ralph, abade de Coggeshall, 70
Ralph de Fontfroide, 65
Raul, conde de Vermandois, 155
raptus, 42
reativação econômica, 16-17, 53; *ver também* crescimento urbano
reforma puritana, 17, 18, 21, 25, 54-5, 152
Regino de Prüm, 85
Reims, Concílio de (1157), 69
relações sexuais, formas aceitáveis e inaceitáveis, 40
religião popular, 85-86; *ver também* cultura popular
relíquias, 20
revitalização religiosa, 15, 17, 26-27
revitalização intelectual, 17, 20, 53, 89-90
revoltas, revolta dos camponeses da Inglaterra, 28; revolta dos Ciompi florentinos, 28; Revolta da Jacquerie, 28
Ricardo I, rei da Inglaterra, 105, 108, 141
Ricardo, abade de St. Albans, 155
Ricardo, Conde da Cornuália, 111
Roberto, duque da Normandia, 141
Roberto de Arbrissel, 56
Roberto o Bougre, 66
Roberto de Flamborough, 48
Roque, São, 27
Rossiaud, Jacques, 33, 45, 49, 121-123, 131, 133-134
Rouen, Concílio de (1214), 146
roupas distintivas, hereges, 66; *humiliati* da Lombardia, 61; judeus, 22, 31-32, 100-101, 113-116, 119; leprosos, 32, 157-158; muçulmanos, 22; prostitutas, 22, 32, 124, 126, 129-130, 134; bruxos, 31
Rudiger, bispo, 98, 104
Ruggiero, Guido, 49
Russell, Jeffrey Burton, 84-86, 87-88, 94
Rússia, judeus da, 117
Rutardo, arcebispo de Mainz, 98

sacerdócio comum dos fiéis, 76, 81
Sacro Império Romano, 16; *ver também nomes individuais de imperadores*
Salimbene, Fra, 31, 64, 71, 141
satanismo, 82-94
satanização dos hereges, 60, 67-68, 85-87
sátira, 19
Savonarola, 131
Segarelli, Gerardo, 31, 71, 75
segregação de minorias, 22-23, 24, 32; judeus, 96, 112-117, 120; leprosos, 31, 155, 156-157, 160-161, 162-163; prostitutas, 13, 124-131
Seneca, 95
sexo e sexualidade, atitudes quanto a, 24-25, 30, 33-51, 139; vínculo com o Diabo, 32, 51, 70, 82-84, 92; víncul com a lepra, 30, 162; na cultura popular, 45; teologia do, 36, 72, 124, 136; *ver também* homossexualidade; casamento, sexo dentro do; prostitutas
Shakespeare, William, imagens de judeus, 107
Shapiro, Norman, 37
Sicília, heresia, 79; judeus, 114
Sigeberto de Gembloux, 68
Sigismundo, imperador da Alemanha, 77
Silésia, revolta contra a Inquisição, 74
Silvestre II, papa, 90
Simão de Trento, 112
simonia, 20, 53, 133, 142
sistemas agrários, 28
Smalley, Beryl, 31
sodomia, 40-41, 43, 131; vínculo com hereges e outros grupos, 31-32, 68-72, 91; vínculo com judeus, 112, 116; *ver também* homossexualidade
Sprenger, Jacob, 83, 87
Suíça, julgamento de bruxos de Boltigen, 93; judeus, 109-110; prostitutas, 124
Summae; ver confissão; manuais para confessores; livros de penitência
supressão da dissensão, 14, 20

taboritas, 77, 79
Tácito, 95
Talmude, Campanha contra o, 102, 120
Tanquelmo, 31, 68-69
Templários; *ver* Cavaleiros Templários
Teobaldo de Canterbury, 111
Teobaldo VI, conde de Chartres, 155
Teobaldo, rei de Navarra, 114
teocracia, 19-20
teoria política, 19-20
Tomás de Chobham, 48, 123
tortura, 23-24, 66, 71, 76, 92
Toulouse, Concílio de (1163), 23, 61
Tours, Concílio de (1163), 23, 61
Trachtenberg, Joshua, 107
transubstanciação, 55, 60, 68, 83; e os judeus, 110-111
tradução da Bíblia, 54, 57, 76, 81
Trexler, Richard, 131, 133
tribunais, 51; *ver também* lei
Tyler, Wat, 130

universidades, 18, 20, 28, 142
Urbano II, papa, 97

Urbano III, papa, 118
Urbano V, papa, 74
usura, denúncia da, 80, 118-119; judeus e, 21-22, 99-101, 105-106, 117-119, 133; justificação da, 63, 119
utraquistas, 77

valdenses, 57-58, 61-62, 67, 69-70, 80-81, 88-89
Valdo, líder dos valdenses, 57
Valladolid, estatutos de (1412), 108
Veneza, cultura sexual ilícita, 50, 128, 130, 142, 150-151; judeus, 113, 117
Verona, Concílio de (1184), 61
Vicente Ferrer, São, 48, 64, 103
vida urbana, 63-64, 80-81, 127, 141, 148
Viena, Concílio de (1261), 108
Viena (Vienne), Concílio de (1311-12), 73, 119, 148
virgindade, 34, 36-37, 54, 81
Volkmar, 98

White, Lynn, Jr., 29
Wright, David, 137
Wyclif, John, 55, 75-76

Ziegler, Philip, 110
Zizka, John, 77